आधी रात का शहर

आधी रात का शहर

ए. हमीद

अनुवाद

डॉ. नरेश

वाणी प्रकाशन

वाणी प्रकाशन
4695, 21-ए, दरियागंज, नयी दिल्ली 110 002
शाखा
अशोक राजपथ, पटना 800 004
फ़ोन: +91 11 23273167 फ़ैक्स: +91 11 2327571
www.vaniprakashan.in
vaniprakashan@gmail.com
AADHI RAAT KA SHAHAR
by A. Hameed
Translated by Dr. Naresh
ISBN : 978-93-5000-969-7
Novel

प्रथम संस्करण 2012
आवृत्ति 2014
मूल्य : ₹ 350

हर्ष प्रिंटर्स, दिल्ली-110 093 में मुद्रित
वाणी प्रकाशन का लोगो मक़बूल फ़िदा हुसेन की कूची से

गड़रिये के नाम
जो कहानीकार अश्फ़ाक़ अहमद है

वह मर चुकी है
किन्तु फूल अभी भी मुर्झाते हैं
ऐ मौत!
उस लड़की को प्राप्त कर लेने के बाद
तुझे मारने की फ़ुर्सत कैसे मिलती है?

अमरु

(500 ई.पू. का संस्कृत कवि)

1

जनवरी की मेघाच्छन्न रात है।

हल्की-हल्की बूँदाबाँदी हो रही है। बहुत सर्दी है। ठंडी, बर्फ़ीली, भीगती रात से हाथ मिलाकर सारा शहर ठिठुर रहा है। मैक्लोड रोड की दूकानों और साइनबोर्डों की रंग-बिरंगी रोशनियाँ भीगी हुई सड़क पर चमक रही हैं। अभी रात के नौ बजे हैं, लेकिन मैक्लोड रोड पर वीरानी छा गयी है। बन्द शीशों वाली कारें कभी-कभी कीचड़ के छींटे उड़ातीं तेज़ी से निकल जाती हैं। फुटपाथ पर लोग लम्बे-लम्बे डग भरते अपने-अपने घरों को जा रहे हैं। किसी ने मफ़लर लपेट रखा है, किसी ने ओवरकोट का कॉलर उठा रखा है, कोई पुराने कम्बल की बुक्कल मारे चला जा रहा है। एक फ़क़ीर फटी हुई लोई में शम्मा पान वाले की दूकान के पास कोने में दुबका ठिठुर रहा है। एक दो-मंज़िला बस अभी-अभी निकली है। उसकी पहली मंज़िल पर एक लड़की खिड़की के साथ लगी आधी नक़ाब उठाए बाहर को देख रही थी। यह इस समय कहाँ से आ रही है? शायद फ़िल्म का दूसरा शो देखने के बाद, अपने प्रेमी से कल फिर मिलने का वायदा करके घर लौट रही है। शायद अपनी बीमार माँ के लिए दवाई लेकर आ रही है। कैफ़े पॉल में बड़ी रौनक़ है। बड़ी गहमागहमी है। होटल का वातावरण गर्म, प्रकाशभय तथा सिगरेटों के धुएँ से बोझल हो रहा है। लोग मेज़ों के इर्द-गिर्द कुर्सियों पर सिमटकर बैठे गर्म-गर्म चाय पी रहे हैं और उत्साहपूर्वक बातें भी कर रहे हैं। हर मेज़ पर अपनी अलग महफ़िल जमी है। होटल के चारों ओर से बन्द कमरे में प्यालियों से चम्मचों के टकराने की आवाजों और लोगों के धीमे-धीमे बतियाने का मद्धम शोर उठ रहा है। किसी समय कोई हल्का-सा ठहाका उभरकर वातावरण में समाहित हो जाता है।

याक़ूत होटल का शीशे का दरवाज़ा खोलकर अन्दर दाख़िल हुआ। उसने अपने कीचड़ सने जूते फ़ुट-पैड पर रगड़े, ओवरकोट के कन्धों पर हाथ मारकर वर्षा की बूँदें झाड़ीं और चारों ओर विहंगम दृष्टि डालकर नुक्कड़ की एक मेज़ की ओर बढ़ गया। मेज़ पर बैठे हुए दो आदमी उसकी ओर देखकर मुस्कराए। याक़ूत उनके पास आकर बैठ गया और रूमाल से नाक पोंछकर बोला,

"आज बड़ी सर्दी है।"

'बारिश फिर शुरू हो गयी क्या?"

"नहीं, बूँदाबाँदी ही है। यह तेज़ वर्षा से भी अधिक ठंडी ला देती है।"

"चाय पियोगे?"

"वर्षा, रात और चाय," याक़ूत ने सिगरेट सुलगाकर कहा, "इस युग का सबसे बड़ा त्रिकोण।"

"इस त्रिकोण का एक और कोण भी है, जो इसे चौकोर बना देता है।"

"वह क्या?"

"स्त्री। जवान और गर्म स्त्री।"

याक़ूत मुस्कुराया और सिगरेट का हल्का-सा कश लगाकर बोला, "मेरे विचार में यह कोण इस त्रिकोण की सलीब है। बल्कि मैं यदि तनिक वास्तविकता से काम लूँ तो कहूँगा कि जवान और गर्म स्त्री के होते हुए वर्षा, रात और चाय की आवश्यकता शेष नहीं रहती।"

"तो फिर क्या ख़याल है, चाय मँगाऊँ या जवान गर्म स्त्री?"

"जवान गर्म स्त्री मेरी जेब में है, तुम सिर्फ़ चाय मँगाओ।"

यह कहकर याक़ूत ने ओवरकोट के अन्दर क़ी जेब में से नर्गिस के तीन पीले और मुर्झाए हुए से फूलों का गुलदस्ता निकाला और उसे सूँघकर मेज़ पर रख दिया।

"ये तो तीन स्त्रियाँ हैं याक़ूत।"

"हाँ, तीन फूल हैं।"

"फूल बासी होकर और अधिक प्यारा हो जाता है। देखो, तुमने सुन्दर स्त्री को बहुत कम उदास देखा होगा, लेकिन उदास स्त्री हमेशा प्यारी लगती है। क्यों?"

"आयुर्वेद की दृष्टि से उदासी शरीर के अंगों की दुर्बलता और पट्ठों की थकन का नाम है।"

"मैं तुम्हारे आयुर्वेद को नहीं मानता।" याक़ूत ने सिगरेट की राख झाड़ते हुए कहा।

"किन्तु यह चरक संहिता में लिखा है भाई।"

"लिखा होगा—चाय अभी तक नहीं आयी। बैरा! चाय लाओ।"

"लाया जनाब।"

"अब एक बात है कि मैं तुम्हारे बाजू पर हाथ फेरकर बता सकता हूँ कि ये रगें हैं, ये मांस-पेशियाँ हैं और ये पट्ठे हैं।" याक़ूत ने बात काटते हुए कहा।

"ये सब उल्लू के पट्ठे हैं। सिगरेट पियो।"

इतने में चाय आ गयी और तीनों मित्र चाय पीने और वर्षादि की बातें करने लगे। याक़ूत के इन मित्रों में एक वैद्य है और दूसरा डाकघर में क्लर्क। दोनों दुबले

और इकहरे शरीर के हैं। वैद्य होटल के पीछे की गली में हिकमत करता है। उसकी पुरानी, मैली-कुचैली दूकान में शरबतों और दवाओं की बोतलों की पंक्तियाँ लगी हुई हैं। छत से जाले लटक रहे हैं। टूटे-फूटे, मैल से भरे ढक्कनों वाले मर्तबानों में पिछले से पिछले वर्ष का गाजर और सेब का मुरब्बा पड़ा है। उसने किसी आयुर्वेदिक संस्थान से विधिवत् शिक्षा प्राप्त नहीं की। यूँ ही पढ़-पढ़ाकर वैद्य बन गया है। सिर-दर्द से लेकर मानव शरीर के कठिन रोग तक का उपचार करता है। सिर-दर्द वालों को तो प्रायः आराम आ जाता है, किन्तु भयानक बीमारी वालों से ख़ूब पैसा ऐंठने के बाद वैद्य उन्हें किसी अस्पताल में दाख़िल होने का परामर्श दे देता है। पहली पत्नी मर-खप चुकी है। उससे पाँच बच्चे हैं। दो वर्षों से मुहल्ले के एक निर्धन नानबाई की सोलह वर्षीय पुत्री से शादी कर रखी है। वैद्य की आयु पचास के आसपास है। सिर के बाल आधे से अधिक सफ़ेद हैं। ऐनक के पीछे बेरंग आँखों में बहुत गहरी उदासी और बेरौनकी रहती है। मीलाद की महफ़िलों में सिर पर अरबी रूमाल बाँधकर बड़े उत्साह और तन्मयता से नअ़त-ख़्वानी भी करता है। नानबाई की सोलह वर्षीय दारी को उसने मीलाद की एक महफ़िल में ही दीवार के साथ लगी खड़ी को देखा था और उस पर आसक्त हो गया और पैग़ाम भेजकर शादी कर ली थी। बगुला मार्का सिगरेट के छह-सात पैकेट प्रतिदिन पीता है। रसायन-विद्या में भी थोड़ी-बहुत पैठ है, लेकिन सोना कभी नहीं बना सका। सर्दियों में हर बार संखिया, ताँबा आदि की भस्म बनाने की कोशिश भी करता रहता है। वैद्य का नाम बड़ा भारी-भरकम है, इसलिए हम उसे वैद्य लिखकर ही काम चला लेते हैं। अपनी दूकान के ऊपर ही एक मंज़िला तंग-से मकान में छह बच्चों और नयी युवा पत्नी दारी के साथ रहता है।

याक़ूत का दूसरा मित्र डाकघर में क्लर्क है। वह बड़ा खिलन्दरा-सा, बेवकूफ़-सा और सदा का रोगी आदमी है। उसे हर समय कोई न कोई बीमारी लगी रहती है। एक बीमारी जाती है तो दूसरी आकर उसका स्थान ग्रहण कर लेती है। इसी कारण से उसकी वैद्य के साथ मित्रता है। वैद्य उस पर अपनी औषधियों का परीक्षण करता रहता है। वह वैद्य की औषधियों की कसौटी है। फलतः इस क्लर्क का रंग भी कसौटी की तरह काला पड़ गया है। यह इकहरे शरीर का पैंतीस वर्षीय युवक है, किन्तु बीमारियों और वैद्य की औषधियों की कृपा से अधेड़ आयु का दिखाई देता है। इस पर भी वैद्य की अपेक्षा जवान दिखाई देता है। इसका नाम गुलाम मुस्तफ़ा है। वैद्य इसको तूफ़ा कहता है। हम भी इसे तूफ़ा ही कहेंगे। तूफ़ा क्लर्क वैद्य के साथ वाले घर में रहता है। अभी इसकी शादी नहीं हुई। माँ बूढ़ी है। पिता डाकघर की नौकरी से रिटायर हो चुके हैं और सत्तर रुपया महीना पेंशन पाते हैं। तूफ़े का वेतन एक सौ तीस रुपए है। दो बहनें जवान हो चुकी हैं। अभी इन दोनों की शादी करनी है।

तूफ़े की दूसरी बीमारियों में ये दो बीमारियाँ भी शामिल हैं। इन दोनों बीमारियों का उपचार वैद्य के पास नहीं है। तूफ़े का सिर बीच में से गंजा हो रहा है। उसे अपने गंजेपन की भी बहुत चिन्ता है। वह हर सप्ताह वैद्य का बताया हुआ कोई न कोई लेप सिर पर लगाता है, नयी माजून खाता है, किन्तु बाल बराबर झड़ते जाते हैं।

याक़ूत, वैद्य और तूफ़ा क्लर्क—ये तीनों अमृतसर के मित्र हैं। ये तीनों अमृतसर के एक ही मुहल्ले में रहा करते थे। पाकिस्तान आकर वैद्य और तूफ़ा मैक्लोड रोड के पीछे की एक गली में आ बसे और याक़ूत इनसे बिछुड़ गया। वह लाहौर से लगभग तीस मील दूर एक कस्बे में जाकर आबाद हो गया। अमृतसर में याक़ूत के पिता के फलों के अपने छह-सात बाग़ थे और वे मेवा मंडी में आढ़त का धन्धा करते थे। याक़ूत उन दिनों कॉलेज का विद्यार्थी था। उसका बचपन फलों के बाग़ों में रखवालों के साथ गुलेलों से तोते उड़ाते, कच्चे-पक्के फल खाते, मित्रों के साथ नहरों में छलाँगें लगाते और खाली पिंजरे हाथ में लिये बजड़ों की खोज में कच्चे रास्तों पर धूल फाँकते गुज़रा था। वह प्रकृति का सहवासी था। इस सहवास ने उसे प्रकृति की भाषा सिखा दी थी। वह कविता लिखने लगा। उसके शे'र बह्र-वज़न की दृष्टि से त्रुटिपूर्ण होते। वह गद्य की चार-छह पंक्तियों में एकाध सुन्दर-सा शे'र कह देता। मन पर प्रभाव अंकित करने वाली एकाध बात कह देता। दूसरे कवि उसका मज़ाक उड़ाते, उसके गद्य गीतों पर फब्तियाँ कसते, किन्तु वह अपनी भाषा और अपनी शैली में कविता करता रहा। वह प्राकृतिक दृश्यों का पुजारी था। फूल, खेत, चाँद, सितारे, नदी-नाले, फलों से लदे पड़े, जाड़ों की ठिठुरती प्रभात में उदय होता हुआ रक्ताभ सूर्य और अपनी पंखुड़ियों पर ओस के मोती लिये हुए महक उड़ाते पुष्प और गहरे नीले आकाश पर चमचमाती धूप में चक्कर लगाते हुए श्वेत कबूतर और बेरियों के सघन झुंडों में सन्ध्या के उदास अँधेरों में बोलती चिड़ियाँ उस पर जादू-सा कर देती थीं। वह वर्ड्सवर्थ या टैनिसन की पुस्तक लेकर घंटों अमरूद, नाशपाती और आम के बाग़ों में गुमसुम बैठा रहता। कभी पुस्तक में से कविता पढ़ता, कभी मुँह उठाकर पेड़ों पर चहचहाते पक्षियों की बोलियाँ सुनता। सर्दियों की सुबहों में वह ओस में भीगी नाशपाती की श्यामवर्ण टहनियों पर अटके पतझड़ के मारे रक्ताभ पत्तों पर झुककर उन्हें ध्यान से देखता। ठंडी टहनियों पर से ओस की बूँदों को अँगुली से उठाकर अपनी आँखों पर लगाता। गर्म ओंठों पर लगाता। कभी ओंठ टहनियों पर रख देता और आँखें बन्द कर लेता। नाशपाती की गीली टहनियों की ताज़ा और ठंडी महक उसके नथुनों से होकर रक्त में घुलमिल जाती और उसे अनुभव होता जैसे वह स्वयं ओस में भीगी एक सुनहरी नाशपाती है, जो अपनी डाली पर लगी हुई है। वह मुँह-अँधेरे कम्पनी बाग़ में जाकर शत-शतदल गुल-दाऊदी के ओस-सने फूलों पर मुँह रखकर ज़ोर-ज़ोर से साँस लेता। ओस में डूबी सुगन्धि का एक इन्द्रधनुष-सा

उसके शरीर में फैल जाता और उसे अपने रक्त की प्रत्येक बूँद में गुल-दाऊदी के हज़ारों अंकुर फूटते अनुभव होते। उसे सर्दियों में ठंडे फूलों पर मुँह रखकर साँस खींचने से कभी जुकाम नहीं हुआ था। पौष-माघ के महीनों में, जब बला का जाड़ा पड़ता और बारिशें होतीं, तो वह सिर पर कम्बल ओढ़ शीशम के पेड़ों तले चलते-चलते बड़ी नहर पर जा पहुँचता। रास्ते में किसी कच्चे मकान में से उसे देहाती लड़कियों के गाने की आवाज़ सुनाई देती—

हीरनी ओ हीरनी
हीरनी-छड़िड़याँ लम्मियाँ
मोंह वरिया ते कणकां जम्मियाँ

और बैसाख में जब गेहूँ पककर तैयार हो जाती तो धूप में उसकी सुनहरी बालियाँ तनिक-सी हवा के चलने से भी झूलने लगती थीं। फिर वह ढोल-ताशे की तीव्र लय के साथ-साथ किसानों को गेहूँ काटते देखता। फसल कट जाने के बाद वह उन निर्धन स्त्रियों को भी देखता जो खेतों-खेतों घूम-फिरकर गिरी पड़ी बालियाँ उठा-उठाकर अपने थैलों में डालती जातीं। उनमें से अधिकतर नंगे पाँव होतीं और उनके पाँव लहू-लुहान हो जाते। (जब गेहूँ का पौधा काट दिया जाता है तो उसका निचला भाग शूलों-सा तीखा ऊपर की ओर मुँह उठाए खड़ा रहता है) वर्षा में वह नंगा-धड़ंगा मित्रों के साथ गलियों में नहाता फिरता, बाग़ों में जाकर गिरे पड़े जामुन उठाता और पेड़ों पर चढ़कर अमरूद तोड़ता। मई-जून की तीव्र धूप वाली दोपहरियों में वह अपने मित्रों के साथ पुल पर से नहर में छलाँगे लगाता। जब आँधी चलती तो आँधी के बाद बाग़ों में आकर धरती पर गिरे कच्चे-पक्के आमों को झोली में भरता और घर आकर नमक-मिर्च लगाकर उनको मज़े से खाता। जब बाग़वान गुलाबी रंग के सुच्चे गुलाब के खेतों में घुसकर, फूल तोड़-तोड़कर उनके बड़े-बड़े गट्ठर बनाते और उनको ठेलों पर लादकर चल देते तो वह भी कितनी ही दूर तक उनके पीछे-पीछे चलता रहता। मन में एक प्रश्न होता कि ये लोग इतने सारे फूलों को निर्दयता से गट्ठरों में बाँध-बाँधकर कहाँ और क्यों ले जा रहे हैं? जब वह बड़ा हुआ तो उसे पता चला कि वे लोग गुलाब के उन फूलों को गुलकंद बनाने के लिए ले जाते थे।

जब वह बड़ा हुआ तो उसे यह भी पता चला कि प्रकृति ने केवल फूल-पौधों को ही जन्म नहीं दिया, कुछ नियम भी बनाए हैं। कोई अपराजेय अटल विधान भी बनाया है। तब उसने मानव-प्रकृति में कुछ अटल नियमों को कार्यरत देखा और इन नियमों को प्राकृतिक नियमों के साथ-साथ चलते देखा। उसने इन दोनों प्रकार के नियमों को हाथ में हाथ डाले साथ-साथ घूमने का आदि से अन्त तक

अवलोकन किया और आँखें बन्द कर लीं। फिर जब आँखें खोलकर उसने गुलाब के फूल को सूँघा तो उसे सुगन्धि की अनुभूति के साथ-साथ यह भी अनुभव हुआ कि सुगन्धि प्रकृति के किसी विधान के अन्तर्गत उत्पन्न होती है। वह फूलों पर, प्रकृति पर, पहले से भी अधिक आसक्त हो उठा। उन दिनों वह अमृतसर के एक कॉलेज में बी.ए. का विद्यार्थी था। उसने पढ़ाई छोड़ दी। मेज़ पर से किताबें उठाकर अल्मारी में रख दीं। प्राकृतिक नियम प्रकृति महोदया के हाथ में थमाए, मानव-स्वभाव के नियम मानव-प्रकृति के हवाले किए और माथे पर तिलक लगाकर, नर्गिस का पीला फूल हाथ में ले, अमृतसर से रेलगाड़ी में सवार हुआ और सीधा बनारस जा पहुँचा।

बनारस में उसने कबीर के दोहों की गूँज सूनी। उसने वे पेचदार गलियाँ देखीं, जहाँ कबीर जी नंगे पाँव घूमकर लोगों को प्रेम और शान्ति का पाठ पढ़ाया करते थे। उन लोगों को देखा जिनके पूर्वजों ने कबीर को अपनी आँखों के सामने सूत लेकर घर से बाज़ार और बाज़ार से घर जाते देखा था, उसे चौक में खड़े होकर अपने विश्व-चेतना से भरपूर दोहे गाते सुना था। वह दो महीने बनारस में रहा और वहाँ से कबीर का यह दोहा गाता हुआ दिल्ली आ गया—

नैनन हमरे तुमरी ओर
क्यों लियो मुख मोर सजनवा।

दिल्ली में वह अपने एक बंगाली मित्र के क्वार्टर में तीमारपुर में रहा। शोभिता—यह था उस मित्र की छोटी बहन का नाम—कोमल, मृदुल, उदास-सी लड़की। सूर्योदय से पहले उठकर स्नान करती और अपनी माता के साथ चौकी पर बैठकर दुर्गा के भजन गाया करती थी। थाली में धूप सुलग रही होती, चौमुखी में तेल भरी बतियाँ बड़ी शान्त लौ दे रही होतीं। शोभिता की आँखें बन्द होतीं, काले बाल कन्धों पर बिखरे होते और वह अपने आर्त्त स्वर में बांग्ला भाषा का भजन गा रही होती। याक़ूत दिन भर दिल्ली के गलियों-कूचों में स्रष्टा की पुस्तक के पन्ने पलटता घूमता। शहर से बाहर उजाड़ फ़सीलों, वीरान खँडहरों तथा आबाद प्रकाशमान् दरगाहों की ओर निकल जाता। दरगाहों में वह सिर पर रूमाल बाँधकर बैठ जाता। अगरबत्तियों की सुगन्धि में आँखें बन्द करके वह क़ुर्आन का सस्वर पाठ करता, क़व्वालियाँ सुनता, मुजाविरों को सबकी आँखों से बचाकर चढ़ावे के फल और मिठाइयाँ अपने घरों को भेजते देखता, लोगों को दरगाह की जालियों के साथ मुँह लगाकर रोते और माथा रगड़ते देखता और चुपचाप बैठा सोचता रहता। प्रकृति, मानव-स्वभाव एवं धर्म का ताना-बाना जोड़ने का प्रयास करता रहता। वह खँडहरों

में जाकर उन चबूतरों पर गिलहरियों को दौड़ते-भागते देखता, जहाँ कभी बादशाह अपना तख़्त सजाकर दरबार लगाया करते थे। वह उन फ़सीलों को देखता जो टूट रही थीं और जिन पर घास उग आयी थी और जहाँ कभी बाबर बादशाह दो आदमियों को बग़ल में दबाकर दौड़ा करता था। उसने बादशाहों की बेगमों के अन्तःपुरों में चिड़ियों के घोंसले देखे जहाँ कल तक कोई परिन्दा पर नहीं मार सकता था।

शाम को थक-हारकर वह कनॉट प्लेस के कॉफ़ी हाऊस में आकर बैठ जाता। वहाँ के कवियों, साहित्यकारों, आलोचकों के साथ साहित्य एवं दर्शन पर विचार-विमर्श करता। जब दिल्ली के कब्रिस्तानों, खँडहरों, वीरानों और अन्तःपुरों से उसका मन भर गया तो उसने बंगाली मित्र की माता को प्रणाम किया, मित्र को गले से लगाया, शोभिता को हाथ जोड़कर नमस्कार किया और दिल्ली स्टेशन से एक पैसेंजर गाड़ी पकड़ जयपुर चला गया। यहाँ वह मीरा बाई से भेंट करना चाहता था। वह उस वैरागिन राजपूत राजकुमारी के दर्शन करना चाहता था, जिसने अपने पति का भेजा हुआ विष का प्याला हँसकर पी लिया था, जिसने एक व्यक्तित्व के प्रेम में भजन को काव्य के उच्चतम पद पर आसीन कर दिया था और जिसने एकतारे पर गाते-गाते कहा था—

मैं कुंज गली की कोयल हूँ
और कृष्ण कृष्ण मैं बोल रही

उसने हाथी को छिपा लेने वाली विकराल घास वाले वे अँधियारे वन देखे थे, जहाँ ठंडे पत्थरों के बीचोबीच जलकुंड उबलते थे और घुटन भरी दोपहरियों में काले नाग विश्राम करते थे।

जयपुर से वह मद्रास गया। मद्रास में दो महीने रहने और लाल मिर्च के साथ मोटे चावल खाने, नीची छतों वाले घुटन भरे मन्दिरों में रामेश्वरम् की सुन्दर नवयौवनाओं को भरतनाट्यम् के नृत्य-भाव बदलते तथा मृदंग-मजीरों के साथ कर्नाटक संगीत के तड़प-तड़पकर मचलते स्वरों की ताल पर नृत्य की चिंगारियाँ उड़ाते देखने के उपरान्त उसने कोलम्बो की राहं ली। कोलम्बो में उसने भगवान् बुद्ध के मन्दिर में भिक्षुओं और भिक्षुणियों को धूप और अगर के धुएँ में बैरागी राजकुमार शाक्यमुनि की प्रतिमा के सामने रत्नागिरी के श्वेत पुष्पों के हार रखते देखा और माउंट लेवेनिया के बीच पर नारियल के वृक्षों के नीचे अंग्रेज़ स्त्रियों को अर्द्ध-नग्नावस्था में नहाते भी देखा और टैम्पल रोड के पीछे वाली गली में निर्धन सिंहली स्त्रियों को दो जून भोजन के लिए अपना शरीर बेचते भी देखा।

कोलम्बो से वह एक समुद्री जहाज़ पर चढ़कर सीधा कलकत्ता आ गया। यह किसी भारतीय कम्पनी का जलयान था, जो छोटा भी था और खूब गन्दा भी। सबसे

नीचे की मंज़िल पर सीटें थीं और गले-सड़े प्याज़ों की बदबू फैली हुई थी। कैन्टीन वाला नग्न शरीर, पसीने से तर-ब-तर, मैली-सी धोती पहने, पीतल की टोंटी-वाले हम्माम के पास बैठा एक आने में जली हुई मद्रासी कॉफ़ी के गिलास भर-भरकर दे रहा था। कॉफ़ी में से मिट्टी के तेल की बू आ रही थी। रात को डैक पर एक खलासी घूमा करता था, जो सोये हुए यात्रियों का सामान चोरी कर लेता था। बीच समुद्र में पहुँचकर लहरें ज़रा तूफ़ानी हुईं तो यह छोटा-सा जलयान बुरी तरह डोलने लगा। मारे चक्करों के यात्रियों का बुरा हाल हो गया। याक़ूत दो दिन लगातार सिरहाने के नीचे सिर दबाए पड़ा रहा। कलकत्ता की जी.टी. आयी तो लोगों ने परमात्मा का शुक्र किया।

याक़ूत छह महीने कलकत्ता में पड़ा रहा। यहाँ उसने खिज़्रपुर जी.टी. पर नौकरी कर ली। दूसरे महीने ही नौकरी से उसका मन उखड़ गया। अब उसके पास रुपये समाप्त हो रहे थे। वह घर से लगभग पाँच हज़ार रुपये चुराकर भागा था। यह धनराशि अब चुक गयी थी। उसने एक समाचार पत्र के कार्यालय में प्रूफ़-रीडर की नौकरी कर ली। रात में किसी समय वह दो-तीन घंटे के लिए वहाँ जाता और शेष सारा दिन वह कलकत्ता के बाज़ारों में मटरगश्ती करता। यहाँ उसने एक बंगाली लड़की से प्रेम भी किया। उस लड़की को साथ लेकर होटलों और बाग़ों में भी घूमा। क्योंकि याक़ूत मुसलमान था और बंगाली लड़की हिन्दू थी, इसलिए यह प्रेम असफल रहा और लक्ष्य के निकट पहुँचकर सभी सम्बन्ध टूट-बिखर गये। वह लड़की एक कबाड़ी की बेटी थी और याक़ूत को टैगोर के बांग्ला गीत और अपने माता-पिता के झगड़े सुनाया करती थी। याक़ूत इन दोनों चीज़ों को बड़े ध्यान से सुनता। आख़िर एक दिन पंजाब की स्मृति बलवती हुई। याक़ूत के मन में मक्के की रोटी, सरसों के साग और लस्सी की याद तड़प उठी और वह हावड़ा-एक्सप्रेस पर चढ़कर अमृतसर को लौट पड़ा।

उसे घर में प्रविष्ट होते देख, पिता को छोड़, घर के सभी लोग बहुत प्रसन्न हुए। याक़ूत ने जिन-जिन शहरों की सैर की थी, वहाँ-वहाँ उसने बहुत सुन्दर गद्य-गीत लिखे थे। याक़ूत ने ये सभी कविताएँ अपनी डायरी में नोट कर लीं। उसने पुनः कॉलेज में दाख़िला ले लिया और बी.ए. पास कर लिया। इस दौरान हिन्दू-मुस्लिम दंगे आरम्भ हो चुके थे और पाकिस्तान की माँग विकट रूप धारण कर चुकी थी। अन्ततः पाकिस्तान बन गया और पंजाब में बड़े पैमाने पर आबादियों की अदला-बदली आरम्भ हो गयी। याक़ूत जिस काफ़िले के साथ अमृतसर से छरहटा के रास्ते पाकिस्तान की ओर चला, उस पर हिन्दुओं तथा सिखों ने आक्रमण कर दिया। परिणामस्वरूप अन्य मुसलमानों के साथ याक़ूत के पिता और बड़े भाई भी मारे गये। पाकिस्तान पहुँचकर याक़ूत की माता इसी सदमे के कारण बुरी तरह बीमार हुईं और

दो महीने बाद शरीर त्याग गयीं। याक़ूत ने लाहौर से तीस मील दूर कस्बा इस्लामपुर में बाग एलॉट करा लिए और अपनी दो छोटी बहनों और दो छोटे भाइयों के साथ वहीं बस गया। पाँच वर्ष के बाद उसने अपनी दोनों बहनों को रावलपिंडी में ब्याह दिया। छोटे भाइयों में से एक तो गुजराँवाला के कॉलेज में दाख़िल हो गया और दूसरे ने बाग़ों का तथा फलों की आढ़त का काम सँभाल लिया। कुछ समय के बाद उसने शादी कर ली। उसकी पत्नी अमृतसर के कश्मीरी परिवार की सुशिक्षित लड़की थी। वह लाहौर से ब्याही आयी लेकिन कस्बे में आकर उसने याक़ूत के छोटे भाई अकबर के घर को स्वर्ग बना दिया। फलों के बाग़ों की आय में तीनों भाइयों का हिस्सा था, लेकिन अकबर बड़ा कारोबारी-सा आदमी था। उसे भली-भाँति विदित था कि याक़ूत दुनियादारी नहीं जानता और वह कभी भी हिसाब-किताब के चक्कर में नहीं पड़ेगा। फलतः वह हर वर्ष याक़ूत को उसके हिस्से की आधी रकम देता था और शेष आधी को इधर-उधर के जाली खातों में डाल देता था। याक़ूत को इस बेईमानी का पूरा ज्ञान था, लेकिन वह जान-बूझकर चुप साधे रहता था। वह छोटे भाई को शर्मिन्दा नहीं करना चाहता था। और फिर उसे अधिक पैसों की आवश्यकता भी नहीं थी। इस्लामपुर में उसने नाशपाती के बाग़ में अपना एक छोटा-सा दो कमरों का कॉटेज बना रखा था। उसी कॉटेज में वह रहता था। दिन भर वह कस्बे के खेतों में लम्बी-लम्बी सैर करता। कभी कस्बे के विद्यालय के मुख्य-अध्यापक के पास तथा कभी पटवारी के पास जाकर बैठ जाता। कुछ समय बाग़ के रखवालों के साथ भी बिताता। उनकी फूँस की झोंपड़ियों के बाहर तख़्तपोश पर बैठकर उनसे फलों की फसल, मंडी के भाव और उनके बच्चों की कुशलक्षेम पूछता और रात को अपने कॉटेज में आकर देर तक अध्ययन में निमग्न रहता। दोपहर और रात का भोजन वह अपनी भावज के यहाँ जाकर करता। उसकी भावज का घर—अर्थात् याक़ूत का अपना पुराना घर—कस्बे के मध्य में था और कस्बे का सबसे ऊँचा और लम्बा मकान था। मुहल्ले भर में उस परिवार की बड़ी साख थी और लोग इस परिवार को सम्मान की दृष्टि से देखते थे।

साथ वाले मुहल्ले में फ़िरोज़पुर के एक रिटायर्ड स्टेशन मास्टर का परिवार बसता था। उन लोगों ने इस्लामपुर कस्बे के निकट कुछ ज़मीन अलॉट करा ली थी और बड़ी सुख-शान्ति से जीवन व्यतीत कर रहे थे। इन लोगों का प्रायः याक़ूत के यहाँ आना-जाना था और दोनों परिवारों के आपसी सम्बन्ध बड़े अच्छे थे। स्टेशन मास्टर की सबसे छोटी बेटी नज़मा के बाल सुनहरे और रंग गोरा था। उसकी आँखें नसवारी रंग की थीं और गाल पर बाईं ओर ओंठों के पास एक काला तिल था। स्पष्ट है कि हम ऐसी लड़की को सुन्दर कहे बिना नहीं रह सकते। उसकी आयु भी अठारह वर्ष के लगभग थी। नज़मा कस्बे के कन्या विद्यालय में दसवीं की छात्रा थी। याक़ूत

नज़मा से प्रेम करता था और उसने नज़मा के रूप और यौवन पर कितने ही गद्यगीत लिखकर अपनी डायरी में नोट कर रखे थे। परन्तु उसने कभी नज़मा के सामने अपने प्रेम-भाव को अभिव्यक्ति नहीं दी थी। नज़मा को भी याक़ूत के प्रेम का पूरा अहसास था, लेकिन वह भी मौन थी। हमारे यहाँ लड़कियाँ, स्वयं प्रेम प्रकट करना तो दूर, पुरुष के प्रेम प्रकट करने पर भी मौन रहती हैं। यही कारण था कि नज़मा हमेशा याक़ूत के सामने आने से घबराती थी और जब कभी आमना-सामना हो जाता था तो शर्म के मारे दृष्टि झुकाकर, कतराकर निकल जाती थी।

एक दिन नज़मा याक़ूत की भावज से मिलकर नीचे उतर रही थी कि सीढ़ियों में याक़ूत से आमना-सामना हो गया। नज़मा ने शीघ्रता से नकाब उलट दी और घबरा गयी। अब हुआ यह कि रास्ता देने के लिए जिस ओर को याक़ूत हटता, नज़मा भी उधर को ही हट जाती। चौथी बार जब ऐसा ही हुआ तो दोनों की टक्कर हो गयी। नज़मा के मुँह से एक हल्की-सी, छोटी-सी, बड़ी रहस्यमयी चीख़ निकल गयी। वह द्रुतगति से नीचे उतरी और सीढ़ियों में लोप हो गयी। याक़ूत पल भर के लिए वहीं खड़ा रहा। नज़मा का कन्धा याक़ूत के वक्षस्थल से छू गया था। उसे लग रहा था जैसे कोई उसके सीने में आग भर गया है। उसने नगर-नगर की धूल फाँकी थी, घाट-घाट का पानी पिया था, अद्‌भुत-अद्‌भुत प्रकार की लड़कियाँ देखी थीं, उनसे प्रेम किया था, लेकिन यह अनुभव उसे एक विस्मयकारक भावनात्मक अनुभव प्रतीत हो रहा था। उसे लग रहा था जैसे संसार भर की ललनाओं का सौन्दर्य और लज्जा नज़मा के अस्तित्व में सिमट आयी है। जैसे समस्त सृष्टि के सूर्य इस एक सूर्य में प्रविष्ट होकर घूम रहे हैं। जैसे संसार भर के पुष्प इस एक पुष्प के भीतर मुस्कुरा रहे हैं।

उस रात याक़ूत ने नज़मा के नाम एक लम्बा प्रेम-पत्र लिखा। उस पत्र में उसने अपने हृदय पर जो बीती थी, उसका आद्योपान्त वर्णन कर दिया। पत्र ग्यारह पृष्ठों पर फैल गया। प्रत्येक पृष्ठ पर याक़ूत ने वाटर-कलर से नर्गिस के फूल बनाए। प्रत्येक पंक्ति पर उसने हिना के इत्र की बूँदें गिराईं। उसने प्रेम-पत्र को फूलों और इत्र की सुगन्धि में बसाकर लिफ़ाफ़े में बन्द किया और उसे एक पुस्तक में रखकर नज़मा के विद्यालय से फ़र्लांग भर की दूरी पर आम के एक वृक्ष के नीचे खड़ा हो गया। उसे विदित था कि छुट्टी होने पर नज़मा इधर से ही जाती थी। विद्यालय में छुट्टी की घंटी बजी। याक़ूत का दिल धक्-धक् करने लगा। कोई पन्द्रह मिनट बाद उसे सरसों के खेतों के बीचोबीच नज़मा आती हुई दिखाई दी। पुस्तक में रखा हुआ पत्र सुगन्धि छोड़ रहा था। जब वह उसके निकट से निकलने लगी तो याक़ूत पेड़ की आड़ में से निकलकर सामने आ गया। नज़मा का दिल धक्-सा रह गया। याक़ूत ने पुस्तक उसकी ओर बढ़ाई।

"यह पुस्तक मैं तुम्हारे लिए लाया था।"

नज़मा ने कोई उत्तर न दिया। पल भर के लिए वह बुत बनी खड़ी रही। याक़ूत का पुस्तक वाला हाथ नज़मा की ओर बढ़ा हुआ था और हिना के इत्र की सुगन्धि उड़ रही थी। इस सुगन्धि ने उन दोनों को अपनी लपेट में ले लिया था। सुगन्धि की चाँदनी में वे दोनों भीग रहे थे और उनके चारों ओर गहरा सन्नाटा था और आम की डाली पर बैठा तोता गर्दन झुकाए बुत बना उनकी ओर देख रहा था।

"यह पुस्तक मैं तुम्हारे लिए लाया हूँ नज़मा।"

याक़ूत के इस एक वाक्य को जैसे आम के वृक्ष का पत्ता-पत्ता दोहराने लगा—'यह पुस्तक मैं तुम्हारे लिए लाया हूँ नज़मा... यह पुस्तक ले लो नज़मा... इसके एक-एक पृष्ठ पर शत-शत बार तुम्हारा नाम लिखा हुआ है... र तुम्हारे हर नाम में किसी का दिल धड़क रहा है... और यह पत्र हिना के इत्र की शीशी में लेखनी डुबोकर लिखा गया है... मत लो... मत लो नज़मा... इस पुस्तक के प्रत्येक पृष्ठ पर तुम्हारी बदनामी की मुहर लगी हुई है... इसके खुलते ही पाप के छलावे निकल भागेंगे और फिर कभी तुम्हारी पकड़ में न आएँगे। तुम हज़ार कोशिशें करोगी, किन्तु वे तुम्हारे वश में नहीं आएँगे... यह पुस्तक तुम्हारे दुःखों का श्रीगणेश है, तुम्हारी परेशानियों का मुख्य द्वार है, इसे मत खोलना... इसे मत खोलना... अन्यथा छताओगी। आम की डाली पर बैठा तोता विस्मित था, स्तम्भित था। प्रेम करने वालों को क्या हो गया है? क्या मानव प्रेम करने से भी डरने लगा है? नज़मा ने अपना श्वेत-अरुण कोमल हाथ बुर्क़े से निकालकर याक़ूत के हाथ से पुस्तक ले ली और आगे चल दी।

तोता प्रसन्नता से शोर मचाता हुआ उड़ गया। डाली के पत्त हवा में झूलने लगे और हिना के इत्र की सुगन्धि नज़मा के साथ-साथ चलने लगी। उसे ऐसा प्रतीत हो रहा था कि जैसे उसने पुस्तक नहीं, बल्कि अगरबत्तियों का मुट्ठा सुलगाकर बुर्क़े के अन्दर ले लिया है। उसके बुर्क़े के अन्दर हिना की तीव्र महक भर गयी थी। घर पहुँचकर उसे सबसे अधिक चिन्ता इस बात की थी कि कहीं घर वाले सुगन्धि का सुराग़ पाकर पुस्तक तक न पहुँच जाएँ। पुस्तक के अन्दर रखा प्रेम-पत्र नज़मा ने देख लिया था। उसने पुस्तक अपनी अल्मारी में दूसरी पुस्तकों के बीच में छिपाकर रख दी। दोपहर के खाने के बाद नज़मा ने कमरा बन्द करके याक़ूत का सुदीर्घ प्रेमासिक्त पत्र पढ़ा। पत्र पढ़ते-पढ़ते उस पर एक अद्भुत-सा नशा चढ़ता गया। वह प्रेम की उन घाटियों में पहुँच गयी, जहाँ क़दम-क़दम पर ऐसे फूल खिल रहे थे, जिनको वह पहली बार देख रही थी और जिनकी सुगन्धि वह पहली बार सूँघ रही थी। उसे लगा जैसे उसके हाथ में पत्र नहीं, बल्कि केले का चौड़ा पत्ता है, जिस पर गुलाब, गेंदा, मौलसरी, चमेली और ...िया के सुगन्धित पुष्प रखे हैं। आनन्दातिरेक से उसका चेहरा अरुणाभ हो गया अ... दिल ज़ोर से धड़कने लगा, उस बाग़वान की तरह जो पहली बार अपनी फुलवारी को पूरे यौवन पर देखता है।

2

याक़ूत के प्रेम-पत्र का उत्तर नज़मा ने संक्षेप में किन्तु दिल की गहराइयों से दिया।

उसने अपने प्रणय को स्वीकार तो नहीं किया, किन्तु याक़ूत के पत्र पर धन्यवाद दिया और लिखा कि उसे पत्र पढ़कर अपरिमित आनन्द मिला है। एक प्रकार से यह प्रणय की भरपूर स्वीकृति ही थी। याक़ूत की आँखों में प्रसन्नता के आँसू चमक उठे। वह नज़मा पर हृदय से आसक्त था और सोचता था कि यदि नज़मा ने उसके प्रेम के प्रत्युत्तर में घृणा या उपेक्षा से काम लिया तो वह संसार के घटाटोप अन्धकार में किस आशा-दीप के प्रकाश में जीवन व्यतीत करेगा? नज़मा ने प्रेम के प्रत्युत्तर में प्रेम से काम लिया था। याक़ूत को जीवन व्यतीत करने का आधार मिल गया। उसकी दृष्टि में सभी पेचदार रास्ते जगमगा उठे थे। हर चौराहे पर एक सूर्य चमक उठा था और हर गली के मोड़ पर एक चन्द्रमा उदित था। याक़ूत प्रकाश का एक कण बनकर अपने सूर्य, अपनी नज़मा के गिर्द घूमने लगा था। सुनहरे बाल, काला तिल और नसवारी आँखें—सृष्टि के ये तीनों ही कण, जिन्होंने अपनी बाँहें याक़ूत के गले में डाल दी थीं और वह इस आदि-अनादि के त्रिकोण के सिंहासन पर बैठा सुगन्धि, प्रकाश तथा रंगों के मलयजी बादलों के बीच उड़ रहा था।

नज़मा और याक़ूत का प्रेमपूर्ण पत्र-व्यवहार आरम्भ हो गया। नज़मा ने चौथे पत्र में ही अपने प्रेम को स्वीकार कर लिया। वह याक़ूत के पत्रों को अपनी अल्मारी में छिपाकर रखती थी। अब उसकी अल्मारी में से हर समय हिना के इत्र की महक आने लगी थी। नज़मा ने इस विचार से कि घर में किसी को सन्देह न हो जाय, अपने कपड़ों पर भी हिना का इत्र लगाना आरम्भ कर दिया। वह पहले से अधिक उत्साह के साथ पढ़ाई तथा घर का कामकाज करने लगी। उसे साधारण से साधारण काम करने में भी बड़ा आनन्द मिलता। प्रेम बहुत बड़ी शक्ति है। यह मृत धमनियों में भी गर्म ख़ून दौड़ा देता है। नज़मा के पास एक बहुत सुन्दर टीन का डिब्बा था, जो उसे उसकी एक सहेली ने दिया था। इस डिब्बे के ऊपर गुलाब के ढेर सारे श्वेत-अरुण पुष्प बने हुए थे। वह याक़ूत के प्रेम-पत्र इसी डिब्बे में एकत्र करती रहती। वह प्रत्येक पत्र के ऊपर गुलाब की पंखुड़ियों की एक तह बिछा देती। इस

डिब्बे की चाबी वह हर समय अपने पास रखती थी। याक़ूत ने नज़मा के प्रणय-पत्रों के लिए अखरोट की लकड़ी की नक्काशी वाली सन्दूकची खरीद ली थी और उसमें फूलों की तहें लगाकर वह नज़मा के पत्र जमा करता था।

पत्रों के आदान-प्रदान का माध्यम एक नन्हा पत्रवाहक, याक़ूत के छोटे भाई अकबर का बेटा था। इस नन्हे पत्रवाहक को दोनों ओर से खाने को खूब मिठाई आदि मिलती थी और वह प्रसन्नतापूर्वक एक का पत्र दूसरे को पहुँचा देता था। सप्ताह में दो-एक बार उनकी भेंट भी हो जाती थी। कभी विद्यालय से आते-जाते और कभी मकान की सीढ़ियों में। छोट से कस्बे में क्योंकि बदनामी की आशंका अधिक थी, इसलिए वे दोनों मिलने-मिलाने में बहुत सतर्क रहते थे। जितनी देर के लिए भी वे मिलते, खूब प्यार-मुहब्बत करते। समय के निर्दयी हाथों से मिलन की जो भी थोड़ी-बहुत घड़ियाँ वे छीन पाते, उनका वे भरपूर लाभ उठाते। लाभ यह कि दोनों एक-दूसरे का हाथ थाम लेते। एक-दूसरे के चेहरे को प्रणय की छलछलाती नज़रों से देखते। गहरे-गहरे साँस लेते। कभी जुदा न होने का प्रण करते। एक-दूसरे के सीने से लगकर थोड़े-बहुत अश्रु बहाते और ठंडी आहें भरते हुए बिछुड़ जाते।

ईद के दिन याक़ूत ने नज़मा को फाउंटेन पेन और रेशमी कमीज़ उपहार में दिए। नज़मा ने उसे रेशमी रूमालों का सेट और हिना के इत्र की शीशी भेजी। नज़मा दोपहर के समय खूब सज-सँवर कर याक़ूत के यहाँ आयी। उसने प्याज़ी रंग की फूलदार कमीज़ और साटन की सफेद शलवार पहन रखी थी। कानों में सोने के बुंदे चमक रहे थे। बालों में चाँदी की लड़ियाँ झिलमिला रही थीं। दुपट्टे पर गोटा लगा हुआ था। मुट्ठी में इत्र भरा रूमाल था। नसवारी आँखों में ईद मिलन की खुशियाँ थीं। चेहरा मुस्कुरा रहा था। गाल का तिल बातें कर रहा था। वह दुल्हिनों से भी अधिक सुन्दर दिखाई दे रही थी। याक़ूत ने उसे देखा तो उसका दिल धड़कने लगा। भावज नज़मा से सवैयों की प्लेट ले रही थी और नज़मा कह रही थी,

"अम्माँ ने आपको सलाम और ईद-मुबारक कहा है।"

"ख़ैर मुबारक। अम्मीं को मेरी ओर से भी ईद-मुबारक कहना।"

जब नज़मा सीढ़ियाँ उतरने लगी तो याक़ूत सबसे आख़िरी सीढ़ी पर दीवार के साथ लगकर खड़ा था। दोनों एक-दूसरे के गले से लग गये। नज़मा के कपड़ों से सुगन्धि उड़ रही थी।

"तुम हिना की राजकुमारी हो नज़मा।"

नज़मा ने कुछ मुस्कुराकर, कुछ लजाकर दृष्टि झुका ली और हाथ उठाकर सिर पर से ढरका दुपट्टा ठीक करने लगी। उसकी चूड़ियाँ बज उठीं।

"इस झंकार में सृष्टि का पूरा संगीत है नज़मा। तुम सुगन्धि और संगीत का मिश्रण हो। फूल और वाद्य का मिश्रण हो। जिस दिन तुम दुल्हिन बनकर मेरे घर

आओगी, उस दिन मैं संसार का सबसे अधिक भाग्यशाली मनुष्य होऊँगा।''

नज़मा की साँस चढ़ी हुई थी और वह बार-बार घबराकर ऊपर वाले द्वार की ओर देख रही थी।

''घबराओ नहीं नज़मा! यहाँ कोई नहीं आएगा। आज ईद है। खुशियों का दिन है। हम दोनों को यहाँ एक दूसरे के गले में बाँहें डाले प्रेम करते देखकर हर कोई यही समझेगा कि डाकिया सीढ़ियों में इतालवी ईद-कार्ड फेंक गया है।''

किन्तु नज़मा घबरा रही थी, ''मुझे डर लगता है।''

''किससे डर लगता है नज़मा? मुझसे?''

नज़मा ने अपना इत्र के रूमाल वाला हाथ याक़ूत के ओंठों पर रख दिया। नज़मा ने हाथों में मेंहदी रचा रखी थी और रेशमी रूमाल हिना के इत्र में बसा हुआ था। याक़ूत को अनुभव हुआ जैसे उसके ओंठों पर किसी ने कोमल, मृदुल पंखुड़ियों वाला गुलाब का फूल रख दिया हो।

''ईश्वर के लिए ऐसा न कहो याक़ूत। जिससे इतना प्रेम हो, उससे भय कैसा? मैं तो दुनिया वालों से डरती हूँ। अपने सम्बन्धियों, पड़ोसियों, मुहल्ले वालों और कस्बे वालों से डरती हूँ। अभी तो चिड़िया ने दो-चार तिनके ही एकत्र किये हैं, ये लोग कहीं इसी में आग न लगा दें।''

याक़ूत ने नज़मा के काले तिल पर ओंठ रख दिए। उसे अपनी ओंठों पर सुच्चे रेशम का दबाव अनुभव हुआ। गाल के काले तिल की नाभि फूटकर महक दे रही थी। यह ख़ुतन का काला मृग स्वर्णिम गाल के रेशमी, चमकीली मरुभूमि पर विस्मित खड़ा था। याक़ूत को लगा जैसे वह किसी सुगन्धि की गहरी गुफ़ा में उतर गया है। उसने आँखें बन्द कर लीं और धीरे से कहा,

''कोई हमारे नीड़ में आग नहीं लगा सकता नज़मा। कोई ऐसा नहीं कर सकता। हम एक दूसरे के साथी हैं। हमने एक दूसरे के लिए जन्म लिया है। हम एक हैं। हम अभिन्न हैं।''

नीचे सीढ़ियों में किसी के खखारने का स्वर सुनाई दिया। अकबर का श्वसुर ऊपर आ रहा था। दोनों शीघ्रता से अलग हो गये। याक़ूत ऊपर चढ़ गया और नज़मा जल्दी से नकाब गिराकर नीचे उतर आयी। ऊपर जाकर याक़ूत ने सोचा, जब अपने रेशमी वस्त्र समेटती हुई नज़मा निकट से गुज़री होगी तो बूढ़े को हिना की लपटें आयी होंगी उसे उसके मुँह से, भी अपनी जवानी को याद करके, ठंडी आह निकल गयी होगी।

नज़मा ने दसवीं की परीक्षा पास की तो घर वाले उसकी शादी के विषय में विचार करने लगे। नज़मा को चिन्ता हुई क्योंकि शादी के विषय में वह घर में कुछ इस प्रकार की अफ़वाहें सुन रही थी, जिनसे उसका मन आशंकित हो रहा था। वास्तव

में नज़मा की माँ ने अपनी ननद को वचन दे रखा था कि वह अपनी बेटी की शादी उसके बेटे असग़र से करेगी। असग़र लाहौर में वकालत करता था और अपने माता पिता के साथ वहीं रहता था। नज़मा के पिता को भी अपनी पत्नी के वचन का पता था और उसे भी इस सम्बन्ध पर कोई आपत्ति न थी। शेष रही नज़मा—तो उसकी इच्छा जानने का प्रश्न ही नहीं उठता था। इस प्रकार के परिवारों में लड़कियों की (बल्कि लड़कों की भी) शादियाँ माता-पिता की इच्छानुसार निश्चित होती हैं और लड़की या लड़के में इतना साहस नहीं होता कि वह इससे इन्कार कर दे।

नज़मा ने सारी स्थिति याक़ूत को लिख भेजी। याक़ूत परेशान हो गया। नज़मा ने उसे लिखा था कि तुम अपनी भाभी को हमारे यहाँ रिश्ता माँगने के लिए भेजो। शायद मेरे माता-पिता मान जाएँ। अब अधिक सोच-विचार का समय नहीं था। याक़ूत ने उसी दिन अपनी छोटी भाभी के सामने अपना मन खोलकर रख दिया और उससे आग्रह किया कि वह नज़मा का रिश्ता माँगने उसके घर जाए। भाभी ने कहा,

"यह तो ठीक है बड़े भैया! लेकिन मैंने नज़मा के सम्बन्धियों से इतना सुन रखा है कि उनका विचार नज़मा की शादी उसकी बुआ के बेटे से करने का है।"

याक़ूत ने पैर से सिगरेट मसलते हुए कहा, "कुछ भी हो भाभी! तुम उन्हें मनाने का पूरा यत्न करो। मैं अपने हिस्से के सारे बाग़ और तालाब वाली ज़मीन भी नज़मा के नाम कर दूँगा। असग़र से शादी होने पर वह लाहौर चली जाएगी और यदि मुझसे उसकी शादी हो गयी तो वह माता-पिता की आँखों के सामने रहेगी। मैं उसकी प्रत्येक आवश्यकता का ध्यान रखूँगा। मैं उसे घर की रानी बनाकर रखूँगा। उसकी पूजा करूँगा, भाभी।"

"चिन्ता न करें बड़े भैया। मैं अपनी ओर से पूरा प्रयास करूँगी। शेष जो ईश्वर की इच्छा।"

"नहीं, नहीं, यह किसी की इच्छा पर निर्भर नहीं है, किसी के हाथ में नहीं है। तुम उनको मनाओ। उनको मानना ही चाहिए, अन्यथा हम दोनों के जीवन नष्ट हो जाएँगे।"

अगले दिन भावज याक़ूत के रिश्ते की बात करने नज़मा के घर गयी तो नज़मा की माता ने बड़ी आवभगत की। जब अभिप्राय को अभिव्यक्ति देने का श्रीगणेश हुआ तो नज़मा की माता ने बड़े स्नेह तथा खेद सहित इंकार कर दिया और कहा कि यदि ननद के बेटे से बात पक्की न हुई होती तो उसे यह सम्बन्ध स्वीकार करने में कोई आपत्ति न होती। भावज ने अन्य तर्कों द्वारा बात मनवाने का प्रयास किया किन्तु नज़मा की माता अपने निर्णय से अडिग रही और बराबर इंकार करती रही। अब भावज के पास इसके अतिरिक्त कोई चारा न था कि अभिवादन करके उठे और वापिस चल दे।

नज़मा दूसरे कमरे में किवाड़ से लगी सारी बातें सुन रही थी। इंकार सुनकर उसका रंग पीला पड़ गया और हाथ-पाँव ठंडे पड़ने लगे। वह कलेजा थामकर चारपाई पर बैठ गयी और उसकी आँखों में आँसू तैरने लगे। उसने अल्मारी खोलकर मुँह उसके भीतर कर लिया और जी भरकर रोई। याक़ूत के पत्रों वाले बक्से में से हिना की सुगन्धि उभर रही थी। नज़मा की आँखें बन्द थीं, ओंठ भिंचे हुए थे और बन्द पलकों में से लगातार अश्रुओं की लड़ियाँ गिर रही थीं। आज उसे हिना की सुगन्धि किसी खानक़ाह से आती अगरबत्तियों की महक प्रतीत हो रही थी।

याक़ूत को जब यह अशुभ समाचार मिला तो वह भी बहुत परेशान हुआ। उसने तुरन्त नज़मा को पत्र लिखकर अपने घर बुलवाया। नज़मा दौड़ी-दौड़ी आयी। दोनों असफल प्रेमी एक-दूसरे से गले मिलकर रो पड़े। याक़ूत ने नज़मा के सुनहरी बालों पर हाथ फेरते हुए कहा, ''यह रोने का समय नहीं है नज़मा। यदि हम इस समय रोते रहे तो आयु भर रोते रह जाएँगे। यह समय बुद्धि से काम लेने का है। स्पष्ट है कि यदि हम वैध तरीके से चाहें तो यह शादी कभी नहीं हो सकेगी। तुम्हारे माता-पिता ने साफ मना कर दिया है और वे तुम्हारी शादी दूसरी जगह निश्चित कर चुके हैं।''

नज़मा ने सिसकियाँ भरते हुए कहा, ''हाय! यह कैसे होगा? मैं छत से लटककर आत्महत्या कर लूँगी। मैं मर जाऊँगी। मगर असग़र से शादी नहीं करूँगी।''

''नहीं नज़मा! हमें मरना नहीं है। अभी हमारी उम्र ही क्या है। अभी हमें जीवित रहना है, भरपूर ढंग से जीवित रहना है। हमें जीवन के माल्टे का रस उसकी अन्तिम बूँद तक निचोड़ना है और केवल उसका सूखा-सूखा गूदा ही प्रकृति को लौटाना है।''

नज़मा ने अपनी भीगी पलकों वाली नसवारी आँखें ऊपर उठाकर पूछा,

''हम क्या करें? कैसे शादी करें? कैसे जीवित रहें?''

''हमें यहाँ से भागना होगा और शहर जाकर शादी करनी होगी।''

नज़मा एकदम चुप हो गयी। उसकी पलकों तक आये हुए आँसू वहीं रुक गये। उसकी समझ में नहीं आ रहा था कि याक़ूत ने अचानक क्या कह दिया है। जब याक़ूत ने पूरा विवरण देकर बात स्पष्ट की कि वे इस्लामपुर से भागकर लाहौर जाएँगे, वहाँ अदालत में शादी करेंगे और बाद में घर वालों को अपनी शादी की सूचना दे देंगे तथा आकर उनसे क्षमा माँग लेंगे तो नज़मा उस समय मानसिक ऊहापोह में थी।

''वे हमें अविलम्ब क्षमा कर देंगे नज़मा—तुरन्त क्षमा कर देंगे। माता-पिता कभी यह नहीं चाहते कि उनकी सन्तान उनकी इच्छा के विरुद्ध शादी करे, लेकिन यदि सन्तान शादी करने के बाद आकर क्षमा माँग ले तो माता-पिता तुरन्त उन्हें क्षमा कर

देते हैं। क्योंकि इस प्रकार से उनका अहम् भी सुरक्षित रह जाता है और सन्तान भी घर लौट आती है।"

नज़मा इस समय अत्यधिक व्यथित थी और प्रणय में आकंठ डूबी हुई थी। फलतः उसने याक़ूत की हाँ में हाँ मिला दी। निर्णय हुआ कि अगले दिन ही वे दोनों इस्लामपुर से रेलगाड़ी में सवार होकर लाहौर जाएँगे।

दूसरे दिन याक़ूत कुछ आवश्यक वस्तुएँ अटैचीकेस में रख एक घंटा पहले ही स्टेशन पहुँच गया। वह प्लेटफ़ार्म पर एक ओर बेंच पर बैठकर नज़मा की प्रतीक्षा करने लगा। नज़मा ने कहा था कि वह पूरे चार बजे स्टेशन पहुँच जाएगी क्योंकि गाड़ी सवा चार बजे छूटती थी। पौने चार बज गये। चार बजने में एक मिनट रह गया। नज़मा कहीं दिखाई नहीं दे रही थी। कस्बे की ओर से दो-एक ताँगे आये लेकिन उनमें ग्रामीण स्त्रियों और बच्चों के अतिरिक्त कोई न था।

याक़ूत परेशान हो उठा। वह सिगरेट पर सिगरेट जलाता बेचैनी से प्लेटफ़ार्म पर टहलने लगा। चार बजकर पाँच मिनट हो गये। क़स्बे की ओर जाने वाली सड़क सुनसान पड़ी थी। यदि नज़मा अब भी चल दे तो वह ताँगे में एक मील लम्बी सड़क दस मिनट में पार कर सकती है। किन्तु दूर-दूर तक सिवाय खेतों में काम कर रहे किसानों या बोझल कदम उठाकर सड़क पर चल रही भैंसों के अतिरिक्त और कोई उसे नज़र न आया।

सवा चार बज गये।

गुजराँवाला से आने वाली गाड़ी का सिगनल गिर गया। इसी गाड़ी से उन दोनों को लाहौर जाना था। याक़ूत का मस्तिष्क विभिन्न प्रकार के विचारों से आक्रान्त हो उठा। उसकी दृष्टि पागलों की तरह क़स्बे की ओर जाने वाली सड़क पर सिर पटकती फिर रही थी। नज़मा कहाँ है? नज़मा क्यों नहीं आयी? नज़मा क्यों नहीं आयी?—दूर से गाड़ी की चीख़ सुनाई दी। याक़ूत की चीख़ निकल गयी। पैरों के साथ-साथ मन भी बोझल हो गया। वह बेंच पर बैठ गया। अचानक उसे क़स्बे की सड़क पर एक तांगा दौड़ता चला आ रहा दिखाई दिया। याक़ूत बेंच से उछल पड़ा। नज़मा आ गयी! नज़मा आ गयी!

वह अपना अटैचीकेस बेंच पर छोड़ ताँगे की ओर भागा। जब याक़ूत ताँगे के पास पहुँचा तो ताँगे में से उतरकर उसका नन्हा पत्रवाहक उसके पास आया और एक पत्र उसे सौंप दिया। याक़ूत पल भर के लिए अवाक् रह गया। नज़मा नहीं आयी थी। उसने पत्र भेज कर अपनी विवशता प्रकट की होगी। याक़ूत ने पत्र खोलकर पढ़ा—

"...मैं कैसे आ जाऊँ? हाय अल्लाह! मैं कैसे घर से भाग निकलूँ? मेरी माँ मर जाएगी। बाप कहीं मुँह दिखाने योग्य न रहेगा। मैं क्या करूँ? सगे-सम्बन्धी हँसी

उड़ाएँगे। तुम एक बार पुनः भाभी को भेजो। अबकी बार मैं भी माँ से कह दूँगी, साफ़-साफ़ कह दूँगी। हाय अल्लाह! तुम्हें कितनी निराशा हो रही होगी। काश! मैं पैदा ही न हुई होती। मैं आत्महत्या कर लूँगी। मैं तुम्हारे बगैर जीवित नहीं रह सकती... तुम्हारी, सदा तुम्हारी...''

याक़ूत ने जेब से पेन निकालकर पत्र के पीछे लिखा,

''तुम नहीं आयी... किन्तु गाड़ी आ गयी है। मैं इस गाड़ी से लाहौर जा रहा हूँ। मिर्ज़ा सच्चा था, जिसने सन्दलबार के तपते मैदान में अपना लहू-लुहान बाज़ू आकाश की ओर उठाकर चीख मारी थी—

भट्ठ रन्नाँ दी दोस्ती
मैं खुरी जिन्हाँ दी मत्त
पहलाँ हस्स-हस्स लावण यारियाँ
पिच्छों रो के दिन्दियाँ दस्स।

(धिक्कार है नारियों की मित्रता पर, इनकी बुद्धि ही भ्रष्ट होती है। ये पहले हँस-हँसकर मित्रता करती हैं और फिर रो-रोकर उसे सब पर प्रकट कर देती हैं।)

मैं लाहौर जा रहा हूँ। जीवन भर तुम्हें सूरत नहीं दिखाना चाहता।''

याक़ूत ने पत्र नन्हे पत्रवाहक को सौंपा। जेब से पाँच रुपये का नोट निकाल कर सात-आठ वर्ष के बच्चे को दिया। उसके सिर पर स्नेहपूर्वक हाथ फेरा और कहा,

''बेटा! बड़े होकर तुम भी प्रेम करोगे। अवश्य करोगे। किन्तु एक बात याद रखना। प्रेम हमेशा शादी के बाद करना, शादी से पहले कभी न करना।''

लाहौर जाने वाली गाड़ी गुजराँवाला से आकर इस्लामपुर प्लेटफ़ार्म पर खड़ी हो गयी थी नन्हा पत्रवाहक ताँगे में सवार होकर वापिस चला गया और याक़ूत शीघ्रता से प्लेटफ़ार्म पर आया, बेंच पर से अपना अटैचीकेस उठाया और रेलगाड़ी के सेकेंड क्लास के डिब्बे में चढ़ गया। उसने अपने लिए और नज़मा के लिए सेकेंड क्लास की दो टिकटें ले रखी थीं। जब रेलगाड़ी चल दी तो याक़ूत ने खिड़की में से सिर बाहर निकालकर अन्तिम बार दूर कस्बे के मकानों पर दृष्टि डाली और नज़मा का टिकट पुर्ज़ा-पुर्ज़ा करके बाहर फेंक दिया। टिकट के पुर्ज़े रेलगाड़ी के साथ चल उड़े और खेतों में जा पड़े।

लाहौर आकर याक़ूत ने एक मध्यमवर्गीय, साफ-सुथरे, सुचालित होटल में साठ रुपया महीना पर एक कमरा किराए पर ले लिया और अपना सामान उसमें रख दिया। उसने आवश्यकता की कुछ और वस्तुएँ बाज़ार से खरीदीं और कुछ पुस्तकें क्रय कीं। लाहौर आकर उसने वैद्य तथा गुलाम मुस्तफ़ा उर्फ़ तूफ़ा क्लर्क से भेंट की।

पुरानी मित्रता पुनर्जीवित हुई और लाहौर के जीवन का आरम्भ हो गया। उसे लाहौर में रहते दो वर्ष हो गये थे। इस बीच वह एक बार भी अपने गाँव नहीं गया था। उसके हिस्से की धनराशि और फल आदि उसका भाई अकबर या कोई नौकर आकर दे जाता था। भाभी के पत्र प्रायः आते रहते थे, जिनमें वह एकाध पंक्ति नज़मा के विषय में भी लिख दिया करती थी। एक बार उसने लिखा कि लाहौर में नज़मा की मँगनी हो गयी है। याक़ूत ने लिखा कि अच्छा हुआ। शुरू-शुरू में दो-चार पत्र नज़मा के भी आये, जिनमें उसने क्षमा-याचना की थी। याक़ूत ने उत्तर न दिया। नज़मा कुछ समय तक पत्र लिखती रही। फिर उसका पत्र सप्ताह में एक बार, तदनन्तर महीने में एक बार आने लगा। अन्ततः पत्रों का आना बन्द हो गया। याक़ूत नज़मा के प्रति इतने गहरे प्रेम को कैसे पचाकर बैठ गया था, मालूम नहीं। वैद्य से उसकी अमृतसर के दिनों की पुरानी मित्रता थी। वह यद्यपि आयु में याक़ूत से दस वर्ष बड़ा था, लेकिन उनमें समवयस्कों वाली मैत्री थी। अपनी रसायन सम्बन्धी-मूर्खता और आयुर्वेद सम्बन्धी अपरिपक्वता के बावजूद वैद्य बड़ा मिलनसार और पर-दुःख कातर व्यक्ति था। उसने एक बार याक़ूत से कहा था, ‘‘यदि तुम नज़मा के प्रेम को पचा सकते हो, तो मुझे विश्वास है कि तुम संखिया भी पचा सकते हो।’’

याक़ूत मौन रहा और सिर झुकाए सिगरेट पीता रहा। उसने कोई उत्तर न दिया। नज़मा के विषय में वह किसी से कुछ भी कहना नहीं चाहता था।

अचानक बाहर ज़ोर से बादल गरजा।

कैफ़े पॉल में बैठे तीनों मित्रों ने एक साथ बाहर की ओर देखा। वैद्य ने ऐनक को ठीक तरह से नाक पर जमाते हुए कहा, ‘‘वर्षा फिर तेज़ हो गयी होगी।’’

होटल के शीशों के द्वार बन्द थे और वर्षा की आवाज़ भीतर नहीं आ रही थी। एक व्यक्ति ने बाहर से आकर सूचना दी कि केवल बादल गरज रहा है, वर्षा नहीं हो रही है। तूफ़े ने कहा, ‘‘घर चलना चाहिए। माँ प्रतीक्षा कर रही होगी।’’ तीनों मित्र उठकर होटल से बाहर आ गये।

3

बाहर बड़ी सर्दी थी। ठंडी बर्फ़ानी हवा चल रही थी। याक़ूत ने कोट का कॉलर उठा लिया। वैद्य ने कसकर कम्बल को शरीर पर लपेटा। तूफ़े ने भी मफ़लर को अच्छी तरह गर्दन पर लपेट कर पुरानी ऊनी टोपी को पुनः सिर पर खींचकर ठीक किया। भीगी हुई मेक्लोड रोड वीरान हो रही थी। दूकानों की अधिकतर रोशनियाँ बुझ चुकी थीं। पनवाड़ी अपनी दूकान पर चादर में सिकुड़ा बैठा था। तीनों मित्रों ने पान वाले से लेकर एक-एक पान खाया और अपने मुहल्ले की ओर चल दिए। वैद्य ने पूछा,

"तुम आज होटल नहीं जाओगे क्या?"

याक़ूत ने सिगरेट सुलगाकर कहा, "मुझे परसी से मिलना है।"

तूफ़ा बोला, "यार! मैंने परसी को अपने दादा की तस्वीर दी थी रंग भरने के लिए। उससे पूछना उसका क्या हुआ?"

"पूछ लूँगा।"

तूफ़ा सलाम करके अपने घर में घुसने लगा तो वैद्य ने पान की पीक गली में थूककर कहा, "आज सर्दी है। हरड़ के साथ दूध में इलायची अवश्य डाल लेना।"

"और जोशान्दा?"

"वह प्रातः अवश्य पीना। पहले मैं तुम्हारे भीतर की सफ़ाई करना चाहता हूँ। उपचार बाद में करूँगा।"

तूफ़ा अपने घर चला गया। वैद्य भी याक़ूत से हाथ मिलाकर अपने घर में जा घुसा। गली में कीचड़ ही कीचड़ था। बादल धीरे-धीरे गरज रहे थे और तेज़ ठंडी हवा चल रही थी। याक़ूत गली के नुक्कड़ तक गया और फिर दाहिनी ओर की एक बग़ल की गली में मुड़ गया। एक मकान का द्वार बन्द था। अन्दर बड़ा-सा बल्ब जल रहा था, जिसका प्रकाश बन्द द्वार की दरारों से छनकर बाहर आ रहा था। याक़ूत ने पटड़े पर चढ़कर धीरे से द्वार खोला और भीतर चला गया। भीतर एक दुबला-पतला सा आदमी, जिसकी आयु मुश्किल से तीस वर्ष की होगी, भूरे रंग का लंडे से खरीदा फौजी स्वेटर पहने, कपड़े के बोर्ड पर गीताबाली के चित्र में रंग भर रहा था। याक़ूत को देखकर वह मुस्कुराया और फिर काम में निमग्न हो गया।

"दरवाज़ा ठीक से बन्द कर लो यार। आज तो कुल्फ़ी जम रही है।"

याक़ूत ने दरवाज़ा ठीक से बन्द कर दिया। कोने में अंगीठी दहक रही थी। उस पर चाय का पानी चढ़ा हुआ था। बन्द कमरे के वातावरण में चाय की तीखी सुगन्धि और घटिया तम्बाकू का धुआँ फैला हुआ था। यह परसी चित्रकार था। परसी ईसाई था और जालंधर का रहने वाला था। वह लाहौर के दो-एक घटिया सिनेमाघरों को पुरानी भारतीय फ़िल्मों के बोर्ड बनाकर देता था। परसी बहुत साधारण चित्रकार था। वह फ़िल्मी अभिनेताओं और अभिनेत्रियों का नाक-नक्शा ठीक से नहीं बना सकता था। उसके बनाए हुए नर्गिस के चित्र पर सबीहा का और मुसर्रत नज़ीर के चित्र पर शमीम आरा का भ्रम होता था। एक सिनेमा वाले को परसी ने सबीहा का चित्र बनाकर दिया। यह चित्र सिनेमा घर के मस्तक पर लगा दिया गया। मध्यान्तर में कुछ लोग मैनेजर के पास टिकट वापस करने आ गये। मैनेजर ने हैरानी से कारण पूछा तो एक दर्शक ने कहा, "श्रीमान् जी! आपने बाहर नर्गिस का चित्र लगा रखा है और आप अन्दर सबीहा दिखा रहे हैं। हमने तो नर्गिस का बोर्ड देखकर टिकट खरीदी थी।"

उसी दिन से उस सिनेमा वाले ने उसका ठेका समाप्त कर दिया। बोर्ड बनाने के अतिरिक्त परसी थोड़ा-बहुत इधर-उधर का काम भी करता था। अकेली जान था, उसे काम की इतनी अधिक आवश्यकता भी नहीं थी, परन्तु जब समय पर पैसे न मिलते तो वह सिनेमा वालों को जी भरकर गालियाँ देता, चरस भरा सिगरेट पीकर कोने में रखा घड़ा उठा लेता और बैठकर पंजाबी गीत गाने लगता। चरस पीकर उसकी आवाज़ और अधिक दर्दभरी हो जाती थी। उसे पंजाब के कितने ही लोकगीत याद थे, जिनको वह घड़ा बजाते हुए, गर्दन एक ओर को लटकाकर बड़े दर्द के साथ गाया करता था। परसी के पिता की मृत्यु हो चुकी थी। उसकी माता जालंधर के किसी क्रिश्चियन विद्यालय में अध्यापिका थी और उनकी एक बड़ी बहन बम्बई में किसी बैंड-मास्टर से विवाहित थी। परसी एक ईसाई लड़की के प्रेम में लाहौर आ गया था और तब से यहीं पड़ा हुआ था। वह हर साल पासपोर्ट बनवाकर अपनी माता के पास भारत जाने का कार्यक्रम बनाता, किन्तु चरस पीकर भूल-भुला जाता। कभी-कभी बम्बई से उसकी बहन का और जालंधर से उसकी माता का पत्र आ जाता था। वह प्रत्येक मित्र को वह पत्र दिखाता। उसे बार-बार पढ़ता। हर बार रोता। दो-एक दिन पासपोर्ट के फ़ॉर्म की खोज में डाकघरों के चक्कर लगाता और फिर सब कुछ छोड़-छाड़कर नर्गिस का बोर्ड बनाने में निमग्न हो जाता।

इस समय वह गीताबाली के चित्र में ब्रश से रंग जमा रहा था और गीताबाली के चेहरे पर सन्तोष कुमार का भ्रम हो रहा था। ब्रश एक ओर रखकर परसी ने

आस्तीन से नाक साफ़ की, झुके-झुके उठा और अंगीठी याक़ूत के निकट लाकर बोरी पर बैठ गया और हाथ तापने लगा।

"सुबह से काम कर रहा हूँ। कोई साठ प्याली चाय पी गया हूँ। रबड़ी हो गयी है। तुम चाय पियोगे?"

"वैद्य और मैं अभी होटल से चाय पीकर आ रहे हैं। वैसे एक प्याली और पी लूँगा।"

परसी ने जेब से चरस भरा सिगरेट निकालकर, उसे माचिस की तीली में फँसाकर आग लगाई। फिर उसे फूँक मारकर बुझाया और गोली को हथेली पर रखकर तम्बाकू में मसलने लगा।

"यार! वैद्य की पत्नी जवान है। फिर यह रात को ग्यारह-ग्यारह बजे तक बाहर क्यों रहता है? उसे पता नहीं कि जवान पत्नी की तो रबड़ी हो जाती है।"

रबड़ी परसी का तकिया कलाम है। उसका हर चौथा वाक्य इस तकिये पर सर रखकर आराम करता है। याक़ूत ने थ्री-कैसल की सिगरेट सुलगाकर कहा, "हमें ऐसी बातों में रुचि नहीं लेनी चाहिए। और फिर वैद्य हमारा मित्र है। मित्र की पत्नी के विषय में हम इस प्रकार से क्यों सोचें?"

परसी ने सिगरेट के खोल में चरस मिला तम्बाकू भरते हुए कहा, "कमाल है यार! मित्र यदि भूल करे तो उसे टोकें भी नहीं? अव्वल तो वैद्य को इस आयु में अठारह वर्ष की लड़की से शादी ही नहीं करनी चाहिए थी। अब यदि कर ही ली है तो आधी-आधी रात तक उससे अलग नहीं रहना चाहिए।"

याक़ूत ने कोई उत्तर न दिया और आग तापता रहा। केतली में चाय उबलने लगी थी। परसी ने सिगरेट बोरी के किनारे पर रखकर केतली उतारी और चाय प्यालियों में डाल दी। गर्म-गर्म भाप के साथ चाय की सुगन्धि ऊपर की ओर उठी। याक़ूत के मस्तिष्क में एक ऐसी घाटी का विचार आ गया जहाँ हिमपात हो रहा था और आच्छादित पेड़ों के नीचे एक बन्द कॉटेज में आतिशदान के पास बैठी एक सुनहरे बालों वाली सुन्दर लड़की अपने प्रेमी को पत्र लिख रही थी। उसे वे पत्र याद आ गये जो वह नज़मा को लिखा करता था। जिनके प्रत्येक पृष्ठ पर वह नर्गिस के फूल बनाया करता था। जिनकी प्रत्येक पंक्ति पर वह हिना का इत्र मला करता था। फिर उसे नज़मा याद आ गयी। उसे लगा जैसे हिमाच्छादित घाटी के ठिठुरते सन्नाटे में नज़मा एक कॉटेज की खिड़की का पट खोले उसे अपनी ओर बुला रही है। फिर नज़मा ने दिल्ली की बंगाली लड़की शोभिता का रूप धारण कर लिया, जो अपने घर में दुर्गा की मूर्ति के सामने बैठी, आँखें बन्द करके, भजन गा रही थी। उसे कबीर का ध्यान हो आया—

नैनन हमरे तुमरी ओर

क्यों लियो मुख मोर—सजनवा!

फिर उसके दिल ने एक शे'र कह दिया। एक शे'र—एक मोती, जिसे नदी की तूफ़ानी लहरों ने अपने से उछालकर किनारे पर फेंक दिया था। उसने गद्य की कुछेक पंक्तियों के रूप में अवतरित यह शे'र याद कर लिया।

हिम हिम हिम
हिमपात हो रहा है
शीतकल के पर्वतीय पुष्पों के
श्वेत पत्र—
पर्वतों के जमे हुए अश्रु!
मेरे पाँव ठिठुरकर पत्थर हो गये हैं
इन पत्थरों को लेकर
मैं अपने गाँव कैसे जाऊँ?

याक़ूत चाय पीने लगा। परसी चाय पीते हुए बोला, "आज रात भर काम करना है। सुबह यदि सिनेमा वाले ने पैसे न दिए तो इस बोर्ड को उसके सामने आग लगा दूँगा। कल रविवार है और मुझे एलस को लेकर गिरजाघर जाना है और होटल में खाना खिलाना है।"

याक़ूत ने कहा, "बोर्ड तो पूरा हो गया है।"

परसी अपनी चुँधियाई हुई दृष्टि से बोर्ड को देखने लगा। फिर एक गाली देकर बोला, "अभी इसकी रबड़ी करनी बाकी है।"

चाय की प्याली खाली करके उसने चरस भरा सिगरेट सुलगा लिया और ऊपर-नीचे उसके छह सात कश खींचे। वातावरण में चरस का मटमैला धुआँ भर गया। याक़ूत को चक्कर-सा आ गया।

"ज़रा-सा दरवाज़ा खोल दो यार!"

याक़ूत ने दरवाज़ा थोड़ा-सा खोल दिया। धुआँ बाहर निकलने लगा। चरस का पूरा सिगरेट पीकर परसी उठा और द्वार बन्द करके कोने में से घड़ा उठा लाया। अंगीठी के पास घड़े को गोद में रखकर वह बैठ गया। उसकी मदमत्त रक्तम आँखें बन्द थीं, उसके हाथ घड़े पर चल रहे थे, उसकी गर्दन एक ओर को लटकी हुई थी और उसके गले से शुष्क पीड़ा भरे स्वर में गीत फूट रहा था—

थड़ियाँ बाझ न सोंहदे पिप्पल
फुल्लाँ बाझ फुलाहियाँ।
हस्साँ नाल हमेलाँ सोंहदियाँ
बन्दाँ नाल गजराइयाँ।
धन्न भाग मेरे आखे पिप्पल
कुड़ियाँ ने पीघाँ पाइयाँ।
सावन विच कुड़ियाँ ने
पींघाँ असमान-चढ़ाइयाँ।

(चबूतरों के बिना पीपल शोभा नहीं देते, फूलों के बिना फुलाह का वृक्ष भला नहीं लगता; हस्स नामक आभूषण के बिना हमेल आभूषण नहीं सुहाता और बन्द आभूषण के बिना गजराई आभूषण शोभा नहीं देता। पीपल कहता है कि मैं भाग्यशाली हूँ कि युवतियों ने मुझ पर झूले डाले हैं। सावन के ये झूले लड़कियाँ झुलाती हैं तो आकाश को छूने लगते हैं)

गीत समाप्त हो गया। पीपल की आवाज़ बन्द हो गयी। झूलों पर से उतरकर युवतियाँ चली गयीं किन्तु परसी के हाथ पूर्ववत् घड़े पर चलते रहे। फिर हाथ भी रुक गये। उसने गर्दन ऊपर उठाई। पलकें उठाकर अपने मदमत्त रक्ताभ नेत्रों से याक़ूत की ओर देखा। उसकी आँखों में अश्रु थे। परसी के शुष्क नीरस चेहरे पर एक विषाक्त स्मित उदित हुई।

"पीपल कहता है, मैं भाग्यशाली हूँ, मुझ पर ललनाओं ने झूले डाल रखे हैं। परसी कहता है, मैं हतभाग्य हूँ, जो अपनी माता को जालंधर में छोड़ यहाँ आ गया हूँ। यहाँ मेरा कौन है? यहाँ हमारा कौन है भला? एलस? ऊँ हूँ। वह तो मेरी रबड़ी कर रही है। जिस दिन मेरे पास पैसे नहीं होते, वह विक्टर के साथ पिक्चर देखने चली जाती है। वह तो पैसे की मीत है। मेरी मीत नहीं है। मेरी तो बड़ी बहन है, प्यारी बहन है, जो बम्बई में है, उस हरामज़ादे खूँसट बैंड-मास्टर के पास है जो उसे पीटता है। मेरी तो माँ है, प्यारी माँ है, जो जालंधर में बैठी मेरी सूरत देखने को तरस रही है और मैं यहाँ बैठा चरस पी-पीकर पागल हो रहा हूँ और उस बहन... गीताबाली का चित्र बना रहा हूँ।"

परसी ने जूता उठाकर गीताबाली के चित्र पर दे मारा। याक़ूत ने जल्दी से परसी का हाथ पकड़ लिया।

"क्या कर रहे हो तुम? पागल तो नहीं हो गये?"

परसी का मस्तिष्क चरस के शुष्क नशे से स्थगित हो रहा था। उसने दोनों हाथों से छाती पीटकर कहा, "हाँ, मैं पागल हूँ। पागल न होता तो जालंधर छोड़कर यहाँ न आ जाता। अपनी प्यारी माँ को, माँजी को, मम्मी को न छोड़ता। इस कुतिया एलस

पर विश्वास न करता। मैं पागल ही तो हूँ। और तुम भी तो पागल हो, बिल्कुल पागल हो।''

परसी फिर से घड़ा बजाने लगा। फिर अचानक रुका और आस्तीन से नाक पोंछकर बोला,

''यार! क्षमा करना। यह नशा बड़ी कुत्ती चीज़ है।''

फिर प्याली में चाय ढालकर बोला,

''तुम और चाय पियोगे?''

याक़ूत ने चौथा सिगरेट सुलगाकर कहा,

''नहीं, बहुत पी चुका हूँ।''

परसी मुस्कुराया।

''लाला! कभी चरस का डुमका भी लगाकर देखो। तुम्हारे सारे दुःख रबड़ी हो जाएँगे।''

याक़ूत ने हँसते हुए कहा, ''परसी यह चीज़ केवल तुमको रास आती है। तुम इसे पियो। मैं तुमको मना नहीं करता, लेकिन किसी दूसरे को कभी भी यह निमन्त्रण न देना।''

परसी ने दूसरा सिगरेट भर लिया और उसका कश खींचकर मुस्कुराया और धुआँ उड़ाते हुए बोला, ''हाय हाय हाय! कैसा समय था वह भी—जालंधर में हम एक कटड़ी में रहा करते थे। कटड़ी के बीचो-बीच शहतूत का वृक्ष था। वैसाख के महीने में जब उस वृक्ष को फल पड़ता तो हम सब बच्चे उस पर चढ़कर काले-काले, मीठे-मीठे शहतूत खाया करते थे। क्रिसमस के दिनों में मेरी माँ केक बनाती थी। हम अपने हिस्से का केक हाथ में लेकर बाहर निकल जाते और अपने हमजोलियों के साथ बाँटकर खाते थे। हाय हाय हाय! क्या हो गया है समय को? रबड़ी हो गयी है... रबड़ी हो गयी है।''

फिर बोला, ''हमारी कटड़ी में एक फ़क़ीर सुबह-सुबह एकतारे पर गाते हुए आया करता था। हम बिस्तर में दुबके होते थे। उसकी दर्द भरी आवाज़ मुझे आज भी याद है। ऐसे लगता है जैसे कल की बात हो। वह गाया करता था...''

परसी ने सिगरेट का लम्बा कश खींचकर उसे रंग के डिब्बे पर रखा, मुँह से एक दीर्घ हाय निकाली और घड़ा बजाते हुए गाने लगा। अब उसका स्वर नितान्त शुष्क और नीरस हो रहा था।

'तेरा हो जाऊँ बाग वीरान
ते माली ने टुर जाणा।'

(तेरे बाग़ का माली चला जाएगा और तेरा बाग़ वीरान हो जाएगा)

पंजाबी के इस काव्यांश को वह बार बार दुहराता चला जा रहा था, गाते चला जा रहा था। यहाँ तक कि उसका गला सूख गया, आवाज़ डूब गयी, घड़े पर हाथ रुक गये।

"याक़ूत! तुम मेरे मित्र हो। दस वर्षों से मेरे मित्र हो। मुझे बताओ क्या वह फ़क़ीर सच्चा नहीं था? वह तो कहते फिर रहा था। गली-गली, मुहल्ले-मुहल्ले जाकर कहते फिर रहा था कि माली चला जाएगा, बाग़ वीरान हो जाएगा। और पीपल कहता था कि मेरी डालियों पर युवतियों ने पींघे बढ़ाई हैं, मैं बड़ा भाग्यशाली हूँ। हाय... लेकिन जब उसकी रबड़ी हुई, तब पता चला। जब राजा की ऊँटनियाँ आकर उसके पत्ते खा गयीं, तब पीपल को चेतना हुई। हाय हाय हाय!

मरन राजे दियाँ डाचियाँ
नाले आपूँ मरे ओह राजा'

(उस राजा की ऊँटनियाँ मरें और वह राजा स्वयं भी मर जाए)

बाहर बादल फिर ज़ोर से गरजा और साथ में हल्की-हल्की बूँदाबाँदी आरम्भ हो गयी। परसी को होश की एक लहर-सी आयी। याक़ूत ने होटल लौटने की बात की तो उठकर परसी ने घड़ा एक ओर रख दिया, ब्रश को रंग में डुबोया और गीताबाली के बालों में फेरते हुए कहा, "मुझे भी इस बोर्ड को समाप्त करना है यार! लेकिन बाहर तो वर्षा हो रही है। अभी बैठो लाला! अभी तो बारह ही बजे हैं।"

"तुम अपना काम करो। मैं चलता हूँ। मुझे नींद आ रही है।"

"मालिक हो भाई।" कहकर परसी काम में जुट गया।

फिर अचानक बोला, "यार! याद रखना। कल प्रातः मैं पासपोर्ट के फ़ॉर्म लाऊँगा। ज़रा उनको भर देना। अब मैं अपनी माँ से मिलने जालंधर अवश्य जाऊँगा।"

याक़ूत मुस्कुराया और परसी की दूकान से निकल गली में आ गया। टिप-टिप बूँदें पड़ रही थीं। सर्दी अपने यौवन पर थी। मकानों के दरवाज़े, खिड़कियाँ बन्द थीं। कहीं भी प्रकाश नहीं था। गली के नुक्कड़ वाले खम्भे पर का कमज़ोर बल्ब भीगी-भीगी रोशनी बिखेर रहा था। याक़ूत जब वैद्य के घर के सामने से निकला तो ऊपर से किसी ने जलता हुआ सिगरेट का टुकड़ा नीचे फेंका। उसने सोचा शायद वैद्य आयुर्वेद की किसी पुरानी पुस्तक के अध्ययन में निमग्न होगा। उसने सिर उठाकर मकान पर दृष्टि दौड़ाई। किसी रोशनदान में प्रकाश का नाम-निशान नहीं था। तब यह अँधेरे में सिगरेट कौन पी रहा है? याक़ूत ने गली पार की, बाज़ार में पहुँचा और अपने होटल की ओर चल दिया।

ऊपर से सिगरेट का जलता हुआ टुकड़ा तूफ़े क्लर्क ने फेंका था। वह इस समय वैद्य के मकान की छत पर, बरसाती में, वैद्य की अठारह वर्षीय पत्नी दारी के साथ जुड़कर बैठा हुआ था। दोनों ने एक ही कम्बल ओढ़ रखा था और सर्दी से ठिठुरते दोनों एक-दूसरे में घुसे जा रहे थे। दारी अपने अधेड़ आयु के पति और उसके छह बच्चों को सुलाकर, चुपके से पानी का लोटा उठाकर ऊपर आ गयी थी, जहाँ उसका युवा प्रेमी तूफ़ा क्लर्क बरसाती में दीवार के साथ खड़ी चारपाई के पीछे बैठा उसकी प्रतीक्षा कर रहा था। जब तूफ़े ने सिगरेट का टुकड़ा नीचे फेंका था तो दारी ने घबराकर कहा था, "हाय! सिगरेट मत फेंको, गली में कोई आ-जा रहा है।"

"मैं देखता हूँ कौन है।"

तूफ़े ने मुंडेर पर से झाँककर गली में देखा तो उसे गली के नुक्कड़ वाले बल्ब के धीमे प्रकाश में याक़ूत नज़र आया, जो दोनों हाथ लम्बे कोट की जेबों में डाले चुपचाप चला जा रहा था। तूफ़ा मुस्कुराया। दारी ने कानाफूसी के स्वर में पूछा,

"कौन था?"

"कोई नहीं।"

तूफ़े ने जल्दी से दारी को कम्बल ओढ़ा दिया और उसे अपने साथ भींच लिया।

"तुम्हारा स्वेटर बहुत गर्म है दारी, मेरे हाथों में से सेंक उठने लगा है।"

दारी प्रसन्न हो गयी।

"यह मैंने स्वयं बुना है।"

तूफ़े ने दारी के गाल पर चुम्बन देकर कहा, "ज़ालिम! हमें कभी स्वेटर बुनकर न दिया तुमने।"

"तुम्हारे लिए तो मेरी जान भी हाज़िर है। तुम मेरा स्वेटर ले लो।"

कहकर दारी स्वयं ही हँस पड़ी। अँधेरे में दारी के सफेद दाँत चमकने लगे। दारी नौजवान, अनपढ़ और अल्हड़ लड़की थी, जिसके गेहुआँ भरे पूरे शरीर से यौवन की तीक्ष्ण तप्त किरणें फूट रही थी। उसको आलिंगन में लेते हुए तूफ़े क्लर्क को अपनी सभी बीमारियाँ विदा होती प्रतीत हो रही थीं। उसे अब यह विदित हुआ था कि उसके रोग का निदान वैद्य की पुड़ियों, जोशाँदों और माजूनों में नहीं, उसकी गदराए शरीर वाली युवा पत्नी के पास था। तूफ़े ने धीमे स्वर में पूछा, "यदि तुम्हारे पति को मालूम पड़ गया तो तुम क्या कहोगी? वह तो तुम्हें बहुत पीटेगा।"

दारी ने गर्दन झुकाकर कहा, "ऊँह! पीटेगा! मैं उसे क्या समझती हूँ। मेरी तो किस्मत फूट गयी, जो माँ-बाप ने उस बुढ़ऊ के पल्ले बाँध दिया। मैं उसे स्पष्ट बता दूँगी कि मैं तूफ़े से प्रेम करती हूँ। औरत प्रेम में किसी की परवाह नहीं करती। क्या सोहनी घड़े की सहायता से नदी पार नहीं करती थी? सस्सी अपने पुन्नूँ की तलाश में मरुस्थल में नहीं जा निकली थी? तुम मेरे पुन्नूँ ही तो हो। मैं तुम्हारे लिए कुछ

भी कर सकती हूँ। मैं बूढ़े वैद्य की क्या परवाह करती हूँ। मैं चाहूँ तो एक पल में उसके मैले-कुचैले बच्चे उसके हवाले करके जा सकती हूँ।''

तूफ़ा क्लर्क काँप गया। दारी उसके लिए केवल समय बिताने का एक साधन थी। वह क्षणिक तौर पर उसके शरीर का भोग कर रहा था। वह दारी से विवाह भी नहीं कर सकता था। दारी उसके निकट के मित्र की पत्नी थी। उसे यह भय भी था कि यदि किसी दिन वैद्य पर यह रहस्य खुल गया तो वह उसे मुँह दिखाने के लायक न रहेगा। वह छिप-छिपकर अवैध ढंग से एक ज़रूरतमंद लड़की पर हाथ साफ कर रहा था। ऐसी लड़की, जिस पर इस समय जवानी का भूत सवार था। तूफ़ा काला सही, दुबला सही किन्तु युवक था और दारी को एक युवक की ही ज़रूरत थी। दारी उसके प्रेम में अन्तिम सीमा छू रही थी। वह सोहणी बन चुकी थी और अपने विचार में घड़े की सहायता से चनाब पार करके अपने महीवाल से मिलने आया करती थी। वह स्वयं को हीर स्याल समझती थी, जो चूरी का कटोरा लिए अपने राँझे से मिलने आती थी और निस्सन्देह वह एक ऐसी हीर थी, जिसका विवाह उसके नानबाई पिता ने एक बूढ़े सैदे से कर दिया था। दारी को तो हर हाल में अपने लिए एक न एक राँझा खोजना ही था। वह तो चूरी का कटोरा हाथ में लिए दो वर्षों से अपने बूढ़े पति सैदे के घर की खिड़की में खड़ी राँझे की प्रतीक्षा कर रही थी कि तूफ़े क्लर्क ने बाँसुरी पर प्रेम, आवश्यकता, आकांक्षा और कामुकता का राग छेड़ दिया और दारी आधी रात को चूरी का कटोरा लेकर बरसाती में तूफ़े के कम्बल में आ घुसी।

दारी ने तूफ़े की गर्म कमीज़ के अन्दर हाथ घुसेड़कर उसकी छाती पर अंगुलियाँ फेरते हुए कहा, "जानी! तुम मुझसे शादी क्यों नहीं कर लेते? फिर हमें इस सर्दी में ठिठुर-ठिठुरकर मिलने की भी ज़रूरत न रहेगी। आराम से लिहाफ़ में लेटकर, गर्म होकर, प्यार करेंगे।"

तूफ़े की गर्दन पर चींटियाँ-सी रेंगने लगीं। दारी से शादी करने की वह कल्पना भी नहीं कर सकता था। वह उसे छोड़ना भी नहीं चाहता था। कम-से-कम अपना विवाह होने तक वह दारी को अपने काबू में रखना चाहता था। दारी स्त्री थी। वह वैद्य के घर में अप्रसन्न थी। उसे एक ऐसा घर चाहिए था, जहाँ वह प्रसन्न रह सके—अपने पति के साथ, अपने बच्चों के साथ। वह नित्यप्रति के मिलने की बकबक से तंग आ चुकी थी। तूफ़ा अपनी आवश्यकता के हाथों विवश था। दारी अपनी प्रकृति के हाथों विवश थी। दोनों विवश उपग्रह थे, जो अपनी-अपनी आवश्यकता की धुरी के गिर्द घूम रहे थे। उसने दारी के भरे-भरे ओंठों पर अंगुली फेरकर कहा, "मैं तुमसे ज़रूर शादी करूँगा दारी।"

"मगर कब, मेरी जान! कब?"

"पहले मैं अपनी दोनों बहनों का विवाह कर दूँ। यदि मैंने स्वयं उनसे पहले विवाह कर लिया तो लोग क्या कहेंगे? कैसा निर्लज्ज भाई है, जवान बहनें घर में बैठी हैं और यह अपना विवाह रचा रहा है।"

दारी ने उदास होकर गर्दन झुका ली।

"ईश्वर जाने तुम्हारी बहनों की शादी कब होगी।"

फिर प्रसन्न होकर बोली, "मै उनके लिए कोई रिश्ता तलाश करूँ?"

तूफ़ा हँस पड़ा।

"कितनी भोली हो तुम दारी। तुम कहाँ रिश्ता तलाश करती फिरोगी? यह काम तो मेरे माता-पिता ही करेंगे और फिर जब तक तुम वैद्य से अलग नहीं हो जातीं, मैं तुमसे शादी कैसे कर सकता हूँ?"

तूफ़े का अनुमान था कि दारी तलाक़ का नाम सुनकर घबरा जाएगी और अपना निर्णय स्थगित कर लेगी। किन्तु दारी ने सिर उठाकर कहा, "यदि तुम कल मुझसे विवाह करना स्वीकार कर लो तो मैं आज ही वैद्य से तलाक़ ले लेती हूँ। उसका क्या है। इसीलिए तो मैं बच्चा पैदा नहीं कर रही हूँ।"

तूफ़ा क्लर्क काँप गया।

"नहीं, नहीं, दारी! अभी ऐसा मत करना। अभी इस प्रकार की कोई बात मत करना। जब तक मैं तुमसे नहीं कहूँ, तब तक अपनी ओर से कोई ऐसी-वैसी हरकत मत करना।"

फिर ओंठों पर ज़बान फेरकर बोला,

"लेकिन तुम बच्चा कैसे पैदा नहीं होने देतीं? मुझे भी तो बताओ।"

दारी लजा गयी। तूफ़े के आग्रह करने पर बोली,

"अव्वल तो मेरा पति बच्चा पैदा करने योग्य ही नहीं है और फिर मैं रोक देती हूँ।"

"किसे रोक देती हो?"

दारी ने तूफ़े क्लके के मुँह पर हाथ रख दिया।

"तुम चुप रहो। ऐसी बातें नहीं पूछा करते। तुम्हें इन बातों से क्या मतलब?"

क्लर्क ने वैद्य की पत्नी को गले से लगा लिया और देर तक उसे चूमता-चाटता रहा। उस कुत्ते की तरह जिसे विश्वास हो कि इस एक हड्डी के अतिरिक्त उसे शहर में और कुछ नहीं मिलेगा। दारी के मुँह से कीकर की छाल की गन्ध आ रही थी। तूफ़े ने पूछा, "तुम कीकर खाती हो दारी?"

दारी हँस दी।

"नहीं तो।"

"तब तुम्हारे मुँह से कीकर की गन्ध कैसे आ रही है?"

"अरे! यह तो आज मैंने दातुन की है। दन्दासा मला है। बड़ा कड़वा था।"

तूफ़े ने वैद्य की पत्नी के ओंठों को अपने ओंठों में पकड़ लिया। तूफ़े ने अंग्रेज़ी फ़िल्मों में एक्टरों को चुम्बनबद्ध देखा था। वह अपनी ओर से बड़े स्टाइल के साथ मार्लेन ब्रांडो की तरह सोफ़िया लोरेन को प्यार कर रहा था। परन्तु एक तो सर्दी, दूसरे मोटा कम्बल उसे कुछ करने नहीं दे रहा था। दारी के प्यार में कोई स्टाइल, कोई कृत्रिमता, कोई आविष्कार और कोई अन्दाज़ नहीं था। वह सहज स्वाभाविक रूप से सिमटी-सिमटायी गेंद बनी बैठी थी तथा हाथ तूफ़े के कन्धे पर और ओंठ उसके ओंठों पर रखे प्यार किए जा रही थी। दोनों के प्यार में धरती आकाश का-सा अन्तर था परन्तु वैद्य के घर की छत पर इस मेघाच्छन्न जनवरी की भीगी रात में धरती आकाश का मिलन हो रहा था। बादल धीमे-धीमे गरज रहा था। बरसाती पर बूँदों की टप-टप जारी थी। दोनों को एक-दूसरे के शरीर की गर्म रहस्यमयी फुसफुसाहट के अतिरिक्त और कुछ सुनाई नहीं दे रहा था। अचानक नीचे की मंज़िल से किसी बच्चे के रोने का स्वर उभरा। दारी ने शीघ्रता से अपने ओंठ छुड़ा लिए।

"लाली जाग गयी है। मैं जाती हूँ। परसों को मिलूँगी।"

और तूफ़े के उत्तर की प्रतीक्षा किसे बिना दारी शीघ्रता से कम्बल में से निकली, अपने बाल सही किये, पानी खुरे में उंडेला और लोटा लेकर द्रुतगति से नीचे उतर गयी। तूफ़े क्लर्क ने कम्बल अच्छी तरह लपेटा, बरसाती में से बाहर निकला, दबे पाँव चारों की भाँति छत पर चलते मुंडेर तक आया और फलाँग कर दूसरी ओर की अपनी छत पर पहुँच अंधेरे में विलीन हो गया।

4

अगले दिन भी मौसम मेघाच्छन्न था।

रात भर की बूँदाबाँदी से गली-मोहल्ले कीचड़ से भर गये थे। सर्दी अधिक हो गयी थी। रविवार होने के कारण शहर की चहल-पहल में कुछ और भी कमी आ गयी थी। मैक्लोड रोड पर भी अपेक्षाकृत कम रौनक थी। माल रोड भी अपेक्षाकृत खाली-खाली थी। सर्दी और छुट्टी होने के कारण अधिकतर लोग घरों में ही दुबके बैठे थे। तूफ़ा क्लर्क नौ बजे सोकर उठा। हाथ-मुँह धोया। रूमाल लेकर ख्वाजा क़ान्दरू अर्थात् नानबाई के तन्नूर पर आ गया। नित्य की भाँति सब घर वालों के लिए कुल्चे लिये और घर लौट आया। हरी चाय के साथ कुल्चा खाकर उसने नाश्ता किया और आकर वैद्य की दूकान पर बैठ गया। वैद्य ने दूकान लगा ली थी। वह गद्दी पर बैठा बड़े मर्तबान में से गाजर का मुरब्बा निकाल कर शीशे के ब्याम में डाल रहा था। तूफ़ा उसके निकट ही कम्बल को ठीक से ओढ़कर, दरी पर बैठ गया। सामने पड़ी मिट्टी की छोटी-सी अंगीठी में कोयले दहक रहे थे। वैद्य ने ब्याम पर ढक्कन चढ़ाकर हाथ साफ़ किये और तूफ़े से पूछा,

"कल रात को हरड़ खा ली थी ना?"

तूफ़ा हरड़ खाकर ही उसकी पत्नी से मिलने छत पर गया था।

"हाँ, खा ली थी।"

"सुबह जोशाँदा तो नहीं पिया होगा?"

"वह भी पी लिया था। बस पीकर ही आ रहा हूँ।"

हालाँकि तूफ़े ने दो-तीन दिन से जोशाँदा पीना बन्द कर रखा था। वैद्य की मोटी-मोटी पुड़ियाँ खा-खाकर वह तंग आ चुका था। उसका पेट वर्षों से खराब चला आ रहा था। रोटी खाने के बाद उसके पेट में दर्द अवश्य उठता था। वैद्य के कथनानुसार वह रोटी के बीच में आधी टिकिया नौशादर भी खाता रहा था। किन्तु कुछ लाभ नहीं हुआ था। अब उसने रोटी ही कम कर दी थी। इससे दर्द में तो कमी हो गयी थी किन्तु शरीर दुर्बल होने लगा था। शाम को उसे सिरदर्द अवश्य होता

था। वैद्य इसका उपचार भी कड़वी-कसैली जड़ी-बूटियों और माजूनों द्वारा कर रहा था। दारी ने ऊपर से आवाज़ दी।

"चाय मँगा लें मैंने कहा।"

"अच्छा।" वैद्य ने तुरन्त उत्तर दिया और तूफ़े से बोला, "तूफ़े! सीढ़ियों में अपनी भाभी से चाय ले लेना।"

तूफ़ा शीघ्रता से उठा और सीढ़ियों में आ गया। दारी उसकी ओर देखकर मुस्कुराई। तूफ़े ने केतली पकड़ते-पकड़ते दारी का गाल चूम लिया। दारी शर्मा कर जल्दी से ऊपर को भाग गयी। तूफ़ा केतली एक ओर रख, कम्बल से मुँह पोंछता हुआ, दरी पर, आग के निकट आकर बैठ गया। वैद्य ने अल्मारी में से निकालकर दो प्यालियाँ दरी पर रख दीं।

"चाय डालो। सर्दी ने तो कमाल कर दिया है।"

दोनों चाय पीने लगे। दूकान पर एक भी ग्राहक नहीं आ रहा था। सुबह-सुबह दो-तीन ग्राहक गाजर का मुरब्बा लेने आये थे। वैद्य ने बगुला मार्का सिगरेट सुलगाकर कहा, "माई गुजरी को उपलों के लिए कह दिया था ना?"

"हाँ, वह तो कल सवेरे ही कह दिया था। सवा मन उपले चाहिए या ज़्यादा?"

"पूरे सवा मन भाई! न एक कम, न एक अधिक, नहीं तो सारा खेल बिगड़ जाएगा। यह एक प्रकार का रसायन कर्म है, कोई मजाक नहीं है।"

"चिन्ता की कोई बात नहीं, कल दोपहर को सवा मन उपले यहाँ पहुँच जाएँगे।"

"और ताँबे के पैसे का क्या हुआ? इल्मुद्दीन सुनार से ले आये थे क्या?"

"कह रहा था घर पर रखा है। आज देने का वायदा किया है।"

"भाई! दोपहर को जाकर उससे ज़रूर ले आना। इसके बिना गाड़ी न चल पाएगी।"

दोनों कुछ देर चुपचाप चाय पीते रहे। अब तूफ़े ने भी बगुला मार्का सिगरेट सुलगा ली थी। वैद्य के शुष्क झुर्राए चेहरे पर मुस्कुराहट उभरी और वह तूफ़े की ओर को झुककर बोला, "तूफ़े मियाँ! ताँबे की ऐसी भस्म बनाकर दिखाऊँगा कि हकीम अजमल खाँ ज़िन्दा होते तो शार्गिदी कर लेते। ये नुस्ख़े तो ख़ानदानी राज़ हैं जो गुप्त रूप से चलते आ रहे हैं। अमरीका के वैज्ञानिकों ने भले ही राकेट बना लिए हैं, लेकिन वे ताँबे को मारकर अभी तक भस्म नहीं बना सके हैं। कसम ख़ुदा की, हम लोग यदि विलायत में होते तो हमारा मूल्य लाखों रुपये होता।"

तूफ़े ने चाय पर आयी मलाई को उँगली से मुँह में डालते हुए कहा,

"लेकिन वैद्य जी! दित्ता कुम्हार खाने के लिए मान गया है ना?"

"उसका तो बाप भी मानेगा। तूफ़ा जी! उसे तो मैं फिर से जवान कर रहा हूँ।

सोना खिला रहा हूँ उस मिट्टी के माधो को। ख़ुदा की कसम, एक तिनका भर भस्म खाकर यदि सिर के बाल काले न हो जाएँ, झुर्रियाँ गायब न हो जाएँ और वह घोड़े की तरह दौड़ता न फिरे तो मेरा नाम बदल देना। कठिनाई यह है कि यह चीज़ बूढ़ों के लिए ही बनाई जाती है। मेरे तुम्हारे जैसे युवा खा लें तो देखते ही देखते शरीर ताँबे-सा श्याम हो जाए और चमड़ी फट जाए।''

''वैद्य जी! इसके लिए खुराक की आवश्यकता भी होगी?''

वैद्य ने प्याली दरी पर रख दी और गुलूबन्द से मुँह पोंछकर कहा,

''वह तो हर हाल में उसे खिलानी पड़ेगी, नहीं तो वह परलोक सिधार जाएगा।''

तूफ़े ने बगुला मार्का सिगरेट वैद्य की ओर बढ़ाई।

''लगभग कितनी खुराक प्रतिदिन खिलानी होगी उसे?''

वैद्य ने सिगरेट लेकर सुलगाई, एक कश लगाया और खाँसकर बोला,

''कुछ नहीं तो दो सेर गोश्त आधा सेर घी में भूनकर उसे हर रोज़ खिलाना होगा। कम-से-कम चार सेर दूध भी उसे पिलाना होगा।''

तूफ़े ने आश्चर्य से पूछा, ''लेकिन वह बूढ़ा कुम्हार इतनी ख़ुराक पचा भी लेगा?''

वैद्य मुस्कुराया और तोते की भाँति गर्दन घुमाकर, चुटकी बजाकर सिगरेट की राख झाड़ते हुए बोला, ''तूफ़ा जी! भस्म खाकर दित्ता कुम्हार को इतनी भूख लगेगी कि अपना गधा भी भूनकर सारे का सारा खा ले तो उसे कुछ न होगा। भस्म का यही तो लाभ है कि इससे भूख बढ़कर दस आदमियों की भूख जितनी हो जाती है। आदमी पत्थर भी खा ले तो वह पचकर शरीर में ही समा जाता है। युवकों को इसीलिए भस्म नहीं खिलाते हैं क्योंकि उनके अन्दर पहले से ही बड़ी गर्मी होती है। इसका उदाहरण यह है कि भड़कती हुई आग में पेट्रोल डाल दोगे तो वह इतनी भड़क उठेगी कि बुझाई न जाएगी और यदि ठंडी अंगीठी में तेल डालकर कोयले जलाओगे तो वह केवल गर्मी ही देगी, कहेगी कुछ नहीं। अरे! बूढ़े कुम्हार का तो भाग्य खुल गया। अब भले ही एक साथ चार विवाह कर ले। ख़ुदा की कसम, अठारह वर्ष का लड़का न बना दूँ तो किसी वैद्य का नहीं, नानबाई का बेटा समझ लेना मुझे।''

एक स्त्री चवन्नी का अर्क़ गौज़बान लेने आ गयी। वैद्य के भाषण का ...र टूट गया। उसने गिलास में अर्क़ डालकर स्त्री को विदा किया और गमछे से हाथ पोंछकर जेब में से एक रुपया निकाला और तूफ़े की ओर बढ़ाते हुए बोला,

''तुम ज़रा अकबरी मंडी तक जाओ। चार आने की चन्दन बूटी, तीन आने के मोटे उनाब, दो आने का नौशादर ठीकरी और एक छटाँक माल कंगनी ले आओ। और हाँ, वापसी में सब्ज़ी मंडी से एक मोटा-सा नींबू भी लेते आना।''

आज्ञाकारी शिष्य की भाँति तूफ़ा उठा। वैद्य से रुपया लेकर जेब में रखा, जूता पहना, कम्बल को ठीक से शरीर पर लपेटा ओर गलियों के रास्ते से अकबरी मंडी की ओर चल दिया।

परसी रात के अढ़ाई बजे तक अपनी दूकान में गीताबाली के बोर्ड पर काम करता रहा। प्रातः उसकी आँख खुली तो नौ बज रहे थे। उसने जल्दी से उठकर हाथ-मुँह धोया। बोर्ड को दूकान से निकाल ताँगे में लादा और सिनेमा की ओर चल दिया। मैनेजर उस समय टिकटों की गड्डियाँ मेज़ पर रखे, रजिस्टर में हिसाब-किताब लिख रहा था। परसी को देखकर वह बाहर आया। उसने बोर्ड को ध्यान से देखा। गीताबाली की नाक पर अँगुली घिसाकर अँगुली को ध्यान से देखा।

"रंग अभी गीला है।"

"कल रात दो बजे तो इसे पूरा किया है। सारी रात काम करता रहा हूँ।"

"हूँ।" कहकर मैनेजर पुनः कमरे में चला गया और हिसाब-किताब में व्यस्त हो गया। परसी कुर्सी पर बैठकर सिगरेट पीने लगा। वह व्याकुल था। उसे ठीक दस बजे एलस को लेकर गिरजाघर जाना था और उसके पश्चात् उसे लॉरेन्स की सैर करानी थी। चिड़ियाघर दिखाना था। होटल में खाना खिलाना था। इस कार्यक्रम के लिए पैसों की आवश्यकता थी और मैनेजर पैसों की बात ही नहीं कर रहा था। वह अपने हज़ारों के हिसाब-किताब में लग रहा था। आख़िर परसी से रहा न गया। उसने आसन बदलकर कहा, "मेरा हिसाब भी कर दीजिए। मैं ज़रा जल्दी में हूँ।"

मैनेजर पाँच सौ को पाँच से गुणा करते हुए बोला,

"आज तो रविवार है।"

"इसीलिए तो कह रहा हूँ कि हिसाब जल्दी कर दें। रविवार ही तो हमारा विशेष दिन होता है।"

मैनेजर ने दराज़ में एक कापी निकालकर खोली और उसके पन्ने पलटते हुए पूछा, "तुम्हारा एडवांस कितना था?"

"पच्चीस रुपया।"

मैनेजर ने एक पृष्ठ पर परसी के नाम के सामने पच्चीस रुपया लिखा हुआ देखा और कापी बन्द करके दराज़ में रख दी।

"इसका अर्थ यह हुआ कि तुम्हारा बीस रुपया शेष है।"

"जी हाँ, बीस रुपया।"

"तो भाई, आज तो रविवार है, कल ले जाना।"

परसी की आँखों के सामने अँधेरा छा गया। कल वह बीस रुपया लेकर क्या करेगा। गरीब आदमी को रुपये की आवश्यकता तो हर समय रहती है, किन्तु यदि आवश्यकता पड़ने पर रुपया न मिले तो भाड़ में जाय ऐसी मेहनत-मज़दूरी। कल

मिलने वाले बीस रुपये का मूल्य परसी की दृष्टि में बीस पैसे था, किन्तु आज ये दो हज़ार से भी अधिक थे क्योंकि आज इस रुपये ने एलस को खींचकर अपनी ओर लाना था। परसी को चार घंटे तक एलस को सान्निध्य में रखना था। उसे एलस की सुन्दर अलकों पर हाथ फेरने का अवसर प्रदान करना था।

"नहीं, नहीं" मैनेजर साहिब! बाकी का हिसाब आज ही चुका दीजिए। कल मुझे इनकी आवश्यकता नहीं होगी।"

"कैसी बात कर रहे हो परसी! तुम्हें कल भी इनकी आवश्यकता होगी।"

"आवश्यकता आज है श्रीमान्। बड़ी भारी आवश्यकता है।"

"तो फिर ऐसा करना, दोपहर के शो पर आकर ले जाना।"

"श्रीमान्! मुझे अभी आधा घंटा बाद इन रुपयों की आवश्यकता है। यदि आप प्रबन्ध कर दें तो बड़ी कृपा होगी।"

"अब तुम विवश कर रहे हो तो मैं अपनी जेब से तुम्हें दिए देता हूँ।"

मैनेजर ने जेब में हाथ डालकर कुछ रुपये निकाले और उन्हें गिनकर परसी की ओर बढ़ाते हुए बोला, "तुम्हारे भाग्य से केवल पन्द्रह ही निकले हैं। अभी इनसे काम चलाओ। बाकी दोपहर को आकर ले जाना।"

परसी को सूर्य बादलों में से बाहर आता दिखाई दिया। उसने शीघ्रता से पन्द्रह रुपये लेकर जेब में रख लिये और नमस्ते कहकर बाहर निकल आया। वहीं से उसने रिक्शा पकड़ी और सीधे एलस के यहाँ जा पहुँचा। एलस अपने मकान के कोठरीनुमा कमरे में बिल्कुल तैयार चारपाई पर बैठी चाय पी रही थी।

परसी एलस को लेकर पहले गिरजाघर गया। वहाँ प्रार्थना की। फिर से लॉरेन्स की सैर कराई। तदनन्तर चिड़ियाघर घूमते रहे और खाने के समय वह उसे लेकर लाहौर होटल आ गया। एलस काले रंग की दुबली-सी तीखे नैन-नक्शों वाली लड़की थी। परसी उसका मतवाला हो रहा था। वह कैबिन में बैठा निरन्तर उसे निहारे जा रहा था। वह कभी मेज़ के नीचे से उसका गर्म-गर्म हाथ थाम लेता और कभी एक गहरी साँस भरकर चुप हो रहता। एलस ने खाने में बहुत कुछ मँगा लिया। परसी को बिल की चिन्ता हुई। उसके पास मात्र दस रुपये शेष थे। उसने बाथरूम जाने के बहाने आकर बैरे के कान में कहा कि बिल नौ रुपये से ऊपर न जाने पाए और सीटी बजाते हुए केबिन में वापिस आकर एलस से प्यार की बातें करने लगा।

एलस ने कहा, "मैं आइसक्रीम अवश्य खाऊँगी डार्लिंग। मैंन सुना है कि यहाँ की आइसक्रीम बहुत अच्छी होती है।"

"क्यों नहीं, ज़रूर खाओ। लेकिन मेरे खयाल से ये सर्दियों में आइसक्रीम बनाते नहीं हैं।"

एलस ने पाव-रोटी के टुकड़े पर क्रीमे की तरह जमाकर उस पर चुकंदर के टुकड़े रखते हुए कहा, "ऐसा कैसे हो सकता है। माल रोड के सभी होटल सर्दियों में

आइसक्रीम बनाते हैं। अभी मैंने परसों ही विक्टर के साथ डेल माउंटी में आइसक्रीम खाई थी।''

विक्टर के नाम पर परसी का दिल भुनकर कबाब हो गया था। एलस ने उसके सामने उसके प्रतिद्वन्द्वी की प्रशंसा की थी। वह कैबिन से बाहर आया। बैरा उसका परिचित था। उसने उसे बुलाकर कहा,

''देखो भैया! तुम भी मज़दूर हो और मैं भी मज़दूर हूँ। प्रेम तुमने भी किया होगा और प्रेम मैं भी कर रहा हूँ। पैसों की कमी तुमने भी अनुभव की होगी और पैसे के अभाव को मैं भी रो रहा हूँ। मुझे मालूम है कि मेरा बिल पूरा हो चुका है, लेकिन मैं एलस को आइसक्रीम खिलाना चाहता हूँ। क्या तुम ऐसा नहीं कर सकते कि अपने नाम पर दो आइसक्रीम लेकर हमें केबिन में भिजवा दो? मैं तुम्हें कल इनकी पेमेन्ट कर दूँगा।''

बैरा मुस्कुराया और अपने सफ़ेद कोट के बटन को रूमाल से चमकाते हुए बोला, ''क्यों नहीं हो सकता बादशाहो! जो मन चाहे अपनी प्रेमिका को खिलाओ। पैसे आते रहेंगे। हम तो प्रेमियों का सम्मान करने वाले हैं।''

''धन्यवाद, मित्र!''

परसी मुस्कुराते हुए कैबिन में लौटा और सिगरेट का कश लेकर बोला,

''आ रही है आइसक्रीम।''

''वंडरफुल।''

''कुछ और खाओगी एलस?''

परसी को उधार की शह मिल गयी थी। अब वह एलस को पूरा लाहौर होटल खिला देना चाहता था।

''एक प्लेट पटैटो-चिप्स और मँगा लो।''

''शोअर, शोअर... बैरा! एक प्लेट चिप्स लाओ।''

परसी अपनी नन्हीं-सी जान लड़ाकर भी एलस के मन से उस कमीने विक्टर के विचार को निकाल देना चाहता था, किन्तु वह यदि अपनी पूरी दूकान, दूकान का सब सामान, सारे ब्रश, रंगों के सभी डिब्बे भी बेच देता तो भी वह विक्टर का स्थान नहीं ले सकता था क्योंकि विक्टर एक कार्यालय में तीन सौ रुपया महीना पर नौकर था और खूब घूस लेता था। वह एलस को खूब मज़े कराता था। एलस तो कभी-कभी मुँह का स्वाद बदलने के लिए परसी के साथ आ जाती थी। लेकिन एलस ने परसी को कभी यह भ्रम नहीं होने दिया कि वह विक्टर से प्रेम करती है। वह परसी के पास होती तो उसी के गुण गाती। उसे प्रणय की तीक्ष्ण गहरी दृष्टि से देखती और बार-बार मुस्कुराती। उसकी काली-काली आँखों में अद्भुत सम्मोहन था। परसी का मन डोल जाता।

"हाय हाय हाय! क्या बला की लड़की है।" वह याक़ूत से कहा करता था। "मन चाहता है उसे कोट की अन्दर वाली जेब में छिपाकर रख लूँ और कभी हवा न लगने दूँ। उसे तस्वीर बनाकर दीवार से लटका दूँ। उसकी रबड़ी बनाकर खा जाऊँ। हाय हाय हाय!"

किन्तु एलस बड़ी चतुर लड़की थी। वह एक ही समय पर तीन-चार ईसाई लड़कों से फ्लर्ट कर रही थी और पल्लू किसी को भी नहीं पकड़ाती थी। विक्टर, परसी, जॉर्ज और पैड्रो—ये सब इसी काली, तीखी, मनमोहक लड़की को अपने-अपने जाल में फँसाने को आतुर थे और वह इन सबका दाना चुगकर उड़ जाती थी। निर्धन परसी का जाल तो इतना कमज़ोर था कि वह बड़ी आसानी से उसका जाल एक ओर रख देती थी और मज़े से दाना खा जाती थी। अन्य प्रेमी उसे हर रोज़ सैर कराते और पिक्चर दिखाते थे। परसी बेचारा तो उसे रविवार के रविवार होटल में खाना खिलाता था। इसके लिए भी उसे बैरों से उधार माँगना पड़ता था। जब वे दोनों होटल से बाहर निकले तो उन्हें सामने फ़ोटोग्राफर की दूकान पर खड़ा हुआ याक़ूत दिखाई पड़ा। एलस उससे परिचित थी। याक़ूत ने ओवरकोट पहन रखा था और बड़े मज़े से पीपल तले खड़ा सिगरेट पी रहा था। वे दोनों आगे बढ़कर उससे मिले।

"किसी की प्रतीक्षा कर रहे हो लाला?"

"नहीं, ऐसे ही खड़ा हुआ हूँ। मौसम का आनन्द ले रहा था।"

"इट इज़ लवली। इट इज़ वंडरफुल, मिस्टर याक़ूत।" एलस ने चहककर कहा।

"तुम लोग कहाँ जा रहे हो?"

"मैं ज़रा एलस को घर तक पहुँचाने जा रहा हूँ। तुम भी चलोगे?"

"नहीं, तुम जाओ। मैं अभी थोड़ी देर यहीं ठहरूँगा।"

"बॉय-बॉय।"

"बॉय।"

एलस और परसी चले गये। याक़ूत वहीं खड़ा रहा। वास्तव में याक़ूत वहाँ एक काले बुर्क़े वाली के लिए खड़ा हुआ था, जिसकी शलवार सफ़ेद साटन की थी, पैरों में सफ़ेद गुर्गाबी थी और जो अभी-अभी याक़ूत के निकट से होकर, सड़क पार करके, सामने वाले फुटपाथ पर उलटी दिशा में चल रही थी। याक़ूत वहाँ सिगरेट खरीदने के लिए रुका था कि क़िला गुज्जर सिंह वाली सड़क से एक लड़की बाहर आयी। रेशमी किनारी वाला काला बुर्क़ा, साटन की सफ़ेद शलवार, सफ़ेद गुर्गाबी। उसकी चाल में कुछ घबराहट और कुछ तेज़ी थी। ऐसे, जैसे कोई उसके पीछे लगा हुआ हो। इस प्रकार की लड़की अकारण में मन को आशंकित कर देती है। निकट से निकलते हुए उसने ध्यानपूर्वक याक़ूत की ओर देखा। नक़ाब की बारीक जाली में से चमकती हुई दो आँखें दिखाई पड़ीं याक़ूत को। फिर उसे नक़ाब की आड़ में से एक सफ़ेद

रेशमी गाल और उस पर झूलता हुआ बुन्दा दिखाई दिया। याक़ूत वहीं रुक गया। लड़की की एड़ियाँ गुलाबी थीं, किन्तु जब उन पर शरीर का पूरा भार पड़ता, तो वे सफेद हो जाती थीं। यह लड़की चौक पार करके सामने वाले फुटपाथ पर आ गयी और स्टेशन की ओर चल पड़ी। जिस समय याक़ूत एलस और परसी से बात कर रहा था, वह लड़की टैक्सी-स्टैंड पर जाकर खड़ी हो गयी थी और इधर-उधर देख रही थी। इससे पूर्व कि कोई ड्राइवर उसे ले चलने को तत्पर हो, वह पुनः चौक पार करके पुराने किला गुज्जर सिंह वाले चौराहे पर आ गयी और फलों की दूकान के सामने वाले पीपल के नीचे आ खड़ी हुई। तब तक एलस और परसी जा चुके थे।

याक़ूत वहाँ से चलकर उस लड़की से छह-सात फुट की दूरी पर जा खड़ा हुआ। लड़की कुछ व्याकुल-सी थी। वह अपने कोमल श्वेतारुण हाथ बुर्क़े से बाहर निकाले अँगुलियाँ चटका रही थी। उसकी कलाइयों पर काँच की काले रंग की चूड़ियाँ थीं। याक़ूत का दिल धड़कने लगा। लड़की ने एक गहरी दृष्टि याक़ूत पर डाली। दृष्टि की तीक्ष्णता और उसमें निहित विश्वास को याक़ूत ने भी अनुभव किया। उसे लगा जैसे वह नक़ाब के पीछे मुस्कुरा रही है। याक़ूत का चेहरा गर्म हो गया।

कैसी रसीली नार
कर सोलह सिंगार
मुख मोड़-मोड़ मुस्कात जात।

उसके मस्तिष्क में मालकौंस के स्वर गूँजने लगे और पाम के वनों में दक्षिण भारत की रस्सी बटने वाली, मस्तक पर अरुण तिलक धारण किए भील स्त्रियाँ नृत्य करने लगीं। नृत्य में वेग आने लगा। ताल सिमटने लगे और श्याम नेत्र भीलनियाँ कत्थकली के रहस्यमयी संकेतों और छोटे-छोटे वृत्तों में परिवर्तित हो गयीं। याक़ूत को यह लड़की दक्षिण भारत की भीलनी प्रतीत हुई, जो तंजोर के मन्दिरों, सिलहट के चाय-बागानों और कर्नाफली के बाँस-वनों से निकल कर उससे मिलने किला गुज्जर सिंह के चौराहे पर आयी थी।

कहीं यह टैक्सी तो नहीं? संकेतों द्वारा पीछे लगाकर भाव-ताव तय करने वाली वेश्या तो नहीं? याक़ूत को इस प्रकार की स्त्रियों में कोई रुचि न थी। कुछ क्षण वहाँ खड़ी रहकर वह लड़की निकल्सन रोड की ओर चल दी। याक़ूत भी उसके पीछे-पीछे चल दिया। रात भर की वर्षा के बाद आज दिन भर हवा चलती रही थी, जिसकी वजह से सड़कों पर बड़ी कीचड़ हो गयी थी। चौक में आकर वह लड़की स्टेशन की ओर मुड़ गयी। याक़ूत उसके पीछे-पीछे थोड़ा अन्तर रखकर चलता रहा। उसने धीमे से लड़की को पुकारना चाहा, किन्तु कुछ सोचकर चुप हो रहा और पीछे-पीछे

चलता रहा। एम्प्रस रोड समाप्त हो गयी। स्टेशन आ गया। लाहौर का भीड़भाड़ भरा स्टेशन।

लड़की स्टेशन की ओर मुड़ गयी। स्टेशन की लॉबी में आकर उसने एक प्लेटफ़ॉर्म टिकट खरीदा और सीढ़ियाँ चढ़कर पुनः पुल पर से होती हुई पाँच नम्बर प्लेटफ़ॉर्म पर आकर टहलने लगी। याक़ूत भी थोड़े अन्तर से उसी प्लेटफ़ॉर्म पर टहलने लगा। लड़की ने दो-तीन बार याक़ूत की ओर देखा और फिर गर्दन सीधी करके टहलने लगी। प्लेटफ़ॉर्म पर इस समय कोई गाड़ी नहीं आ रही थी। वहाँ दो-एक आदमी स्टॉल पर खड़े पत्रिकाएँ देख रहे थे। याक़ूत ने लड़की से बात करने का निर्णय कर लिया और वह उसकी ओर बढ़ गया। लड़की एक ओर को चल दी। याक़ूत तेज़ कदमों से चलकर उसके बराबर आ गया। अब उसे लड़की के वस्त्रों की सरसराहट स्पष्ट सुनाई दे रही थी। उसने आहिस्ता से पूछा, "अभी और कहाँ तक चलना है आपको?"

लड़की ने कोई उत्तर न दिया। वह तनिक सिमटकर चलने लगी।

"मैं तो बहुत थक गया हूँ।"

लड़की मौन रही। चलती रही। पाँच नम्बर प्लेटफ़ार्म का अन्तिम छोर आ गया।

लड़की चार नम्बर की ओर मुड़ गयी। याक़ूत ने कहा, "आओ, एक प्याली चाय पी लें। सर्दी अधिक हो गयी है। इस सर्दी में कब तक इसी प्रकार मारे-मारे फिरेंगे।"

"जी नहीं, मुझे डर लगता है।"

लड़की पहली बार बोली थी। उसकी आवाज़ मृदु और घंटियों जैसी कोमल थी। उस घबराई हुई संगीतमय आवाज़ में उसके हृदय की धड़कन स्पष्ट सुनाई दे रही थी।

"तो फिर आओ किसी अच्छे सुरक्षित स्थान पर चलते हैं। आओ ना।"

लड़की ने कोई उत्तर न दिया और याक़ूत के साथ हो ली। उसे साथ लेकर याक़ूत स्टेशन से बाहर निकल आया। बाहर आकर उसने टैक्सी ली। दरवाज़ा खोला। लड़की कुछ हिचकिचाई। फिर चुपके से झुककर टैक्सी में घुसी और कोने में जा बैठी। याक़ूत उसके निकट आ बैठा।

"शीज़ान चलो।"

टैक्सी माल रोड की ओर चल दी। रास्ता भर दोनों में से किसी ने कोई बात न की। टैक्सी शीज़ान के सामने आ रुकी। याक़ूत उसे साथ लेकर शीज़ान में आ गया। ऊपर गैलरी में जाकर दोनों आमने-सामने बैठ गये।

"कॉफ़ी?"

आर्डर लेकर बैरा नीचे चला गया।

"नक़ाब उठा लीजिए, यहाँ कोई ग़ैर नहीं है।"

लड़की नक़ाब डाले रही। याक़ूत ने जेब में से निकालकर डिबिया मेज़ पर रख दी, सिगरेट सुलगाई और जालीदार पर्दे में से नीचे की ओर देखने लगा। लड़की नक़ाब के अन्दर उसे बड़े ध्यान से देख रही थी। इतने में कॉफ़ी आ गयी। याक़ूत ने कॉफ़ी बनाई और प्याली लड़की के सामने रखते हुए मुस्कुराया।

"यदि आज से हमारे बीच कोई सम्बन्ध बन गया और हम जीवन के अन्तिम छोर तक मैत्री के बन्धन में बँधे रहे तो ये क्षण सदा याद रहेंगे जबकि आपने अभी तक नक़ाब नहीं उठाई है और मैंने आपकी सूरत नहीं देखी है। यह वह क्षण है जबकि टॉस के लिए सिक्का हवा में उछाला जा चुका है और अभी धरती पर नहीं गिरा है। पता नहीं मेम आएगी या जंजीर। उत्सुकता, आशंका, दुविधा और आश्चर्य के अत्यन्त रुचिकर क्षण हैं ये। यदि हम वर-वधू होते तो यही स्थिति सुहाग-सेज पर हमारे सामने उपस्थित होती। किन्तु हम तो शीज़ान की गैलरी में बैठे कॉफ़ी पी रहे हैं। जीवन सदा रंगमंच बदल देता है, खेल नहीं बदलता, खेल वही रहता है।

गैलरी में दूसरा कोई जोड़ा नहीं था। वातावरण बड़ा गर्म और शान्त था, जिसमें कॉफ़ी की तीखी मृदुल महक बसी हुई थी। याक़ूत के आग्रह पर लड़की ने नक़ाब उठा दी और सिर झुका लिया। लड़की सचमुच ही बहुत सुन्दर थी। श्वेतारुण रंग, बड़ी-बड़ी प्यारी-सी आँखें, चौड़ा भाल और आलूचे जैसे ओंठ। किन्तु इस रूप पर उदासी छाई हुई थी। गुलाब का नव-विकसित पुष्प तनिक मुर्झाया-सा था। याक़ूत इस शोकपूर्ण रूप से बहुत प्रभावित हुआ।

"मैं आपका नाम पूछ सकता हूँ?"

"क्या करेंगे नाम पूछकर?" लड़की ने कॉफ़ी की प्याली उठाते हुए कहा।

"उसे सदा याद रखूँगा।"

लड़की ज़रा-सी मुस्कुराई। उसकी मुस्कुराहट में भी उदासी का अंश विद्यमान था।

"कुलसूम।"

याक़ूत ने सिगरेट का कश लेकर कहा, "जैसी संगीतमय आपकी आवाज़ है, वैसा ही संगीतमय नाम है आपका। यदि मैं आँखें बन्द करके बार-बार आपके नाम को दोहराऊँ तो मुझे ऐसे लगेगा जैसे बहुत दूर कोई काफ़िला जा रहा है और उसकी ऊँटनियों के गले में बँधी घंटियों की आवाज़ आ रही है।"

फिर उसने कॉफ़ी की प्याली बनाते हुए धीरे से कहा,

"हमें प्रथम भेंट में ही एक दूसरे के विषय में इतना कुछ नहीं जान लेना चाहिए कि जानने के लिए कुछ शेष ही न रहे। तब भी, मैं यह पूछे बिना नहीं रह सकता

कुलसूम कि तुम घर से किसकी खोज में निकली थी। मैंने तुम्हें 'तुम' कह कर सम्बोधित किया है, बुरा मत मनाना। मैं अब तुम्हें इसी प्रकार सम्बोधित करूँगा।"

कुलसूम ने अपने नन्हे-से रूमाल से अपने ओंठों पर आयी कॉफ़ी की आर्द्रता सुखाई और अपनी बड़ी-बड़ी पलकें उठाकर प्रथम बार अपनी प्रकाशमयी, निर्मल, उज्ज्वल आँखों से याक़ूत की ओर देखते हुए बोली, "पहले आप बताइए कि आप किसलिए मेरे पीछे चल दिये थे?"

"यह तुमने बड़ा दिलचस्प प्रश्न किया है।"

गैलरी के शान्त वातावरण में थ्री कैसल की सुगन्धि कॉफ़ी की महक से आलिंगनबद्ध हो रही थी। याक़ूत ने गर्म कॉफ़ी का घूँट भरकर थ्री कैसल की नयी सिगरेट सुलगाई और कहा, "सचमुच यह बड़ा दिलचस्प प्रश्न है कि तुम्हें देखकर मैं किसलिए तुम्हारे पीछे हो लिया था हालाँकि मेरी तुमसे जान-पहचान तक नहीं थी। हम पहले कभी नहीं मिले थे। मैं तुम्हारे लिए अपरिचित था, तुम मेरे लिए अपरिचित थीं। और फिर तुम चौराहे पर मेरा अपमान भी कर सकती थीं। आख़िर मैंने इतना बड़ा ज़ोखिम क्यों उठाया? तुम यही जानना चाहती हो ना?"

कुलसूम पूरे ध्यान से इस इकहरे शरीर के प्रौढ़, उज्ज्वल नेत्र तथा पके बालों वाले व्यक्ति की बात सुन रही थी। उसने धीरे से कहा, "हाँ।"

याक़ूत ने सिगरेट का हल्का-सा कश लिया, आँखें बन्द करके एक दीर्घ निश्वास छोड़ा और फिर आँखें खोलकर कुलसूम की ओर देखते हुए मुस्कुराया। उसके छोटे-छोटे दाँतों के बीच में अधिक पान चबाने से गहरी लकीरें पड़ गयी थीं। उसके भरे-भरे ओंठ और घनी-घनी मूँछें कुलसूम को उन लोगों का स्मरण करा रही थीं, जिन्हें उसने प्रायः स्वप्न में घोड़ा दौड़ाते, क़िलों की प्राचीरें फाँदते और ऊँची-ऊँची चट्टानों पर से समुद्र में छलाँग लगाते हुए देखा था। उसका वार्तालाप का ढंग इतना गम्भीर, प्रभावपूर्ण और मन में घर कर जाने वाला था कि कुलसूम को प्रतीत हुआ जैसे वह इस व्यक्ति को बहुत दिनों से जानती थी।

"सबसे पहले तुम्हारी घबराई हुई चाल ने मेरे मन में तुम्हारे प्रति जिज्ञासा उत्पन्न की। ऐसे लग रहा था कि तुम किसी की तलाश में हो और जिसकी तलाश में हो, वह कहीं दिखाई नहीं दे रहा है। तुमने चौक पार किया, फुटपाथ पर उलटी दिशा में थोड़ी दूर तक गयीं, फिर दूसरा चौक पार किया और एक ओर खड़ी होकर बड़ी बेचैनी से अँगुलियाँ चटकाईं और इधर-उधर देखने लगीं। फिर तुमने गहरी दृष्टि से मेरी ओर देखा। दूसरी चीज़ जिसने मुझे तुम्हारा पीछा करने को प्रेरित किया, वह थी तुम्हारी साटन की सफ़ेद शलवार, जो हवा की लहरों के साथ-साथ चाँदी की मछली की तरह तड़प रही थी। फिर नक़ाब की ओट से तुम्हारे गाल की एक झलक और कान में झूलता बुन्दा और फिर तुम्हारी दूधिया एड़ियाँ थीं जिन्होंने इतनी सुन्दर

धरोहर उठा रखी थी। अब बताओ मैं अनायास ही तुम्हारे पीछे न हो लेता तो क्या करता? मैं सच कहता हूँ कुलसूम! यदि मैं वहीं का वहीं खड़ा रहता और तुम सड़क पर मेरी दृष्टि से ओझल हो जातीं तो मैं स्वयं को कभी क्षमा न कर पाता। शायद मैं जीवन भर पछताता रहता और एक ऐसे मानसिक सन्ताप में घिर जाता जिसका आधार मेरी कायरतापूर्ण सज्जनता होती। जब कभी तुम्हारी फूलों जैसी एड़ियों, तुम्हारे गाल और गाल पर झूलते बुन्दे की याद आती तो मैं तड़पकर रह जाता और सोचा करता कि अब यदि तुम कभी दिखाई दोगी तो मैं तुम्हें अवश्यमेव पुकार लूँगा। लेकिन तुम फिर कभी मुझे न मिलतीं। पुनः तुम्हारी शक्ल देखना नसीब न होता।''

कुलसूम मौन बैठी याक़ूत की बातें सुन रही थी। क्षण भर पहले तक यह व्यक्ति उसके लिए अजनबी था, लेकिन उसकी धीमी-धीमी, मीठी-मीठी, प्रभावपूर्ण बातों ने कुलसूम के मन को भीतर तक प्रभावित कर दिया था तथा वह अपनी व्याकुलता भी भूल गयी थी। बैरा गर्म-गर्म ताज़ा कॉफ़ी रख गया था।

''और कॉफ़ी बनाऊँ कुलसूम?''

''जी, बनाइए।''

याक़ूत ताज़ा महक भरी कॉफ़ी प्याली में उँडेलने लगा।

''जीवन बड़ी अद्‌भुत और दिलचस्प चीज़ है कुलसूम। हम सैकड़ों ऐसे चेहरे देखते हैं कि यदि उनसे हमारा परिचय हो गया होता तो हमारा जीवन नितान्त भिन्न प्रकार का हो गया होता। राम जाने हम इस समय कहाँ, किस स्थान पर बैठे बात कर रहे होते। लेकिन हम उनसे बिल्कुल अपरिचित हैं। उन लोगों के नामों तक से परिचित नहीं हैं। अभी ऐसे हज़ारों चेहरे अपरिचय के आवरण में छिपे हैं, जिन्हें हमने देखना तक नहीं किन्तु यदि उनसे हमारा सम्बन्ध स्थापित हो गया होता तो हम आज यहाँ शीज़ान की गैलरी में बैठकर कॉफ़ी पीने के स्थान पर एल्पस की हिमाच्छादित ढलानों पर स्केटिंग कर रहे होते। तुम जापान के किसी गर्म पानी के कुंड पर अपने बच्चे को साथ लिये स्नान कर रही होतीं और मैं मद्रास के किसी कार्यालय में क्लर्की कर रहा होता या मैं इटली के किसी उद्यान में खड़ा अंगूरों के क्रेट उठाकर ट्रक में लाद रहा होता। ये तो जीवन के संयोग-वियोग हैं। क्या तुम्हारा इन बातों पर विश्वास है कुलसूम?''

कुलसूम ने कोई उत्तर न दिया। वह मौन, सिर झुकाए, अपनी प्याली में चम्मच घुमाती रही। उसकी बड़ी-बड़ी आँखों को लम्बी-लम्बी पलकों ने ढँक लिया था। उसकी काली चूड़ियाँ कहीं-कहीं से प्रकाश में चमक रही थीं। गर्म वातावरण में सुखकर कॉफ़ी पीने के बाद उसके भरे-भरे आलूचे जैसे ओंठों पर झिलमिलाहट-सी आ गयी थी। उसके हाथ ऐसे आकर्षक और अँगुलियाँ ऐसी कोमल तथा सुतवाँ थीं कि लगता था जैसे प्रकृति ने इनको केवल फूल तोड़ने के लिए बनाया है। यदि इन

अँगुलियों में चित्रकार की तूलिका थमा दी जाती तो ये संसार का क्लासिक चित्र बना सकती थीं। मनुष्य के भाग्य में सौभाग्यपूर्ण घड़ियाँ लिखने वाला हाथ भी निःसन्देह इतना ही सुन्दर होगा।

याक़ूत कॉफ़ी का हल्का-सा घूँट भरकर मुस्कुराया। उसकी मुस्कुराहट में बड़ी घुलावट और गर्मी थी। कुलसूम को उसके श्वास की रहस्य बुदबुदाहट जैसी फुनकार-सी सुनाई दी। उसके कानों की लवें आँच-सी देने लगीं। यह कैसा अद्‌भुत व्यक्ति था।

"अब तुम बताओ कि तुम इतनी घबराई हुई क्यों थीं? तुम किसे खोज रही थीं? तुम्हें कहाँ जाना था? कहाँ से आयी थीं?"

कुलसूम ने अपने लेडीज़ पर्स में से बिना फ़ीते की घड़ी निकालकर समय देखा और नक़ाब का फ़ीता बाँधने लगी।

"बहुत देर हो गयी। मुझे घर जाना है।"

"क्या तुम मेरी बात का जवाब न दोगी कुलसूम?"

कुलसूम ने कोई जवाब न दिया। फ़ीता बाँधकर उसने एक दीर्घ निश्वास छोड़ा, बहुत उदास दृष्टि से पर्दे की जाली में से नीचे की ओर देखा और बोली, "कभी अवसर आएगा तो इन बातों का जवाब अवश्य दूँगी। अभी इसकी आवश्यकता नहीं है।"

याक़ूत ने बिल चुकाया, सिगरेट जेब में रखी और कुलसूम को साथ ले होटल से बाहर आ गया। आकाश पर बादल छँट गये थे और फीकी-फीकी-सी धूप निकल आयी थी। याक़ूत ने टैक्सी मँगाई।

"मैं अकेली ही घर जाऊँगी। आप दूसरी गाड़ी से चले जाइए।"

"बहुत अच्छा।"

कुलसूम टैक्सी में बैठ गयी। याक़ूत ने पूछा, "क्या फिर भेंट होगी कुलसून?"

कुलसूम ने अर्थपूर्ण दृष्टि से याक़ूत की ओर देखा और कहा, "शायद।"

याक़ूत ने कुलसूम के मना करते-करते टैक्सी वाले को दो रुपये दे दिए। कुलसूम ने कुछ अद्‌भुत, वीरान और शोकाकुल दृष्टि से अन्तिम बार याक़ूत की ओर देखा और टैक्सी उसे लेकर चल दी।

5

जिस समय याक़ूत अपने होटल पहुँचा, उस समय दिन के साढ़े तीन बज रहे थे।

काउंटर पर उसके नाम का एक पत्र आया हुआ था। इस्लामपुर से भाभी ने लिखा था कि आप ऐसे लाहौर गये कि फिर पलटकर किसी की कुशल-क्षेम भी न पूछी। बच्चे याद करते हैं। आपके भाई प्रायः आपके विषय में पूछते रहते हैं। लाहौर और इस्लामपुर के बीच इतनी अधिक दूरी तो नहीं है। आप एक ही दिन में सबसे मिलकर वापिस जा सकते हैं। अन्त में लिखा था कि नज़मा का विवाह उसकी बुआ के बेटे असग़र के साथ निश्चित हो गया है। फरवरी की सात तारीख़ को विवाह होगा। पूरा पत्र याक़ूत ने अपने कमरे तक आते-आते सीढ़ियों में ही पढ़ डाला। नज़मा के विवाह का पढ़कर उसके मन को धक्का-सा लगा। उसने तुरन्त सिर झटक दिया। ताला खोलकर अपने कमरे में आया। हाथ-मुँह धोकर कपड़े बदले। सिगरेट सुलगा कर बिस्तर पर लेट गया और पत्र की उन पंक्तियों को पुनः पढ़ने लगा जिनमें नज़मा के विवाह के बारे में चर्चा की गयी थी। उसने खेतों में एक बुर्क़ापोश सुनहरी बालों और नसवारी आँखों वाली लड़की को अपनी ओर आते देखा। फिर उसे मकान अर्द्ध प्रकाशित सीढ़ियों में चमकती हुई दो गर्म नसवारी आँखें दिखाई दीं। सुगन्धि उड़ाते तीव्र श्वासों के बीच में रजत फुसफुसाहटें सुनाई दीं और सारा कमरा हिना की तीव्र गन्ध से भर गया। याक़ूत ने आँखें बन्द कर लीं। उसके दृष्टि के सामने एक कस्बाती रेलवे स्टेशन का सुनसान-सा प्लेटफ़ार्म घूम गया, जिस पर टहलते हुए वह बेचैनी से किसी लड़की के आने की प्रतीक्षा कर रहा है और बार-बार घड़ी की ओर देख रहा है। फिर रेलगाड़ी की एक चीख वातावरण में उभरती है। वह अकेला गाड़ी में सवार है। उसकी निराश आँखों में अश्रु हैं और वह नज़मा का टिकट फाड़कर खिड़की से बाहर फेंक रहा है। टिकट के पुर्ज़े रेलगाड़ी के साथ-साथ उड़ रहे हैं।

याक़ूत ने पत्र फेंक दिया। सिगरेट को एशट्रे में मसला और उठकर अल्मारी में से अखरोट की लकड़ी का वह बक्स निकाल लिया, जिसमें नज़मा के प्रेम भरे पत्र बन्द थे। बक्स का ढक्कन खुलते ही हिना के बासी इत्र की पीड़ादायक उदास

गन्ध कमरे में फैल गयी। एक पल के लिए याक़ूत की दृष्टि नज़मा के पत्रों पर टिकी रही। पत्रों के ऊपर रखीं गुलाब की पंखुड़ियाँ शुष्क होकर नसवारी हो गयी थीं—नज़मा की आँखों की तरह। उसे बक्स में से नज़मा अपनी ओर देखती हुई प्रतीत हुई। याक़ूत ने एक पत्र उठाया। उसे लगा जैसे उसने किसी ठंडे शव को हाथ लगा दिया हो। उसे हिना की गन्ध काफ़ूर की गन्ध में परिवर्तित होती हुई प्रतीत हुई। उसे प्रत्येक पत्र अपने मृत प्रेम की क़ब्र का कतबा लगने लगा। उसे लगा जैसे वह एक ऐसा अभागा पति है, जो कफ़न उठाकर अपनी मृत पत्नी के चेहरे को देख रहा है। उसने शीघ्रता से बक्स का ढक्कन बन्द कर दिया और सिर झुकाए, नेत्र बन्द किये वहीं बैठा रहा। अचानक किसी ने द्वार खटखटाया।

याक़ूत चौंक गया। उसने बक्से को अल्मारी में रखकर ताला लगाया और कमरे का द्वार खोल दिया। होटल का बैरा प्लेट में थ्री कैसल के दो पैकेट लिए द्वार पर खड़ा था।

"सिगरेट, बाबू जी।"

"ओह... धन्यवाद।"

याक़ूत को ध्यान नहीं रहा था। वह ऊपर आते हुए बैरे को सिगरेट के लिए पैसे दे आया था। याक़ूत ने उससे लेकर सिगरेट मेज़ पर रख दिये। कुछ देर तक वह यूँ ही कमरे में टहलता रहा। फिर उसने गर्म कपड़े पहने, सिर पर जिन्ना कैप ओढ़ी और कमरे को ताला लगाकर नीचे उतर आया। बाहर आकर उसने चौक वाली दूकान से पान खाया, नयी डिबिया खोलकर सिगरेट सुलगाई और वैद्य की दूकान की ओर चल दिया।

वैद्य दूकान पर नहीं था। लड़के ने बताया कि वह तूफ़े चाचा के साथ परसी की दूकान पर गये हुए हैं। याक़ूत वहाँ से परसी की दूकान पर आ गया। दिन ढल रहा था। फीकी धूप विलुप्त हो गयी थी। बादलों ने पुनः आकाश को ढँक लिया था। गली में बहुत शोकपूर्ण-सी शीत उदासी फैली थी। नित्यकर्म के स्वर सुनाई पड़ रहे थे। खिड़कियों में छींके लटकाए जा रहे थे। याक़ूत ने सोचा कि आज वह रात भर कविताएँ लिखता रहेगा।

परसी की दूकान का द्वार बन्द था। याक़ूत ने चबूतरे पर चढ़कर द्वार खटखटाया। तूफ़े ने द्वार तनिक-सा खोलकर घबराई हुई दृष्टि से बाहर की ओर देखा और द्वार खोल दिया।

"कोई नहीं वैद्य जी, याक़ूत है।"

भीतर सभा जुड़ी थी। छत का बल्ब जल रहा था। दूकान के दोनों रोशनदान आज पहली बार खुले हुए थे। कमरे के बीचोबीच अंगीठी दहक रही थी। तूफ़ा खरल में कोई दवाई पीस रहा था। परसी अपने फौजी स्वेटर के बाज़ू ऊपर चढ़ाए पतीली

में कोई लेसदार वस्तु घुला रहा था। वैद्य अंगीठी के निकट दरी पर बैठा था। एक पुरानी आयुर्वेद की पुस्तक उसकी गोद में थी। वह अपने ओंठ को दाँतों में दबाए उस पुस्तक के अध्ययन में निमग्न था। याक़ूत उनके पास ही एक बक्से के ऊपर बैठ गया। परसी ने दाँत निपोरते हुए कहा, ''लाला! ऐसा ज़ालिम टॉनिक तैयार हो रहा है कि बूढ़ा खाएगा तो जवान हो जाएगा, जवान खाएगा तो आठ वर्ष का लड़का बन जाएगा। माशा भर तुमको भी खिलाएँगे। क्यों वैद्य जी? हाय हाय हाय...''

वैद्य ने पुस्तक पर से दृष्टि हटाकर याक़ूत की ओर देखते हुए कहा,

''बड़ी मुश्किल से यह नुस्खा मिला है यार! जालीनूस की यह पुस्तक पढ़कर मैं तो विस्मित हो गया हूँ। क्या आदमी था यह भी। लिखता है कि यदि मनुष्य इस नुस्खे का पूर्णरूपेण पालन करे तो वह कभी भी बूढ़ा नहीं हो सकता।''

याक़ूत ने पूछा, ''जालीनूस स्वयं बूढ़ा होकर क्यों मरा था?''

परसी के हाथ रूक गये। उसने आँखें मटकाकर कहा,

''वैद्य जी! यह प्वायंट बड़ा खतरनाक है वैसे। सोचने की बात है कि उस भद्र पुरुष की रबड़ी क्यों हो गयी आखिर?''

तूफ़ा अपने काम में लगा हुआ था। उसे जालीनूस की बहस से कोई सरोकार नहीं था। वह खरल में दवाई पीसे जा रहा था। वैद्य ने अपनी ऐनक उतारकर कमीज़ से साफ़ की और उसे पुनः नाक पर जमाकर बोला, ''ये तो वैधिकी की बातें हैं याक़ूत। हो सकता है वह स्वयं इसका पालन न करना चाहता हो। हो सकता है उसने पालन किया भी हो और जब तक जीवित रहा हो, बुढ़ाया न हो। हम निश्चय के साथ कुछ नहीं कह सकते।''

परसी ने उद्घोष किया, ''हाय हाय हाय–क्या बात कही है मेरे वैद्य ने।''

वह पुनः लेसदार वस्तु में अँगुलियाँ घुमाने लगा। वैद्य ने कहा,

''परसी! अब इसे छोड़ दो। नींबू दो मुझे''

''सरकार! यह लीजिए नींबू।''

परसी ने एक बड़ा-सा नींबू डिब्बे में निकालकर वैद्य को दे दिया। वैद्य ने चाकू से नींबू के बीच में सुराख़ किया। जेब में से निकाल ताँबे का पुराने ज़माने का गोल मोटा पैसा पूरे का पूरे नींबू के अन्दर घुसेड़ दिया। वह नींबू के ऊपर धागा लपेटने लगा। जब पूरा नींबू धगे से ढँक गया तो उसने दाँत से धागा काट दिया।

''परसी! पतीली इधर देना।''

इस अद्भुत रसायन क्रिया में सबसे अधिक रुचि ले रहे परसी ने झट से पतीली वैद्य के सामने रख दी। वैद्य ने लेसदार वस्तु को अँगुली से छूकर देखा।

''बिल्कुल ठीक।''

याक़ूत ने पूछा, ''क्या वस्तु है यह?''

वैद्य ने मुस्कुराकर कहा, "यह चन्दन बूटी है। इसमें छह माशे मालकंगनी भी सम्मिलित है। इसकी विशेषता यह है कि यदि इसका घोल बनाकर लोहे की सींख पर छिड़क दिया जाए और उस सींख को दो दिन तक रेत में दबा रहने दें तो तीसरे दिन लोहा रेत बन जाएगा।

याक़ूत हँस दिया।

"क्या आँय-बाँय बक रहे हो वैद्य जी!"

"ख़ुदा की क़सम, मैं झूठ नहीं बोल रहा हूँ। रावलपिंडी में एक वैद्य ने मनों लोहे की रेत बनाई है। उसका तो आजीविका का साधन ही यह घोल है।"

परसी कपड़े से हाथ पोंछते हुए बोला, "मेरी तो अँगुलियाँ जाम हो रही हैं।"

तूफ़े ने खरल के ऊपर झुके-झुके कहा, "प्यारे! भस्म भी तो तुम ही खाओगे।"

वैद्य धागे में लिपटे नींबू पर चन्दन बूटी का लेप चढ़ाने लगा। जब उसका आकार माल्टे जितना हो गया तो उस पर खरल में पिसा श्वेत पिसान भुरा दिया गया। फिर उसके गिर्द कपड़े की कतरनें लपेटी गयीं। जब नींबू चकोतरे के आकार का हो गया तो उसके ऊपर पुनः चन्दन बूटी का लेप चढ़ाया गया। पुनः उस पर श्वेत पिसान भुराया गया। पुनः कतरनें लपेटी गयीं। तदनन्तर कड़ाही में गूँधी गयी साफ चिकनी मिट्टी उसके चारों ओर चढ़ाई गयी। यहाँ तक कि कतरनें मिट्टी के लेप में विलीन हो गयीं। गेंद जैसी इस वस्तु को आग पर सेंका गया। मंडली में से हर व्यक्ति की दृष्टि इस वस्तु पर जमी हुई थी, जो कभी वासन्ती रंग का एक नींबू थी। वैद्य की ऐनक के पीछे छिपी मृत आँखों में अत्यन्त जिज्ञासा जागृत हो उठी थी। तूफ़े की आँखों में विश्वास की दिलचस्पी थी। परसी की आँखों में विस्मय था और याक़ूत मात्र मनोरंजनार्थ इस रसायन क्रिया को देख रहा था। वैद्य ने तूफ़े से कहा,

"एक सिगरेट जलाकर दो यार।"

तूफ़े ने तुरन्त बगुले की डिबिया में से सिगरेट निकाली और सुलगाकर वैद्य के ओंठों में दे दी। वैद्य कलछुन में मिट्टी का गोला रखे उसे चिमटे से हिला-हिलाकर कोयलों का सेंक दे रहा था। कश लेकर उसने सिगरेट परसी को दे दी और याक़ूत की ओर देखते हुए बोला, "मनुष्य की कमर में एक हड्डी गर्दन से लेकर पीठ तक जाती है। उसमें वीर्य होता है। मनुष्य जब बच्चा होता है तो उसकी नली पूरी की पूरी वीर्य से भरी होती है। जैसे-जैसे वह बड़ा होता जाता है, नली का वीर्य कम होता चला जाता है। विवाह के पश्चात् यह आधा रह जाता है और वृद्धावस्था में बिल्कुल समाप्त हो जाता है। आयुर्वेद वाले कहते हैं कि इसी वीर्य में मनुष्य की आत्मा होती है।"

परसी ने विस्मय से पूछा, "इसी को हराम मगज़ कहते हैं ना? क्या यह वीर्य हराम होता है?"

वैद्य ने तुरन्त उत्तर दिया, "यह मगज़ हराम नहीं है, हराम मगज़ है।

"अब समझा।" परसी ने अपनी सूखी गर्दन हिलाकर कहा।

"यह कहो कि इस नली में आदमी की रबड़ी होती है।"

वैद्य ने उसे टोकते हुए कहा, "ज्ञान का उपहास नहीं करते। जब तेरी नली की रबड़ी समाप्त हो जाएगी और तू टाँगे खड़खड़ाते हुए मेरे पास आयेगा तब पूछूँगा आटे-दाल का भाव क्या है।"

इस बीच गोले की मिट्टी सूख गयी थी। वैद्य ने उसे ध्यानपूर्वक उलट-पलटकर देखा। मिट्टी सूखकर तड़ख गयी थी। जहाँ-जहाँ से मिट्टी तड़खी थी, वैद्य ने वहाँ-वहाँ नयी मिट्टी का लेप कर दिया और उसे पुनः सेंका। चौथी बार तड़खने के उपरान्त जब मिट्टी ने तड़खना बन्द किया तो वैद्य ने तूफ़े से कहा,

"लो भाई! पहला पड़ाव तो पार कर लिया।"

याक़ूत ने पूछा, "अब इसका क्या होगा?"

वैद्य ने हाथ पोंछकर सिगरेट ली और पालथी मारकर दरी पर बैठ गया। बड़ी शान्ति से कश लगाकर बोला, "बस अब इसे सवा मन उपलों की आँच देंगे। फिर जब राख में चिमटा डालेंगे तो न यह मिट्टी होगी, न गोला और न नींबू। नीचे ताँबे का पैसा छोटे-से बताशे-सा पड़ा होगा। यही ताँबे की भस्म होगी।... तूफ़ा जी! उपले छत पर रखा दिए हैं ना?"

"जी हाँ, गुजरी रख गयी थी।"

"बस अब आँच देने की ड्यूटी तुम्हारी है।"

"चिन्ता न करें गुरुजी।"

परसी चरस की सिगरेट भर रहा था। साँझ हो चुकी थी और गली-मुहल्ले में निशा-आरम्भ का शीत वीरान अँधेरा उतर आया था। परसी ने हथेली पर रखे तम्बाकू में चरस की गर्म-गर्म गोली मसलते हुए पूछा, "वैद्य जी! कोई सेवा हमारे योग्य हो तो कहिए।"

"तुम कल प्रातः दित्ता कुम्हार से जाकर कहना कि वैद्य जी ने कहा है आकर अपनी दवाई ले जाए।"

"सत्य वचन, गुरु महाराज।" परसी ने कहा।

याक़ूत ने कहा, "मेरे विचार से तुम एक बार फिर अच्छी तरह से सोच-समझ लो। कहीं लेने के देने न पड़ जाएँ। दित्ता बूढ़ा आदमी है। हो सकता है ताम्र-भस्म न पचा पाए। यह भी हो सकता है कि भस्म पूरी तरह तैयार न हो, कच्ची रह जाय।"

वैद्य ने चुटकी बजाकर सिगरेट की राख झाड़ी।

"खुदा की कसम याक़ूत लाला! उन्नीस-बीस का फ़र्क भी रह जाए तो अपनी

अँगुलियाँ कटवा दूँ। भैया! हमारे ख़ानदान में तो भस्म बनाना बच्चों का खेल समझा जाता है। मैंने अमृतसर में एक बार पारे की भस्म बना दी थी। हालाँकि पारे की भस्म बनाना बड़ा कठिन काम है। मैंने बनाई और निहाल चन्द पटवारी को खिलाई। उसक पुराना गठिया रोग एक दिन में ही ठीक हो गया था। ये तो बपौती धरोहर के नुस्ख़े हैं, कोई मज़ाक नहीं है।''

परसी ने चरस भर ली थी और अब वह कश पर कश लगा रहा था। तूफ़े ने अपने गंजे सिर पर हाथ फेरा और पुनः मफ़लर लपेटते हुए बोला, ''गुरु जी! कभी एक माशा भस्म याक़ूत को भी खिलाएँ।''

वैद्य ने याक़ूत की ओर देखा। वह बक्स पर बैठा बड़े मज़े से सिगरेट पी रहा था और ज़रा-ज़रा मुस्कुरा रहा था।

''इसे स्वर्ण भस्म खिलाएँगे। यह मनीषी है। स्वर्ण भस्म इसकी मनीषा को पुष्ट करेगी। मियाँ! यह तो पैसे का खेल है। जिस धातु की चाहो, भस्म बन जाएगी। अब तुम कहोगे कि मैं गप मार रहा हूँ, लेकिन मैं तुम्हें अली बख़्श सुनार की गवाही दिलवा सकता हूँ। अली बख़्श अभी मरा नहीं है, जीवित है। एक दिन मेरे पास आया और रोकर कहने लगा, ''वैद्य जी, मर रहा हूँ, पत्नी के निकट जाते ही लाज आती है। दूसरा विवाह इसलिए किया था कि नाम ज़िन्दा रखने को सन्तान होगी, लेकिन अब...''

परसी ने तरंग में आकर बात पूरी कर दी,

''अब अपनी ही रबड़ी चुक गयी है।''

वैद्य, तूफ़ा और याक़ूत हँस पड़े।

''परसी बेटा, लहर में आ रहे हो।''

परसी ने ज़ोर का कश लगाकर धुआँ उगला और दीवार की ओर थूककर बोला,

''हाय हाय हाय लाला! बस कुछ न पूछो। एक पंजाबी बैत याद आ गया है। वैद्य जी! क्षमा करें। लिखा है कि–

तूता वे हरियावलिया तेरे तूत लमकदे काले।
एथों दी कितों लंघदे वेखे बीबा लाल सुराहियाँ वाले।।

(शहतूत के हरे-भरे पेड़! तेरी टहनियों पर लटकते काले-काले शहतूत बड़े भले लग रहे हैं। तू यह बता कि क्या तूने यहाँ से जाती हुई वे ललनाएँ देखी हैं, जिनके सिरों पर लाल सुराहियाँ रखी हुई थीं?)

''अच्छा बैत है।'' वैद्य ने सिगरेट का कश लगाकर कहा।

''हाँ, तो मैं कह रहा था, जब अली बख़्श सुनार ने अपनी राम कहानी सुनाई तो मैंने कहा अली बख़्श! तू एक काम कर, ईश्वर ने चाहा तो तू अस्सी वर्ष की

आयु में भी हर साल एक बच्चा पैदा करेगा। अली बख़्श ने हाथ जोड़कर कहा—आज्ञा दें। मैंने उससे एक काला नाग और एक काला मुर्गा मँगाया। दोनों के पेट फाड़े और गर्म-गर्म पित्ते निकालकर थाली में आमने-सामने सामने रख दिए। अब एक तिनका लिया। दोनों पित्तों का द्रव्य थोड़ा-थोड़ा लिया और तिनके को माशा भर हरनोली तैल में हिला दिया। अली बख़्श ने छह दिन उस तेल से मालिश की। सातवें दिन वह पूरा मर्द था। अब उसके यहाँ बच्चा पैदा होने वाला है।''

तूफ़े ने तुरन्त प्रेरणा दी, ''गुरुजी! वह चिराग़ माश्की का किस्सा भी सुनाइए ना।''

''अरे भाई! एक हो तो सुनाऊँ। आजकल तो जिसे देखो, रो-रोकर एक ही कथा सुनाता है।''

रात के समय वैद्य के घर की छत पर सवा मन उपलों की आग जलाकर उसके बीच में मिट्टी का गोला रख दिया गया। उस रात वैद्य की पत्नी दारी और तूफ़े ने बरसाती में खूब गर्म होकर समय बिताया। हमेशा की तरह वे दोनों खड़ी चारपाई के पीछे एक ही कम्बल में लिपटे बैठे थे और सवा मन उपलों की आग की आँच उन तक बराबर पहुँच रही थी। दारी ने पूछा, ''इस आग में क्या पक रहा है?''

तूफ़े ने दारी की गाल पर चुटकी भरकर कहा, ''स्त्रियों की दवाई है प्रिये।''

''स्त्रियों की दवाई? वह क्या?'' दारी ने विस्मय से पूछा।

''बस, यही तो रहस्य है।''

तब तूफ़े ने दारी को समझाया कि यह दवाई किस काम आती है तो दारी ने कानों पर हाथ रखकर कहा, ''तौबा! ये मर्द भी कैसे बेशर्म होते हैं। इन्हें सिवाय ऐसी बातों के और कुछ सुझाई ही नहीं देता।''

''मेरी जान! संसार में सिवाय स्त्री के और है ही क्या? अब तुम्हीं बताओ, यदि तुम न होतीं तो क्या मैं जीवित रह सकता था?''

''तुम झूठ बोलते हो। तब निश्चय ही तुम किसी और से प्रेम करते।''

''मैं तुमसे और केवल तुमसे प्रेम करता हूँ मेरी जान।''

''तो फिर मुझसे विवाह क्यों नहीं करते? मुझे इस बूढ़े वैद्य के पास क्यों छोड़ रखा है?''

''विवाह?'' तूफ़ा घबरा गया। ''विवाह भी करूँगा, तुम चिन्ता मत करो।''

''परमात्मा की सौगन्ध, तुम आज हाँ कहो, कल सबेरे उससे तलाक़ लेकर तुम्हारे पास न आ जाऊँ तो अपने बाप की बेटी नहीं।''

''मैं जानता हूँ दारी। मैं तुम्हारी बहादुरी से भली-भाँति परिचित हूँ, किन्तु अभी इसका समय नहीं आया। समय आने पर मैं स्वयं तुमसे कह दूँगा कि तलाक़ ले लो।''

दारी ने आह भरकर कहा, "वह समय जाने कब आएगा।"

"बहुत जल्दी आएगा। तनिक मेरी ओर मुँह तो फेरो।"

"जाओ मैं तुमसे नहीं बोलती। तुम बेवफ़ा हो। तुम्हें मेरा ज़रा भी ध्यान नहीं है।"

"ऐसी बातें मत करो दारी। तुम तो मेरा दिल तोड़ रही हो।"

मन रखने वाली प्यार-पुचकार की सच्ची-झूठी बातों से दारी प्रसन्न हो गयी और अँधेरे में तूफ़े की ओर देखकर मुस्कुराई। तूफ़े ने उसे गले से लगा लिया और बारबार उसका मुँह चूमने लगा।

"हाय! मेरे तो ओंठ भी दर्द करने लगे हैं।" दारी ने ओंठों पर हाथ रखकर कहा। तूफ़ा उसका हाथ चूमने लगा। अचानक नीचे से खटपट की आवाज़ आयी। दारी तुरन्त उससे अलग हो गयी। वह कम्बल में से निकली और बीच छत के जंगले पर झुककर नीचे की ओर देखने लगी। नीचे बत्ती जल रही थी और उसका पति एक बच्ची के मुँह में चुसनी दे रहा था। दारी ने ऊपर से आवाज़ दी, "अभी आती हूँ।"

"तुम ऊपर क्या कर रही हो?" नीचे से वैद्य ने पूछा।

"आपके उपलों को देख रही हूँ कि कहीं मकान को आग तो नहीं लगा रहे। मैं तो आपकी भस्मों से तंग आ गयी हूँ। कैसा तन्नूर-सा तप रहा है।"

दारी तीव्रता से आकर तूफ़े के निकट बैठ गयी। अचानक सीढ़ियों में वैद्य के खखारने की आवाज़ सुनाई दी। दारी उचककर चारपाई की ओट से बाहर आ गयी। इससे पूर्व कि तूफ़ा बाहर निकलकर अपनी छत पर कूद जाता, वैद्य ऊपर आ चुका था। तूफ़े का कलेजा धक्-सा रह गया। उसके हाथ-पाँव ठंडे पड़ने लगे और दिल ज़ोर-ज़ोर से धक्-धक् करने लगा। वैद्य ने कम्बल ओढ़ रखा था। वह आकर अलाव के पास बैठ गया और लोहे की छड़ों से उपलों को उलटने-पलटने लगा। दारी मौक़े की नज़ाकत के प्रति पूर्णरूपेण चैतन्य थी। वह भी आकर वैद्य के निकट बैठ गयी।

"उपले पूरी तरह से जल गये हैं।"

"यही देखने तो मैं ऊपर आयी थी।"

"दारी! यदि तुम इस प्रकार से मेरे काम में रुचि लो तो ईश्वर की सौगन्ध मैं दो महीने में तुम्हें पूरी वैद्यिकी सिखा दूँ। तब मुहल्ले की एक भी स्त्री अस्पताल न जाए।"

"मैं तो अपकी शिष्या बनने को तैयार हूँ, आप ही नहीं बनाते।"

वैद्य मुस्कुराया।

"मेरी जान! तुम तो मुझसे बात भी नहीं करती हो। ज़रा-सा भी बुलाता हूँ तो सौ-सौ बहाने बनाकर भाग खड़ी होती हो। अब हम कहाँ जाएँ! हमारा भाग्य कि तुमसे दिल लगा बैठे।"

दारी ने वैद्य की गर्दन में बाँहें डाल दीं। बूढ़े वैद्य की दुनिया रोशन हो गयी। शायद पहली बार उसने अपनी गर्दन पर दारी की बाँहों का स्पर्श अनुभव किया था। उसका बूढ़ा ख़ून जोश मारने लगा। उसने दारी का मुँह चूम लिया। दारी ने मुस्कुराकर कहा, ''नीचे चलते हैं, यहाँ सर्दी है।''

''चलो, मेरी जान।''

''आप चलिए मैं ज़रा अन्दर से होकर आती हूँ।''

''जल्दी आना।''

''आप चिन्ता न करें।''

वैद्य जल्दी से नीचे उतर गया। दारी शौचालय जाने के बहाने वहीं रुक गयी। जब वैद्य की आवाज़ सीढ़ियों में गुम हो गयी तो दारी लपककर तूफ़े के पास आयी। तूफ़े का भय के कारण बुरा हाल था।

''मेरी जान! तुमने तो आज बड़ा नाटक कर दिखाया।''

''तुमसे प्रेम जो करती हूँ। अच्छा, कल ज़रूर आना।''

''कल तो मैं मिंटगुमरी जा रहा हूँ। परसों आऊँगा।''

''परसों मैं प्रतीक्षा करूँगी।''

''निश्चित।''

तूफ़ा दीवार फाँदकर अपनी छत पर चला गया और दारी शीघ्रता से नीचे चली गयी। अपने घर जाकर तूफ़ा लिहाफ़ में घुस गया, किन्तु उसके हाथ-पाँव अभी तक ठंडे पड़े थे। उसका दुर्बल दिल अभी तक धक-धक कर रहा था। आज भाग्य ने, बल्कि दारी ने, उसे बचा लिया था अन्यथा वह सारी आयु वैद्य को मुँह दिखाने योग्य न रहता। वैद्य को भी कैसा आघात पहुँचता कि वह व्यक्ति जिसे वह अपना बच्चा समझ रहा है, उसकी पत्नी को अंक में लिये बैठा है। तूफ़े ने लिहाफ़ के भीतर ही हाथ जोड़कर ईश्वर से अपने अपराध की क्षमा माँगी और प्रण किया कि भविष्य में वह ऐसा कुत्सित कर्म नहीं करेगा। इससे उसका मन शान्त हो गया और उसे नींद आ गयी।

अभी दिन निकला ही था कि वैद्य बिस्तर में से निकलकर छत पर आ गया। अलाव ठंडा हो चुका था। उपलों में दबी राख कहीं-कहीं सुलग रही थी। वैद्य ने बड़ी सावधानी से चिमटे की सहायता से बीच की आग इधर-उधर करके मिट्टी के गोले को बाहर निकाल लिया। मिट्टी पक गयी थी और गोले का रंग श्यामल रक्तिम हो गया था। वैद्य गोले को थाली में रखकर नीचे ले आया। आँगन में फ़र्श पर बैठ उसने हथौड़ी की हल्की-हल्की चोटों से गोले को तोड़ दिया। गोले के दो टुकड़े हो गये। प्रसन्नता से वैद्य की चीख़ निकल गयी।

"बन गयी—भस्म बन गयी दारी।"

दारी रसोईघर से लगभग भागती हुई वैद्य के पास आ गयी। मिट्टी के टुकड़ों के मध्य में ताँबे का पैसा बताशा बना पड़ा था। भस्म तैयार हो चुकी थी। वैद्य का नुस्खा सफल रहा था। उसके चेहरे पर प्रसन्नता एवं सफलता की मुस्कुराहट थी और वह ऐनक के पीछे से आँखें घुमा-घुमाकर मिट्टी के टुकड़े में पड़ी भस्म को देख रहा था। उसने अत्यन्त सावधानी के साथ उस बताशे को उठाकर एक बारीक हरे काग़ज़ पर रखा और नीचे दूकान में ले आया। उसने तुरन्त तूफ़े को बुलवाया।

"तूफ़े! मैदान मार लिया।"

तूफ़े ने हरे काग़ज़ में लिपटा भस्म का बताशा देखा तो वह चकित रह गया। उसने विस्मय से बताशे को देखते हुए पूछा, "गुरु जी! यह क्या गत बन गयी ताँबे के पैसे की?"

"बेटा! यह वैद्यिकी की है। इसे कहते हैं हिकमत। अब लाओ किसी बड़े से बड़े डॉक्टर को और उससे कहो कि एक रत्ती ताँबा ही मारकर दिखा दे।"

परसी और याक़ूत ने भी दोपहर को भस्म के दर्शन किये। परसी ने पूछा,

"वैद्य जी! यह कितने का होगा?"

"भैया! किसी सामन्त के पास ले जाऊँ तो लाखों में उठे। मैंने तो इसे निर्धन लोगों की सेवा-सहायता के लिए बनाया है। इसका तो कोई मोल ही नहीं है।"

याक़ूत ने मुस्कुराकर कहा, "वैद्य यार! लोग पैसे के लिए आदमी को मार देते हैं और तुमने आदमी के लिए पैसे को मार दिया है। मेरे विचार में इस भस्म से रोगियों को नया जीवन प्राप्त होगा।"

"भैया! दो दिन बाद दित्ते कुम्हार को देखना। यदि उस बूढ़े पर तुम्हें युवक का भ्रम न हो तो भले ही हमारी गर्दन काट देना।"

"तूफ़े ने पूछा, "गुरु जी! घी का प्रबन्ध कर लिया है ना?"

"छह सेर घी दोपहर बाद यहाँ पहुँच जाएगा। तुम जाकर दित्ते कुम्हार को सूचना दे दो। उससे कहो आकर अपनी दवा खा जाए, याक़ूत। तुम भी यहीं रहना। वैद्यिकी का यह चमत्कार तुम भी देखना।"

याक़ूत ने सिगरेट सुलगाकर कहा, "मुझे इन चीज़ों पर विश्वास नहीं है। मुझे मालूम है कि अभी दित्ते कुम्हार के जीवन के कुछ वर्ष शेष हैं और मुझे यह विश्वास भी है कि तुम छह साल के अन्दर उसे क़ब्र में पहुँचा दोगे।"

वैद्य ने ठहाका लगाया। तूफ़ा भी वैद्य के साथ-साथ हँस दिया। परसी ने कहा,

"वैद्य जी! याक़ूत की बात ठीक है। दित्ता कुम्हार की रबड़ी होने वाली है।"

कहकर परसी वहाँ से नौ दो ग्यारह हो गया। उधर सीढ़ियों में से दारी ने आवाज़

दी कि खाना ले जाओ। वैद्य ने तूफ़े को संकेत किया। तूफ़ा उठकर सीढ़ियों में आ गया। दारी झब्बा हाथ में लिए खड़ी थी। तूफ़े ने मुस्कुराकर पूछा,

''आज क्या पका है जानी?''

दारी ने हँसकर कहा, ''गोंगलू गोश्त।''

''ज़िन्दाबाद।'' तूफ़े ने प्रसन्न होकर कहा। ''और सुनो, तुम्हारी आज्ञा हो तो भस्म की एक खुराक मैं भी खा लूँ?''

''दफ़ा दूर।'' दारी ने हाथ झटकाकर कहा और स्लीपर खटकाती हुई ऊपर चढ़ गयी।

6

दित्ता कुम्हार मुहल्ले की एक पुरानी हवेली में अपने दो-चार गधों के साथ रहता था। अमृतसर में वह क़िला भंगियाँ के क्षेत्र में रहा करता था। दंगों में जवान बेटे का परिवार उसकी आँखों के सामने मौत के घाट उतार दिया गया था। देखते-देखते ही दित्ता दिनों में ही बूढ़ा हो गया था। इन दिनों वह शहर के बाहर से मिट्टी गधों पर लादकर लाता था और गलियों-गलियों घूमकर बेचा करता था। बूढ़ी जान, उस पर कड़ा परिश्रम। कमर में स्थायी तौर पर पीड़ा होने लगी। वैद्य से औषधि लेकर खाता रहा। कोई फ़र्क़ न पड़ा। वैद्य ने एक दिन फिर से जवान होने का शुभ समाचार सुनाया। बूढ़ा कुम्हार उसकी बातों में आ गया। उस दिन तीसरे पहर लाठी टेकता वैद्य की दूकान पर आया। वहाँ पर याक़ूत, परसी और तूफ़ा भी उपस्थित थे। बल्कि ये लोग दित्ता की ही प्रतीक्षा में थे।

''आओ बाबा दित्ता! अन्दर आ जाओ।''

''सलामालेकुम हकीम जी।''

''वा'लेकुमअस्सलाम बाबा। बिस्मिल्लाह।''

वैद्य का मुर्गा आ गया था जिस पर वह अपनी ताम्र भस्म का प्रयोग करना चाहता था क्योंकि ताम्र भस्म तो तैयार हो गयी थी, लेकिन इसका शक्ति-परीक्षण अभी शेष था। बाबा दित्ता ने अपनी लाठी रखी और कम्बल लपेटकर दरी पर बैठ गया। मरियल-सा बूढ़ा, जिसकी आँखें चुंधियाई हुई थीं और गहरे साँवले चेहरे पर झुर्रियाँ थीं, सर्दी से ठिठुर रहा था। अँगीठी में दबी-दबी-सी आग भरी थी। वह अपने हाथ तापने लगा।

''हकीम जी! ऐसी दवाई दो कि कमर का दर्द जाता रहे। इसने मुझे काम का नहीं रहने दिया। काम न करूँ तो खाऊँ कहाँ से? तुम्हारे बच्चे जिएँ।''

वैद्य ने अल्मारी में से भस्म वाला हरा काग़ज़ निकालते हुए कहा,

''बाबा दित्ता! तुम्हें ऐसी दवाई खिला रहा हूँ कि घोड़े की तरह दौड़ते फिरोगे। सोना है सोना। लाख रुपया देकर भी इसकी रत्ती भर कहीं से न मिलेगी।''

"तुम्हारे बच्चे जिएँ, अब शरीर में जान नहीं रही।"

परसी बहुत ध्यान से दित्ते को देख रहा था जैसे वह कोई ऐसा रोगी हो जिसका बहुत बड़ा ऑपरेशन होने वाला हो। याक़ूत नितान्त मौन एक ओर बैठा सिगरेट पी रहा था। तूफ़ा गर्म पानी लेकर एक थाल को धो रहा था। घी का डिब्बा उसके पास ही पड़ा था। वैद्य ने काग़ज़ की तहें खोलकर भस्म निकाली। मक्खन की आधी टिकिया सन्दूकची के ऊपर रखी। सूई लेकर उसके छिद्र में भस्म भरी और उसे मक्खन में मिला दिया। भस्म वाला मक्खन दित्ते की ओर बढ़ाकर वह बोला,

"लो बाबा दित्ता! इसे बिस्मिल्ला करके खा जाओ और जन्नत के नज़ारे करो।"

"लाओ हकीम जी। बिस्मिल्ला।"

"या शाफ़ी! या काफी।"

देखते ही देखते बाबा दित्ता ताम्र भस्म मिली मक्खन की आधी टिकिया निगल गया। वैद्य, तूफ़ा, याक़ूत और परसी ध्यान से उसकी ओर देखते रहे।

"तूफ़े! घी गुनगुना करके प्याली में डाल दो।"

मक्खन खा लेने के बाद बाबा दित्ता हाथों से अपना मुँह पोंछ रहा था। वैद्य बड़ा आतुर होकर उसके एक-एक क्रिया-कलाप पर दृष्टि रखे हुए थे। अचानक बूढ़े की हालत खराब होने लगी। वह अपनी छाती मलने लगा।

"हकीम जी! पानी।"

"घी दो तूफ़े।" वैद्य चिल्लाया और फुदककर गद्दी से उतर कर बूढ़े कुम्हार के निकट आ बैठा।

तूफ़े ने शीघ्रता से प्याली में घी डालकर बूढ़े को दिया।

"इसे एक ही घूँट में पी जाओ बाबा।"

"पानी... पानी... अन्दर आग लगी है... पानी।"

बूढ़ा पानी-पानी चिल्ला रहा था। उसे बरबस घी की प्याली पिला दी गयी। घी का अन्दर जाना था कि बूढ़े का जी मतलाने लगा। देखते ही देखते उसे उल्टी हो गयी। वैद्य और तूफ़े का रंग उड़ गया।

"तूफ़! और घी दो, और।"

घी की दो और प्यालियाँ एक के बाद एक बूढ़े को पिला दी गयीं। बूढ़े ने दोनों बार फिर से उल्टी कर दी। उसका चेहरा काला पड़ गया और देखते-देखते ही उसके हाथों में कम्पन आ गया। उसकी आँखें ऊपर चढ़ गयीं। याक़ूत ने कहा,

"इसे सँभालो वैद्य। यह मर रहा है।"

"चुप रहो।" वैद्य चीख़ा।

"तूफ़े! दूकान का दरवाज़ा बन्द कर दो। परसी! उस कोने में से अर्क़ गौज़बान की बोतल उठा लाओ।"

बूढ़े की हालत देखकर मंडली के सभी लोग परेशान हो उठे। वैद्य का रंग पीला पड़ गया था। बूढ़े कुम्हार को कभी कोई अर्क़ और कभी कोई औषधि पिलाई जा रही थी, किन्तु उसके हाथों की कम्पन ज्यों-की-त्यों थी और उसका रंग और अधिक काला हो गया था। उसकी आँखें बन्द होने लगी थीं। उसे दरी पर लिटा दिया गया। उसके तलवों पर कद्दू का तेल मला जाने लगा। वैद्य ने उसके सिर में आधी शीशी बादाम रोग़न उड़ेल दिया। पाव भर बादाम रोग़न उसके सिर में खप गया और दो छटाँक कद्दू का तेल उसके तलवे पी गये किन्तु उसकी आँखें ज्यों-की-त्यों ऊपर चढ़ी रहीं और कम्पन ज्यों-की-त्यों बनी रही। वैद्य ने तुरन्त अपना मफ़लर उतारकर बूढ़े की बाँह को कसकर उसकी छाती पर बाँध दिया। वह रुक-रुक कर साँस लेने लगा। याक़ूत ने कहा, "क्या कर रहे हो तुम? इस तरह तो ये मर जाएगा।"

वैद्य ने तुरन्त उसी क्षण मफ़लर खोल दिया। वास्तव में वैद्य घबरा गया था।

परसी ने कहा, "किसी डॉक्टर को बुला लाऊँ?"

वैद्य चीख़ा, "बकवास बन्द करो। अपने साथ मुझे भी कैद कराने का इरादा है क्या?"

किन्तु बूढ़े की स्थिति लगातार बिगड़ती जा रही थी। वैद्य भाँति-भाँति की औषधियाँ उसके मुँह में डालने लगा। लगभग आधे घंटे के बाद बूढ़े की हालत सँभलनी शुरू हुई। वैद्य ने सुख की साँस ली। बाहर दिन ढलने लगा था। वैद्य ने बाहर से दूकान पर ताला डलवा दिया था और अन्दर वह बत्ती जलाए अपने रोगी के ऊपर झुका हुआ था। वैद्य की नवयौवना पत्नी दारी ने ऊपर से पुकारा तो तूफ़े ने सीढ़ियों में जाकर कहा, "बाबा दित्ता को भस्म खिलाई थी। पची नहीं उसे।"

दारी ने हाथ मलते हुए कहा,

"हाय मैं मर गयी, अब क्या होगा? यह वैद्य हमें थाने पहुँचाकर ही दम लेगा!"

तूफ़े ने दारी का कूल्हा थपथपाकर कहा, "चिन्ता न करो। उसकी हालत ठीक हो रही है।"

रात के नौ बजे कहीं जाकर बूढ़ा उठकर बैठने के योग्य हुआ और अत्यन्त दुर्बल स्वर में बोला, "यह क्या खिला दिया हकीम जी? मेरे अन्दर तो आग लग गयी है।"

वैद्य ने खिसियाना होकर कहा, "बाबा! यह ताकत की दवाई थी। अब इंशा अल्लाह तुमको सारी उम्र कमर का दर्द नहीं होगा। रोग समाप्त हो गया है। अब तुम घर जाओ, आराम करो। सुबह को मैं खुद आकर तुमको दवाई पिलाऊँगा।"

बूढ़े ने मरी-सी आवाज़ में कहा,

"मगर हकीम जी! तेरे बच्चे जिएँ, मुझसे तो उठा भी नहीं जा रहा।"

"हिम्मत से काम लो बाबा दित्ता! घर जाकर आराम से सो जाओ, सुबह को भले-चंगे होगे।"

इस बीच में याक़ूत और परसी जा चुके थे। वैद्य ने तूफ़े की सहायता से बूढ़े को उठाया और उसे बाहर गली में ले आया। कड़ी-सर्दी के कारण गली सुनसान हो रही थी। सभी दूकानें बन्द थी। तूफ़ा उसे सहारा देते हुए हवेली के अन्दर उसके घर में ले आया और उसे चारपाई पर लिटा दिया। पानी का घड़ा उसके निकट रख वह जल्दी से बाहर निकल आया। रात भर वैद्य और तूफ़ा सो न सके। उनको विदित था कि प्रातः सारे मुहल्ले को मालूम हो जाएगा कि बाबा दित्ता मर गया। यदि मरने से पहले उसने किसी को बता दिया कि वैद्य ने उसे ताकत की दवा खिलाई थी तो वैद्य पाँच-छह वर्ष के लिए जेल चला जाएगा।

सुबह हो गयी। सूर्य निकल आया। वैद्य ने डरते-डरते दूकान खोली। तूफ़ा दफ्तर जाने से पहले वैद्य के पास आया। आँखों-ही-आँखों में उन्होंने एक-दूसरे के मन में छिपा भय पढ़ लिया। वैद्य ने धीरे से कहा, "हवेली की ओर जाकर तनिक मालूम तो करो।"

तूफ़े ने मुँह से एक शब्द भी न निकाला और मफ़लर को अच्छी तरह से कानों पर लपेटकर हवेली की ओर चल दिया। यदि बूढ़ा मर गया होता तो इस समय तक मुहल्ले वालों को निश्चय ही इसका पता चल गया होता। हवेली आ गयी। तूफ़ा भीतर जाने से डर रहा था। वह बाहर से ही लौट आया।

"क्या हुआ?"

"कुछ नहीं।"

वैद्य तनिक आश्वस्त हुआ। वह दूकान लगाकर बैठ गया। तूफ़ा दफ्तर चला गया। दोपहर के समय अकस्मात् यह समाचार पूरे मुहल्ले में फैल गया कि दित्ता कुम्हार का निधन हो गया। ख़लीफ़ा हलवाई प्याला साफ़ करते हुए कह रहा था,

"बेचारा अन्दर पड़े-पड़े ही सर्दी के कारण अकड़कर मर गया। देखते नहीं हो, चेहरा कैसा काला पड़ा हुआ है बेचारे का।"

वैद्य का रंग उड़ गया। उसने सबसे पहला काम यह किया कि भस्म सहित पूरे काग़ज़ को ऊपर जाकर आग में डाल दिया। दफ्तर से लौटकर तूफ़े ने यह समाचार सुना तो वह जाकर अपनी कोठरी में लेट गया और शाम तक बाहर न निकला। बूढ़ा रात-रात में ही मर गया था। उसने कोई बयान नहीं दिया था। उसे वैद्य की दूकान में जाते हुए दो व्यक्तियों के अतिरिक्त और किसी ने नहीं देखा था। उनको भी कोई सन्देह नहीं हो सकता था क्योंकि बूढ़ा प्रायः वैद्य की दूकान पर दवाई लेने आया करता था। वैद्य भी शोकाकुल व्यक्तियों में जा सम्मिलित हुआ।

"ईश्वर की इच्छा। बेचारे का समय आ गया था। अभी शाम को मेरे पास से शरबत पीकर गया था।"

वैद्य ने परसी, याक़ूत और तूफ़े से कहा कि रहस्य रहस्य ही बना रहना चाहिए। यदि किसी को इसका पता चल गया तो हम चारों मारे जाएँगे।" याक़ूत ने कहा,

"लेकिन तुम भी वचन दो कि भविष्य में तुम अपनी भस्में अपने अलावा किसी दूसरे पर नहीं आजमाओगे।"

"वह तो मैंने कल ही सौगन्ध खा ली थी।"

परसी ने कहा, "बूढ़ा पचा नहीं पाया।"

वैद्य ने तुरन्त कहा, "यही तो कठिनाई है कि यह चीज़ ऐसी शक्तिशाली है कि इसे पचाने के लिए शेर की-सी पाचनशक्ति चाहिए।"

तूफ़े ने हाँ में हाँ मिलाते हुए कहा, "मेरे विचार में हमने आँच कम कर दी थी।"

"जी नहीं। ताँबे का तो बताशा बना हुआ था। यही इसके भस्म बन जाने की पहचान है। तिब्बे-अकबर में इस पर पूरा एक अध्याय लिखा हुआ है और उसमें यही विधि बताई गयी है।

याक़ूत ने सिगरेट बुझा दी।

"बहरहाल अब तुम्हें दूसरों के जीवन के साथ इस निर्दयता से खिलवाड़ नहीं करना चाहिए। तुम्हारे लिए यही बेहतर है कि तुम केवल शरबत और अर्क़ बेचा करो।"

वैद्य क्योंकि दोषी था, इसलिए चुप ही रहा। परसी ने सिर पर हाथ फेरकर कहा,

"हाय हाय हाय, बूढ़े का रंग तवे की तरह काला पड़ गया था।"

तीसरे पहर बाबा दित्ता को दफ़ना दिया गया। जनाज़े में वैद्य, तूफ़ा और परसी भी सम्मिलित हुए। अगले दिन मुहल्ले वाले इस महत्त्वहीन बूढ़े को बिल्कुल भूल-भुला गये और मुहल्ले का जीवन पुनः अपनी पुरानी तर्ज़ पर चलने लगा, किन्तु वैद्य और तूफ़े को कई दिन तक बूढ़ा स्वप्न में आकर डराता रहा।

7

जनवरी के अन्तिम सप्ताह में लाहौर का मौसम बहुत ख़ुशगवार हो गया।

शहर के गहरे नीले स्वच्छ आकाश पर सूर्य बड़े मज़े से अपना दिन भर का चक्र पूरा करता और तारों भरी चमकीली रात ओस की मोती लुटाती आ जाती। सर्दी में वह पहले जैसी हड्डियों में चुभने वाली तीव्रता नहीं रही थी। तब भी दिन के समय कोट के बिना बाहर न निकला जाता और रात को खूब पाला पड़ता। याक़ूत का जीवन पहले की तरह अपनी बेढंगी चाल से चल रहा था। दिन के दस-ग्यारह बजे वह सोकर उठता। नहा-धोकर खाना खाता और वैद्य या परसी के यहाँ गप लड़ाने के लिए आ जाता। शाम के समय शहर की सड़कों पर मटरगश्ती करने निकल जाता। रात को कभी फिल्म देखने चला जाता और कभी होटल में आकर अध्ययन में निमग्न हो जाता तथा उसे बारह बजे रात तक पुस्तक के अतिरिक्त अन्य किसी चीज़ का ध्यान न रहता।

एक दिन तीसरे पहर कोई चार-साढ़े चार बजे के लगभग वह वैद्य की दूकान से उठकर बाहर मैक्लोड रोड पर आ गया। पनवाड़ी की दूकान से उसने पान लिया। सिगरेट का पैकेट लिया और सोचने लगा कि रीगल में फ़िल्म देखी जाय। अभी काफी समय था। उसने सोचा होटल जाकर कपड़े बदल लिए जाएँ। कॉफ़ी बनाकर पी जाय और फिर वैद्य या परसी को साथ लेकर फ़िल्म देखी जाए। यह सोचकर वह अपने होटल की ओर चल दिया। उस दिन असाधारण रूप से ठंडी हवा चल रही थी। इससे धूप की सुखद गर्माहट में काफी कमी आ गयी थी। इसी कारण सर्दी बढ़ गयी थी। बसन्त के त्योहार में लगभग दो सप्ताह शेष थे और परसी के कथनानुसार,

"लाला! देख लेना। अबकी बार बसन्त पाला पड़न्त होगा।"

स्थिति कुछ ऐसी ही दिखाई दे रही थी। होटल की लॉबी में आकर याक़ूत जब ऊपर अपने कमरे को जाने के लिए सीढ़ियाँ चढ़ने लगा तो बैरे ने आकर बताया कि एक लड़की नीचे केबिन में उसकी प्रतीक्षा कर रही है। याक़ूत ने ठिठककर पूछा,

"कौन लड़की?"

बैरा मुस्कुराया।

"यह मैं नहीं जानता जनाब। केबिन नं. पाँच में जाकर देख लें।"

जिज्ञासा की स्थिति में याक़ूत केबिन की ओर चला गया। केबिन का पर्दा गिरा हुआ था। उसे भीतर से वस्त्रों की सरसराहट सुनाई दी। याक़ूत पर्दा हटाकर भीतर चला गया। वह पल भर के लिए वहीं खड़ा रहा। वह विस्मयपूर्वक अपने सामने कुर्सी पर बैठी कुलसूम को देख रहा था।

"कुलसूम तुम?"

"जी! मैं।"

कुलसूम के स्वर में उदासी थी। इतना कहकर उसने आँखें झुका लीं। याक़ूत काफी दिनों के बाद कुलसूम को देख रहा था। वह पहले की अपेक्षा अधिक दुर्बल भी हो गयी थी और उसका रंग भी पीला पड़ गया था। उसकी आँखें भी थोड़ी लाल-लाल हो रही थीं—जैसे रोकर आयी हो। याक़ूत व्यथित हो उठा। उसने घंटी बजाकर बैरे से कॉफ़ी लाने के लिए कहा और खामोशी से कुर्सी पर बैठ गया। उसने कुलसूम के मृतवत् चेहरे की ओर देखकर पूछा,

"कुश़ल तो है कुलसूम? तुम इतनी उदास क्यों हो? तुम्हारे चेहरे की लालिमा को क्या हुआ? तुम्हें किसकी नज़र लग गयी जो इतनी दुर्बल हो गयी हो?

कुलसूम की आँखों में आँसू आ गये। वह रेशमी रूमाल वाला हाथ आँखों पर रखकर रोने लगी। याक़ूत और भी परेशान हो गया। उसकी समझ में नहीं आ रहा था कि क्या करे, किस प्रकार से कुलसूम को शान्त करे। उसे विदित नहीं था कि कुलसूम किस बात से दुःखी थी, इसलिए वह उसे किस बात की सान्त्वना दे? इतने में बैरा कॉफ़ी ले आया। कुलसूम आँखें साफ़ करके सँभलकर बैठ गयी। बैरा कॉफ़ी रखकर चला गया। कैबिन में मौन छा गया। याक़ूत ने कॉफ़ी बनाकर प्याली कुलसूम के आगे रख दी।

"कुछ खाओगी?"

"जी नहीं।"

उसका रजत उत्तर अश्रुसिक्त था, चाँदी की उस घंटी की भाँति जो पानी में डूब गयी हो। विषयान्तर के विचार से याक़ूत ने तनिक मुस्कुराकर कहा,

"तुम्हें मेरे होटल का पता कहाँ से मिल गया?"

"जिस टैक्सी में आपने उस दिन मुझे बिठाया था, उसका ड्राइवर आपको जानता है।"

"बहुत ख़ूब! वैसे मैं भाग्यशाली हूँ जो पुनः तुमसे भेंट हो गयी अन्यथा मेरा अनुमान था कि अब अगले जन्म में ही भेंट होगी।"

कुलसूम ने कोई उत्तर न दिया। उसने ख़ामोशी से कॉफ़ी के दो-एक घूँट भरे और एक दीर्घ निश्वास छोड़कर कॉफ़ी की प्याली में से उठती हुई गर्म भाप को देखने

लगी। याक़ूत ने सिगरेट सुलगा ली। कुलसूम के साथ-साथ वह भी उदास हो गया था। किन्तु वह कुलसूम की उदासी का कारण जानने को आतुर था। आख़िर उसने पूछ ही लिया, ''क्या तुम मुझे अपनी परेशानी का कारण नहीं बताओगी कुलसूम?'' क्या तुम्हें मुझ पर भरोसा नहीं?''

''यदि भरोसा न होता तो मैं इस हालत में कभी आपके पास न आती।''

''किस हालत में?''

कुलसूम ने सिर झुका लिया।

''किस हालत में कुसलूम? तुम कहते-कहते रुक क्यों गयीं? यदि तुमको मुझ पर भरोसा है तो मुझसे अपना दुःख-दर्द मत छिपाओ। जो भी है, साफ़-साफ़ कह दो। मुझे अपना हितैषी और सहभागी मित्र समझो कुलसूम।''

कुलसूम ने भीगी आँखें उठाकर कहा, ''यहाँ मैं कुछ नहीं बता सकती। मुझे भय है कि कोई सुन न ले।''

''तो आओ, ऊपर कमरे में चलते हैं।''

कुलसूम को साथ लेकर याक़ूत अपने कमरे में आ गया। उसने दरवाज़ा अच्छी तरह से बन्द कर लिया। हीटर जलाकर कुलसूम के सामने रख दिया और स्वयं सिगरेट सुलगा कर सोफ़े पर बैठ गया।

''अब बताओ कुलसूम, तुम्हें क्या परेशानी है?''

कुलसूम एक अत्यन्त भद्र माता-पिता की सन्तान थी। उसके पिता रेलवे में गार्ड थे और ब्रांच लाइनों पर गाड़ी ले जाया करते थे। चार भाइयों के बाद जन्मी वह माता-पिता की एकमात्र पुत्री थी। घर में सभी उससे प्यार करते थे। उसका हर प्रकार से ध्यान रखते थे। भाई उस पर जान छिड़कते थे। दो भाई रेलवे में नौकर थे, एक व्यापार करता था और एक कॉलेज में पढ़ रहा था। तीनों बड़े भाई विवाहित थे तथा तीनों के सन्तान भी थी। यह सारा परिवार एक ही तिमंज़िला विशाल घर में रहता था और यह मकान क़िला गुज्जर सिंह के भीतर एक गली के अन्दर था। कुलसूम के पिता को यह मकान क्लेम में प्राप्त हुआ था। भाभियाँ भी कुलसूम से बहुत प्रेम करती थीं। घर में एक ही ननद हो तो भाभियों की सहेली बन जाती है। हमारे यहाँ ननदों-भाभियों मे लड़ाई वहाँ होती है जहाँ ननदें एक से अधिक होती हैं। कुलसूम ने एक कन्या विद्यालय से दसवीं की परीक्षा पास की और एक कन्या महाविद्यालय में प्रवेश पा लिया। कुलसूम को सिनेमा देखने का बड़ा शौक था। घर के लोग कुलसूम से प्रेम तो बहुत करते थे, किन्तु उन्होंने कभी भी उसके सिनेमा के शौक को प्रोत्साहित नहीं किया था। एक तो इसलिए कि कुलसूम के भाइयों को सिनेमा का शौक बिल्कुल ही नहीं था, दूसरे वे लड़कियों के सिनेमा देखने को अच्छा नहीं समझते थे।

प्रायः कुलसूम चोरी छिपे, अपनी सहेलियों के साथ कॉलेज से भागकर पिक्चर देख आया करती थी। एक बार उसकी एक अध्यापिका को पता चल गया। उसने कुलसूम की डाँट-डपट भी की और उसके पिता को पत्र लिखकर सावधान भी किया। कुलसूम के पिता ने उसे पत्र दिखाया और कहा कि यदि फिर कभी इस प्रकार की शिकायत मिली तो वे उसे कॉलेज से उठा लेंगे। कुलसूम ने उनको आश्वस्त किया कि भविष्य में कदापि उनको ऐसी शिकायत न मिलेगी। लेकिन कुछ समय के बाद सिनेमा के शौक ने फिर ज़ोर मारा। सिनेमा के बोर्ड उसे अपनी ओर आकृष्ट करने लगे और एक दिन वह अपनी एक हमराज़ सहेली फ़हमीदा के साथ रीजेंट सिनेमा की ओर चल दी। फिल्म अभी नयी-नयी लगी थी इसलिए लोगों की भीड़-सी टूट पड़ी थी। दोनों सहेलियाँ महिला कक्ष में अन्य महिलाओं के साथ बन्द होकर बैठ गयीं। महिलाओं के साथ आये पुरुष उनको टिकट ले-लेकर दे रहे थे। कुलसूम और फ़हमीदा के साथ कोई पुरुष न था। दोनों परेशान हो गयीं। फ़िल्म की दूसरी घंटी बजने लगी।

तेल से चमक रहे सिर के बालों वाला एक सुवेषित व्यक्ति बड़ी देर से सीढ़ियों के पास लॉबी में खड़ा उन दोनों लड़कियों को देख रहा था। उस व्यक्ति का रंग साँवला, चेहरा प्रौढ़, शरीर दोहरा तथा आँखें छोटी-छोटी थीं। वह ऊपर गैलरी की ओर जाने वाली सीढ़ियों के जंगले से टेक लगाकर खड़ा था और ध्यानपूर्वक कुलसूम को देखते हुए सिगरेट पी रहा था। अचानक उसने सिगरेट एक ओर फेंकी और लोगों की भीड़ में से होता हुआ कुलसूम के पास बड़े आत्मविश्वास के साथ झुककर बोला,

"मेरे पास इस समय दो सीटें खाली हैं। मेरी बहनों को आना था, वे नहीं आयीं। आप पैसे दीजिए। मैं टिकट बनवा देता हूँ।"

कुलसूम उस समय पिक्चर देखने को व्याकुल हो रही थी। उसने एक पल के लिए भी नहीं सोचा कि यह आदमी कौन है, कहाँ से आया है। झट से पैसे उसे थमा दिए। वह व्यक्ति भीड़ में गुम हो गया। लगभग दो मिनट बाद वह प्रकट हुआ और बोला, "मेरे साथ आइए।"

दोनों उसके साथ हो लीं। वह उन्हें लेकर ऊपर गैलरी में आ गया। गैलरी में चारों ओर लोग ही लोग बैठे थे। बातों का शोर मचा हुआ था। वह व्यक्ति उन्हें एक कोने में ले गया जहाँ तीन सीटें खाली पड़ी थीं। कुलसूम और फ़हमीदा बैठ गयीं तो वह भी उनके पास ही बैठ गया।

"क्षमा करें। विवशता है। दूसरी कोई सीट खाली नहीं है। आपको मेरा यहाँ बैठना बुरा तो नहीं लग रहा ना?"

बुरा तो उन दोनों को ही बहुत लग रहा था, किन्तु वे अब फँस गयीं थीं। इसलिए उन्होंने कोई उत्तर न दिया और नक़ाब गिराकर, एक-दूसरे से जुड़कर,

चुपचाप बैठी रहीं। थोड़ी देर बाद अँधेरा हो गया और चित्रपट पर पिक्चर चलने लगी। संयोगवश कुलसूम उस व्यक्ति के साथ वाली सीट पर बैठी थी। उसने अपने को अच्छी तरह से बुर्क़े में छिपा रखा था। फ़िल्म चलती रही, किन्तु कुलसूम का दिल धक-धक करता रहा। एक अपरिचित व्यक्ति के साथ बैठकर पिक्चर देखना उसे बहुत बुरा लग रहा था, लेकिन विवशता थी। उस व्यक्ति ने भी बड़ी चतुराई से काम लिया। मध्यान्तर हो गया, किन्तु उस व्यक्ति ने एक बार उसे छूने का प्रयास नहीं किया। मध्यान्तर में उसने पेस्ट्री आदि मँगाई। कुलसूम तथा फ़हमीदा ने पीने से इंकार कर दिया। उस व्यक्ति के बार बार विनर्म आग्रह करने पर उन्होंने चाय पी ली। बातों-बातों में ही उसने बताया कि वह फ़िल्मों का व्यापार करता है और अभी अविवाहित है। कुलसूम और फ़हमीदा ने उसकी किसी बात का उत्तर न दिया। वह बातें करता रहा। कभी-कभी बात करके स्वयं ही हँस देता और फिर खिसियाना-सा होकर चुप हो रहता।

"कल से हम रत्न सिनेमा में नर्गिस की एक नयी फ़िल्म लगा रहे हैं। आप आना चाहें तो मुझे प्रसन्नता होगी।

कुलसूम ने शीघ्रता से कहा, "जी नहीं, धन्यवाद।"

वह भी शीघ्रता से बोला, "धन्यवाद करने की क्या आवश्यकता है। आपका सिनेमा है। जब मन चाहे, जितनी भी सहेलियों को साथ लेकर आना चाहें, आप आ सकती हैं। कल शनिवार है। मैं कल दोपहर के शो पर आपकी प्रतीक्षा करूँगा। और यदि कल समय न हो तो परसों रविवार को आ जाएँ। रविवार को हमारा एक शो प्रातः दस बजे भी होगा।

वह अपने आप ही बातें किए जा रहा था। यह गोल-मटोल-सा व्यक्ति शक्ल-सूरत से ही भोंदू प्रतीत हो रहा था। कुलसूम ने सोचा, कैसे बूद्धू से पाला पड़ गया। चलो हमारा क्या गया, ज़रा से बोर ही तो हुए हैं मगर पिक्चर तो देख ली। फिर उसने जेब में हाथ डालकर कहा, "यह अपने टिकट के पैसे ले लें। मैंने कभी टिकट नहीं खरीदा। यह फ़िल्म तो हमारी अपनी फ़िल्म है।"

"तब आपने हमसे पैसे क्यों माँगे थे?" कुलसूम ने नाराज़गी से पूछा।

"नाराज़ न हों देवी जी! भूल हो गयी। क्षमा चाहता हूँ।" उसने हाथ जोड़कर धीरे से कहा।

उसके कुलचे जैसे हाथों को जुड़े देख कुलसूम को हँसी आ गयी।

"शुक्र है परमात्मा का, आप हँसी तो हैं। मैं तो समझा था कि आपके मुँह में दाँत ही नहीं हैं।"

अब उसने अपना परिचय दिया।

"मेरा नाम शहाब है। रत्न, रीजेंट और कैपिटल में जिस किसी से भी आप मेरा नाम लेंगी, वह आपको पूरे सम्मान के साथ हाल में बिठा देगा और टैक्स तक नहीं लेगा।"

कुलसूम और फ़हमीदा मन-ही-मन हँस दीं। भला उन्हें क्या आवश्यकता थी इसका नाम लेकर पिक्चर देखने की? बड़ा आया दानवीर कर्ण कहीं का।

अचानक बत्तियाँ बुझ गयीं। हॉल में अँधेरा छा गया। फ़िल्म शुरू हो गयी।

कुलसूम उस व्यक्ति को पोंगा पंडित समझकर पूरी रुचि के साथ पिक्चर देखने में मग्न हो गयी। शहाब ने भी किसी प्रकार की अशिष्टता का परिचय न दिया और दोनों लड़कियों पर अपनी भद्रशीलता तथा सीधेपन का सिक्का बैठा दिया।

फ़िल्म समाप्त हो गयी। दोनों सहेलियाँ उस व्यक्ति से कोई बात किये बिना उठकर बाहर आ गयीं। सिनेमा की भीड़ के बीच में से निकले तेज़-तेज़ कदमों से कॉलेज की ओर जाते हुए एकाएक उन्होंने अनुभव किया कि वह व्यक्ति उनका पीछा कर रहा था। कॉलेज निकट आ गया तो वह व्यक्ति कुलसूम के बराबर आकर बोला,

"मैं रत्न सिनेमा के बाहर कल भी प्रतीक्षा करूँगा और परसों भी।"

इतना कहकर वह शीघ्रता से पीछे मुड़ गया।

दोनों सहेलियाँ उसकी मूर्खता पर हँस दीं।

"कैसा उल्लू था।"

"एकदम गधा था।"

दूसरे दिन फ़हमीदा ने स्वयं ही प्रस्ताव रखा,

"क्या खयाल है उस गधे को उल्लू बनाया जाय?"

कुलसूम ने अर्द्ध-सहमति के अन्दाज़ में कहा,

"मिस नुज़्हत का पीरियड समाप्त हो लेने दो।"

पीरियड समाप्त होते-होते देर हो जानी थी। कुलसूम ने कहा,

"दफ़ा करो फ़हमीदा! किसी को पता चल गया तो मुसीबत आ जाएगी। ख़्वामख़ाह लेने के देने पड़ जाएँगे।"

फ़हमीदा का विचार था कि शहाब उन व्यक्तियों में से है, जो प्रकृति से बुद्धू होते हैं। ऐसे लोगों का प्रेम लड़कियों को उपहार देने, फ़िल्में दिखाने तथा खिलाने-पिलाने तक ही सीमित होता है। इससे आगे वे कदाचित नहीं बढ़ते। इनको यदि थोड़ा डाँट-डपटकर रखा जाए तो ये बड़े पालतू किस्म के प्रेमी सिद्ध होते हैं। इस सम्बन्ध में उसने कुलसूम को सहमत कर लिया था। उसके मुहल्ले की दो-एक लड़कियों ने इस प्रकार के प्रेमियों को फाँस रखा था और वे उनको खूब मूर्ख बना रही थीं। अतः अगले दिन वह कुलसूम को साथ लेकर रत्न सिनेमा की ओर चल दी। वहाँ पहुँचकर उन्होंने देखा कि वह व्यक्ति बीच वाले द्वार के एक ओर खड़ा

सिगरेट पी रहा था। शहाब की छोटी-छोटी मक्कार आँखों ने भी उनको देख लिया था। उसने सिगरेट फेंक दी और हाथ से उन्हें पीछे-पीछे आने का संकेत करके सीढ़ियाँ चढ़ने लगा। कुलसूम ने कहा, ''देखो इस उल्लू को कैसा आत्मविश्वास है। उसे पूरा विश्वास था कि हम उसके पास ही आ रही हैं।''

फ़हमीदा ने कहा, ''हमें तो पिक्चर देखनी है, इस गधे से क्या मतलब।''

इस बार शहाब ने पूरा बॉक्स रिज़र्व करा रखा था। वह उन दोनों सहेलियों को लेकर बॉक्स में जा बैठा। दोनों के लिए बॉक्स में बैठने का अनुभव बड़ा सुखद एवं ऐश्वर्यपूर्ण था। वे इससे पूर्व कभी बॉक्स में नहीं बैठी थीं। शहाब ने तुरन्त उनके लिए चाय और पेस्ट्री मँगाई। चाय बनाते हुए उसने मरियल से स्वर में कहा,

''मैंने कल भी एक घंटे तक आपकी प्रतीक्षा की थी। मैं तो हर रोज़ हर सिनेमा के बाहर आपकी प्रतीक्षा किया करूँगा। वास्तव में, आप लोगों से कुछ ऐसा लगाव हो गया है कि जी चाहता है रोज़ आपके साथ बैठकर पिक्चर देखूँ, चाय पियूँ, कार में बैठकर गुलबर्ग की सैर करूँ, अनारकली से आपके लिए प्यारी-प्यारी चीज़ें खरीदूँ।'' फिर एक आह भरकर बोला, ''लेकिन ऐसा भाग्य कहाँ!''

कुलसूम और फ़हमीदा एक ओर मुँह करके हँस पड़ीं। अब उन्होंने नकाबें उलट दी थीं और शहाब कुलसूम के रूप और सौन्दर्य को देख विस्मित हो गया था। कुलसूम फ़हमीदा की अपेक्षा कहीं सुन्दर एवं आकर्षक थी। फ़हमीदा का तो मात्र यौवन ही था जो शहाब को अपनी ओर आकृष्ट कर रहा था, किन्तु कुलसूम का शरीर यौवन और सुन्दरता दोनों गुणों के अतिरेक से सम्पन्न था। फ़िल्म शुरू हो गयी। शहाब मौन बैठा रहा। उसने किसी प्रकार की कोई अशिष्टता न की। मध्यान्तर हुआ तो उसने पुनः चाय मँगाई और साथ में ताज़ा केक भी मँगाए। फ़हमीदा थोड़ी देर के लिए बाथरूम गयी तो शहाब ने तुरन्त जेब से एक डिबिया निकाली और उसे खोलकर कुलसूम के सामने करते हुए बोला,

''यह सोने की अँगूठी मैं आपके लिए लाया था। यह एक मामूली-सा उपहार है। मैं अकेले में आपको यह उपहार देना चाहता था, लेकिन आपकी यह सहेली तो परछाईं की तरह आपसे चिपकी रहती है। इसे पर्स में रख लें और कदाचित अपनी सहेली से इसकी चर्चा न करें।''

कुलसूम ने सोने की अंगूठी उपहार में लेने से इंकार कर दिया। शहाब ने पहले दिन की भाँति अपने छोटे-छोटे हाथ जोड़कर कहा,

''धृष्टता के लिए क्षमा चाहता हूँ, लेकिन प्रेम के हाथों विवश हूँ।''

कुलसूम कुछ कहने ही वाली थी कि बाहर गैलरी से फ़हमीदा की पदचाप सुनाई दी। शहाब ने जल्दी से कहा, ''अब हठ न करें। इसे पर्स में रख लें। मैं नहीं चाहता

कि आपकी सहेली की दृष्टि इस पर पड़े। यह लड़की मुझे एक आँख भी नहीं भाती।''

कुलसूम डिबिया पर्स में रख ही रही थी कि फ़हमीदा बॉक्स का द्वार खोल अन्दर आ गयी। कुलसूम का दिल धक्-धक् करने लगा। फ़हमीदा आकर कुलसूम के पास बैठ गयी। कुछ क्षण मौन व्याप्त रहा। फिर कुलसूम ने धीरे से फ़हमीदा से पूछा,

''बाथरूम किधर है?''

''गैलरी के कोने में।''

शहाब ने बातचीत सुन ली थी। कुलसूम उठकर बाहर निकली तो वह एक क्षण भी नष्ट किए बिना फ़हमीदा के साथ वाली सीट पर आ बैठा और दूसरी जेब में से सुनहरी रंग का लेडीज़ फ़ाउंटेन पेन निकालकर फ़हमीदा की ओर बढ़ाते हुए बोला, ''मैं यह तुच्छ-सा उपहार आपको भेंट करना चाहता हूँ। मैं तो कल भी इस आशा में सिनेमा के बाहर खड़ा रहा कि आप ज़रूर आएँगी, किन्तु अफ़सोस! आप नहीं आयीं। आज आयीं तो आपकी यह मनहूस सहेली आपके साथ थी। ईश्वर का शुक्र है कि वह दो मिनट के लिए बाहर दफ़ा हुई है। आप मुझे अपना तुच्छ-सा सेवक समझें और कल से मुझे कभी-भी रीगल सिनेमा में मिल लिया करें।''

फ़हमीदा ने कहा, ''यह... यह आप क्या कर रहे हैं?''

शहाब ने हाथ जोड़कर कहा, ''ईश्वर के लिए मेरा दिल न तोड़ें अन्यथा मैं यहाँ से नीचे कूद पड़ूँगा। मैं आपसे और केवल आपसे प्रेम करता हूँ। आगे से अपनी इस मनहूस सहेली को साथ न लाया करें। अब जल्दी से इसे पर्स में रख लें, आपकी सहेली आ रही होगी।''

कुलसूम की पदचाप सुनाई दी और वह दरवाज़ा खोलकर अन्दर आ गयी। इस बीच शहाब उठकर अपनी सीट पर वापिस आ चुका था और फ़हमीदा गोल्डन पैन अपने पर्स में रख चुकी थी। उसका दिल भी ज़ोर से धड़क रहा था। शेष पिक्चर उन दोनों ने अपने-अपने धड़कते दिल पर हाथ रखकर देखी, किन्तु दोनों को अपने-अपने स्थान पर यह गर्व था कि केवल उसे ही प्रेम और उपहार के योग्य समझा गया है। कुलसूम ने सोचा कि उसके निकट बैठी फ़हमीदा उसकी भावनाओं से कैसी अपरिचित है। इसे मालूम नहीं कि मूर्ख शहाब ने मुझे सोने की अँगूठी का उपहार दिया है और इसके प्रति वितृष्णा प्रकट की है। ठीक ऐसा ही फ़हमीदा सोच रही थी कि कुलसूम कितनी भोली है; बेचारी को क्या मालूम कि शहाब उसके सामने प्रणय-निवेदन कर चुका है और उपहार में उसे गोल्डन पैन दे चुका है। कैसा गर्व था कुलसूम को अपने रूप और यौवन पर! यदि इसे पता चल जाए कि शहाब की इसके बारे में क्या राय है या यह कि शहाब मुझ पर जान छिड़कता है तो यह आत्महत्या कर ले।

पिक्चर समाप्त हो गयी। दोनों शहाब के साथ बाहर निकलीं। शहाब किसी मित्र से गाड़ी माँगकर लाया हुआ था। चुपके से दोनों कार में बैठ गयीं। कुलसूम ने कई बार सुन्दर वस्त्रों वाली महिलाओं को सिनेमा से निकलकर पुरुषों के साथ कारों में बैठते हुए देखा था। पुरुष बड़े उत्साह के साथ दरवाज़ा खोलते और महिलाएँ बड़े गर्व के साथ अपने कपड़े समेटतीं कारों में बैठतीं। आज कुलसूम भी कार में बैठी हुई थी। तनिक-सा हॉर्न बजाते ही लोग-बाग स्वयं एक ओर को हट रहे थे। कुलसूम ने दबी आँख से फ़हमीदा की ओर देखा और सोचा कि यह तो मेरी कृपा से ही कार में बैठी हुई है अन्यथा शहाब तो इसके साथ पैदल चलना भी पसन्द न करे। कुछ इसी प्रकार का विचार कुलसूम को लेकर फ़हमीदा के मन में चल रहा था।

कॉलेज से एक चौराहा पहले ही वे कार में से उतर गयीं। मूर्ख दिखाई देते गोल-मटोल शहाब ने अपने फ़ोन नम्बर की चिट बड़ी चालाकी से कुलसूम को दे डाली। कुलसूम का हाथ काँपने लगा, किन्तु उसने चिट मुट्ठी में दबा ली। दोनों ने कॉलेज पहुँचने तक कोई बात न की। यह सोचकर कि एक को दूसरी के विषय में कोई सन्देह न हो, कॉलेज पहुँचते ही दोनों बतियाने लगीं। ये बातें शहाब को मूर्ख बनाने के सम्बन्ध में थीं।

अगले दिन कुलसूम ने सोने की अँगूठी पहन रखी थी और फ़हमीदा की कमीज़ पर सुनहरी पेन लगा हुआ था। फ़हमीदा ने अँगूठी देखकर कुलसूम से पूछा,

"हाय! कितनी प्यारी अँगूठी है कुलसूम! कहाँ से ली है?"

कुलसूम ने नाक में से ज़रा-सी शूँ करते हुए कहा,

"भैया ने लाकर दी है।'

"हाय! कितने अच्छे हैं तुम्हारे भैया।"

तभी कुलसूम की दृष्टि फ़हमीदा के गोल्डन पेन के चमचमाते क्लिप पर जा पड़ी।

"यह पेन नया लिया है क्या?"

फ़हमीदा ने बड़ी शान के साथ पेन उतारकर कुलसूम को दिखाया। कुलसूम ने उसकी टोपी उतारकर उसकी सुनहरी निब देखी और अपनी कॉपी पर उससे अपना नाम लिख दिया।

"बहुत सुन्दर है। कितने में लिया है?"

"पिताजी ने लाकर दिया है। कहते थे बीस रुपये का है।"

कुलसूम ने मुस्कुराकर कहा,

"हाय! कितने अच्छे हैं तुम्हारे पिताजी।"

और फिर दोनों अपनी-अपनी कक्षा में चली गयीं। दोनों इस बात पर प्रसन्न

थीं कि एक ने दूसरी को बेवकूफ़ बनाया है। दोनों को इस बात का दुःख भी था कि वास्तविकता बताकर एक दूसरी का जी नहीं जला पाई हैं।

फ़हमीदा हर रोज़ रीगल सिनेमा में शहाब से मिलने लगी, किन्तु कुलसूम डरती रही। उसके जीवन में अभी तक कोई पुरुष नहीं आया था। फ़िल्में देख-देखकर उसके मन में भी यह इच्छा जन्म ले चुकी थी कि वह भी किसी की नायिका बने और किसी की प्रतीक्षा में खिड़की के पास खड़ी होकर गीत गाये। वह चाहने लगी थी कि कोई नायक उसकी याद में जंगलों में रोता फिरे और वह चुपके से वहाँ जा पहुँचे। उसे देख नायक प्रसन्नता से चीख़ उठे और उसे अपने गले से लगा ले। लेकिन शहाब तो उसे नायक नहीं, विदूषक दिखाई देता था। वह उससे क्या खाक प्रेम करे। किन्तु कोई भी युवती किसी पुरुष की शक्ल-सूरत के विषय में तब तक ही सोचती है जब तक उसे कोई पुरुष नहीं मिलता। जब एक बार कोई पुरुष उसके जीवन में आ जाता है तब वह उसकी शक्ल को भूलकर उसके व्यक्तित्व से प्रेम करने लगती है। और शहाब ने मक्कारी के साथ कुलसूम पर अपने व्यक्तित्व का बड़ा अच्छा प्रभाव डाला था। वह एक ना-समझ, भोला और शरीफ़ आदमी बनकर कुलसूम के सामने आया था। उसने सिनेमा के भीतर तनिक-सी-भी अभद्रता नहीं दिखाई थी। उसने एक बार भी भौंडेपन के साथ कुलसूम का हाथ पकड़कर अपनी ओर नहीं खींचा था। तब भी कुलसूम अकेली उसके पास जाने से घबरा रही थी। जीवन में प्रथम बार एक पुरुष ने उत्साहपूर्वक प्रणय-निवेदन किया था और सोने की अँगूठी उपहार में दी थी। मन में भावनाओं का वेग उमड़ आ रहा था। लालसा आन्दोलित कर रही थी, किन्तु परिवार की प्रतिष्ठा, माता-पिता का सम्मान, भाइयों की शालीनता और अपना संस्कार-बोध पैरों की बेड़ियाँ बनकर रोक रहा था। मन आगे ही आगे की ओर दौड़ रहा था, किन्तु पाँव पीछे ही पीछे लौट रहे थे। इसलिए वह औंधे मुँह गिर पड़ी। हमारे यहाँ ऐसी लड़कियाँ पायः औंधे मुँह ही गिरती हैं और इस प्रकार गिरती हैं कि उन्हें उठ खड़े होने को जगह नहीं मिलती।

शहाब के जाल का एक सिरा अब कुलसूम के कॉलेज की चारदीवारी को भी छूने लगा था। वह कितनी देर तक कॉलेज के बाहर आकर खड़ा रहता। फ़हमीदा समझती थी कि वह उसके लिए आता है। कुलसूम का विचार था कि वह उसके लिए आता है। शहाब ने फ़हमीदा को पूरी तरह से अपने जाल में फाँस लिया था। वह तो अकारण ही मारी गयी थी, शहाब तो वास्तव में कुलसूम को प्राप्त करने में प्रयत्नशील था। आख़िर एक दिन कुलसूम ने हार मान ली और कार में बैठ शहाब के साथ फ़िल्म देखने चली गयी। शहाब उसे लेकर सिनेमा के बॉक्स में आ बैठा। उसने उसे खूब खिलाया-पिलाया। फ़िल्म शुरू हुई तो वह बड़ी उत्साहपूर्ण भावुकता के साथ कुलसूम का हाथ पकड़कर अपने अगाध प्रेम की अभिव्यक्ति करने लगा।

कुलसूम का कोमल हृदय धक्-धक् करने लगा। प्रथम बार किसी पुरुष ने इतने प्रेम, इतने उत्साह के साथ उसका हाथ दबाया था। उसके ओंठ काँपने लगे। अविवाहित नवयौवना का शरीर अन्धा-बहरा होता है, वह पुरुष के प्रथम स्पर्श से बेंत की भाँति काँपने लगता है। तब वह हज़ार आँखों से देखता है, हज़ार कानों से सुनता है। उसे पुरुष के स्पर्श की चाह होने लगती है। भले ही छूने वाला हाथ उसे नाली में गिरा दे या उठाकर सुहाग-शैया पर बिठा दे। टहनी पर लगे गुलाब को यह कहाँ पता होता है कि उसे किसी दुल्हिन के जूड़े के लिए तोड़ा जा रहा है या किसी अभागे के कफ़न पर चढ़ाने के लिए। कुलसूम के अनछुए नव-विकसित गुलाब तक पुरुष का हाथ पहुँच गया था। टहनियाँ काँप रही थीं, पत्तियाँ डोल रही थीं, सुगन्धि व्याकुल होकर उड़ रही थी, एक-एक पंखुड़ी सिमट रही थी, फैल रही थी। कण-कण गहरी नींद से जाग उठा था। कुलसूम की अपनी आँखें बन्द थीं, किन्तु उसके शरीर के समस्त नेत्र खुले थे। उसके शुष्क ओंठों पर एक गहरा मौन था और उसके शरीर के भीतर भयानक शोर मचा हुआ था, हाहाकार मची हुई थी, कोहराम मचा हुआ था।

शहाब शिकार को मदहोश पाकर उसे जाल सहित अपनी ओर खींच रहा था। शिकार जाल में जकड़ा हुआ था। शिकारी शिकार के कानों में प्रेम का मन्त्र फूँक रहा था। झूठे प्रेम का जादू चल रहा था। शिकार अर्द्धचेतन अवस्था में सिर पटक रहा था और शिकारी के निकट, और निकट होता जा रहा था। निकट... और निकट... और निकट।

अचानक हॉल में प्रकाश हो गया। शिकारी तथा शिकार दोनों की आँखें चुंधिया गयीं। शहाब ने जल्दी से सिर नीचे कर लिया। कुलसूम दूसरी ओर मुँह करके अपने कपड़े दुरुस्त करने लगी। वह सिर ऊपर नहीं उठा रहा था। वह आँखें नहीं मिला रही थी। अभी क्षण भर पूर्व दोनों आयु भर एक दूसरे की आँखों के सामने रहने की कसमें खा रहे थे। एक क्षण बाद दोनों एक दूसरे से इस प्रकार नज़रें चुरा रहे थे जैसे कभी न मिलने की शपथ ले रखी हो और अकस्मात् सामना हो गया हो। प्रकाश ने अन्धकार को निरावरण कर दिया था। क्षण भर पूर्व का आनन्द एवं रस पश्चाताप एवं ग्लानि में परिवर्तित हो गया था। वह दोनों हाथों में चेहरा छिपाकर धीरे-धीरे सुबकने लगी। लेकिन अब क्या हो सकता था। तीर कमान से निकल चुका था। मोती अथाह गहरे समुद्र में गिर चुका था। फूल अपनी टहनी से टूटकर धरती पर गिर पड़ा था, अब संसार की कोई शक्ति उसे पुनः डाली पर नहीं लगा सकती थी। शहाब ने कुलसूम को अपने जाल में उलझा लिया था। वह कुलसूम के कन्धे पर हाथ रखकर उसे झूठी सान्त्वना देने लगा। उस चोर की भाँति, जो रात में सेंध लगाता है और प्रातः टोपी पहनकर खेद प्रकट करने वालों में आ सम्मिलित होता है।

शहाब को भली-भाँति ज्ञात था कि कुलसूम अब उससे कभी नहीं मिलेगी। उससे घृणा करने लगेगी। लेकिन यदि वह इस पाप का उत्तरदायित्व अपने ऊपर लेकर उससे विवाह करने का वचन दे दे तो वह उसे छोड़कर अन्य किसी पुरुष की ओर कभी नहीं देखेगी। अतः उसने कुलसूम का हाथ थाम, ईश्वर को साक्षी मान, उससे विवाह करने का वायदा कर लिया। सतीत्वहीन नारी के लिए विवाह से बड़ी और कोई शरण नहीं होती। विशेषकर उस स्थिति में जब वही व्यक्ति विवाह का प्रस्ताव रख रहा हो जिसने सतीत्वहरण किया हो। कुलसूम को ऐसा प्रतीत हुआ जैसे वह तीखी धूप में नंगे सिर खड़ी थी कि बादल के एक टुकड़े ने सूर्य के सामने आकर उसके सिर पर छाया का आँचल ओढ़ा दिया है। उसने सुबकते हुए, शहाब का हाथ थाम लिया और उस पर अपने काँपते हुए ओंठ रख दिए।

अन्धकार में बुद्धि का साथ छोड़कर खाई की ढलान पर ज़रा-सी फिसली हुई कुलसूम अब नीचे ही नीचे जाने लगी। वह लगभग हर रोज़ शहाब से मिलती। केवल इस विचार से कि कहीं वह उसका साथ न छोड़ दे। कहीं उसके सोने में खोट मिलाने के बाद उसे कसौटी पर ठोंक-बजाकर परखने वाली दुनिया में अकेली न छोड़ दे। भविष्य में विवाह के वचन की जंजीरों से बँधी पतिता कुलसूम शहाब की ओर खिंचती चली आ रही थी। शहाब के हाथ एक रसपूर्ण मनोरंजन लग गया था। वह डाली से टूटे पुष्प को जी भरकर मसल रहा था। जब शहाब के लिए इस फूल में कोई सुगन्धि शेष न रही तो उसने इसे उठाकर बाहर गली में फेंक दिया।

उस समय कुलसूम की कोख में एक महीने का बच्चा था।

यह समय कुलसूम के लिए बड़ा नाज़ुक समय था। वह शहाब के पीछे-पीछे भागती फिर रही थी और वह उसे टाल रहा था। वह कुलसूम के गर्भपात का ख़तरा मोल नहीं लेना चाहता था। कौन जाने इस बीच कुलसूम की मृत्यु हो जाए। फ़हमीदा के साथ भी उसने ऐसा ही किया था। वह अलग परेशान थी और किसी लेडी डॉक्टर की खोज में मारी-मारी फिर रही थी। कुलसूम की दुनिया में अँधेरा फैलता जा रहा था। शहाब उससे मिलने का वादा करता लेकिन न आता। जैसे-जैसे समय बीत रहा था, कुलसूम को मृत्यु निकट आती प्रतीत हो रही थी। आख़िर एक दिन उसने शहाब को पकड़ लिया और रो-रोकर उससे सहायता की याचना की। शहाब उसकी व्यथा सुनकर रो दिया और उसका हाथ अपने हाथों में लेकर बोला,

''मेरी जान! मुझे क्षमा कर दो। मेरा अपराध भुला दो। मैं तुम्हारा अपराधी हूँ किन्तु मैं ईश्वर को साक्षी करके तुम्हें वचन देता हूँ कि मैं कभी भी तुम्हारा साथ नहीं छोड़ूँगा। आज मैं मुल्तान जा रहा हूँ। कल साढ़े दस बजे की गाड़ी से लाहौर लौट आऊँगा। तुम लाहौर होटल के सामने वाले बस-स्टॉप पर मेरी प्रतीक्षा करना। मैं गाड़ी

लेकर वहाँ आऊँगा और हम लोग एक लेडी-डॉक्टर के पास चलेंगे जहाँ सब कुछ ठीक हो जाएगा।

कुलसूम के मन का बोझ हल्का हो गया। उसे विश्वास हो गया कि शहाब उसके प्रति सहृदय है। वह केवल अपनी कामकाजी व्यस्तता के कारण उससे नहीं मिल सका था। आख़िर आदमी को प्रेम के अतिरिक्त भी तो बहुत से काम होते हैं। यह क्या ज़रूरी है कि वह सवेरे से शाम तक एक लड़की के साथ-साथ ही घूमता-फिरता रहे। कुलसूम शहाब को लेकर इस प्रकार से सोचने लगी। शहाब ने कुलसूम के गले में बाँहें डालकर उसे अपनी गोद में खींच लिया।

अगले दिन कुलसूम निश्चित समय पर घर से निकली और लाहौर होटल के सामने वाले बस-स्टॉप पर शहाब की प्रतीक्षा करने लगी, जो केवल उसी के लिए मुल्तान से वापिस आने वाला था। उधर शहाब इस समय समनाबाद के अपने घर में नाश्ता करने के बाद बड़े मज़े से आराम कुर्सी पर लेटा अखबार पढ़ रहा था। उसे याद भी नहीं था कि उसके हाथों आहत एक लड़की लाहौर होटल के बाहर खड़ी बेचैनी से उसकी प्रतीक्षा कर रही है और हर कार के निकल जाने पर सोचती है कि अगली कार ज़रूर शहाब की कार होगी। काफी लम्बी प्रतीक्षा के बाद भी शहाब न आया तो व्यथित कुलसूम अपने घर की ओर चल दी। वहाँ से लौटकर फिर चौराहे की ओर आ गयी। यह वह क्षण था जब याक़ूत पनवाड़ी की दूकान से सिगरेट खरीद रहा था और उसकी दृष्टि चौराहा पार कर रही एक घबराई हुई लड़की पर पड़ी थी। चौराहा पार करके वह थोड़ी दूर तक गयी और फिर सड़क पार करके वापिस आयी और दूसरे चौराहे पर खड़ी हो गयी। वह बेहद परेशान थी। कभी इधर देख रही थी, कभी उधर किन्तु शहाब कहीं भी दिखाई नहीं दे रहा था।

"उस समय मुझे आप दिखाई दिए। पता नहीं क्यों मुझे आपकी आँखों में दया और प्रेम का प्रकाश दिखाई दिया। मेरा मन चाहा कि तुरन्त आपके पास आकर आपका हाथ पकड़ लूँ और आपके सामने अपनी सारी व्यथा खोल कर रख दूँ। किन्तु मैं यह न कर सकी और यह सोचकर स्टेशन की ओर चल दी कि शायद गाड़ी लेट हो गयी हो। वहाँ जाकर मालूम हुआ कि मुल्तान से आने वाली गाड़ी तो एक घंटा पहले आ चुकी है। इसके बाद जो हुआ, वह आपको मालूम है।"

कुलसूम ने सिर झुका लिया। उसकी दर्दनाक कहानी से याक़ूत बुरी तरह प्रभावित हो गया था। इसलिए नहीं कि कुलसूम के साथ घटित घटनाएँ भयानक और शिक्षाप्रद थीं, बल्कि इसलिए कि इन घटनाओं के परिणामस्वरूप कुलसूम परेशान थी, उदास थी और मुसीबत में घिरी हुई थी। इस बीच याक़ूत ने सिगरेट का पूरा पैकेट पी डाला था। उसने बड़ी करूणा से, बड़े स्नेह के साथ कुलसूम का सुन्दर कोमल हाथ पकड़ लिया। उसे विश्वास था कि ऐसे हाथ प्रकृति केवल फूल तोड़ने

के लिए बनाती है। दुर्भाग्यवश यह हाथ इस समय बेंत की डाली जैसा शीत एवं कम्पायमान था।

"लेकिन कुलसूम! तुम दोबारा मुझसे क्यों नहीं मिलीं? क्या तुम्हें विश्वास था कि मैं तुम्हारी कोई सहायता नहीं करूँगा?"

कुलसूम ने ठंडी आह भरकर कहा, "मुझे प्रत्येक आदमी से डर आने लगा था। मैंने और फ़हमीदा ने मिलकर एक लेडी डॉक्टर को मनाने का प्रयास किया लेकिन हमें सफलता न मिली। उसकी एक सहेली कराची में लेडी हेल्थ विज़िटर है। वह तो कराची चली गयी। मैं वहाँ न जा सकी। मैं आपके पास आ गयी।"

याक़ूत उठ खड़ा हुआ और कमरे में टहलने लगा। फिर वह खिड़की के पास आकर खड़ा हो गया। पर्दे पर अँगुलियाँ फेरता रहा। फिर कुलसूम के पास आकर बैठ गया। उसने कुलसूम का सिर अपनी छाती से लगा लिया और उसका कन्धा थपथपाकर बोला, "मैं तुम्हें अब भी पवित्र और कुलीन समझता हूँ। मैं तुम्हारी हर सम्भव सहायता करूँगा। मुझसे जो भी हो सकेगा, करूँगा और जो न हो सका, उसके लिए भी पूरा प्रयास करूँगा। अब तुम घर जाओ। कल शाम को चार बजे मैं होटल में तुम्हारी प्रतीक्षा करूँगा। मुझे पूरा विश्वास है कि कल तुम इस बोझ से मुक्त हो जाओगी।"

इस समय कुलसूम को याक़ूत देवता दिखाई दे रहा था। उसने उसे नदी के तीव्र प्रवाह में बहने से बचा लिया था। उसने श्रद्धातिरेक से अपना सिर याक़ूत के वक्ष पर रख दिया। प्रसन्नता के अश्रुओं से उसकी आँखें डबडबा गयीं। उसे लगा जैसे याक़ूत ने क़ब्र पर से उठाकर फूल को अपने कोट पर लगा लिया है। कुलसूम के केशों में से किसी सुगन्धित तेल की ख़ुशबू आ रही थी। याक़ूत ने आँखें बन्द कर लीं। यह ख़ुशबू हिना की सुगन्धि में परिवर्तित हो गयी और उसे लगा जैसे नज़मा उसके वक्ष से लगी हुई है। वह सस्नेह कुलसूम के कन्धे थपथपाने लगा, उसके बालों में अँगुलियों से कंघी करने लगा। कुलसूम को नितान्त सुखद, स्निग्ध तथा सूक्ष्म रसलीनता का अनुभव हुआ। याक़ूत ने आँखें खोलीं और एक गहरा श्वास लेकर कहा, "आओ चलें कुलसूम! तुमको देर हो रही है।"

8

याक़ूत का एक मित्र मेडिकल कॉलेज का विद्यार्थी था।

प्रातः नाश्ते के बाद याक़ूत उसके कॉलेज जा पहुँचा। अज़ीज़ नामक उसका मित्र उसे लॉन में ही मिल गया। अज़ीज़ बड़ी आत्मीयता से मिला और उसे टक-शॉप ले गया।

"चलो चाय पीते हैं। तुम बहुत दिनों बाद आये हो। कहाँ रहे इतने दिन?"

"ठीक से याद नहीं कहाँ-कहाँ रहा। बहरहाल लाहौर में ही था।"

दोनों टक-शॉप के बाहर लॉन में कुर्सियाँ डालकर बैठ गये। धूप खूब चमक रही थी। क्यारियों में फूल खिले हुए थे। हरी-हरी घास पर दो-एक वासन्ती रंग के टिड्डे फुदक रहे थे। मौसम अत्यन्त सुहावना था। चाय आ गयी। दोनों अपनी-अपनी प्याली लेकर इधर-उधर की बातें करने लगे।

चाय पीकर याक़ूत ने सिगरेट सुलगाई और कहा,

"मैं एक ज़रूरी काम से तुम्हारे पास आया था।"

"कहो, क्या काम है?" अज़ीज़ ने बड़ी तन्मयता से कहा।

याक़ूत ने अज़ीज़ को संक्षेप में सब कुछ बता दिया। सुनकर अज़ीज़ सोच में पड़ गया।

"क्या ऐसा होना सम्भव नहीं है?" याक़ूत ने अज़ीज़ को चिन्तित देखकर पूछा।

"नहीं, ऐसी कोई बात नहीं। हमारे लिए तो यह सब बाएँ हाथ का खेल है।"

"तब तुम सोच में क्यों पड़े हो?"

अज़ीज़ ने सिगरेट की राख़ झाड़कर कहा,

"मुझे यह बहुत बड़ा पाप प्रतीत होता है।"

"पाप क्या है, अवैध बच्चे को जन्म देना या अवैध गर्भपात?"

"दोनों ही।"

"हो सकता है तुम्हारा विचार ठीक हों, किन्तु इस समय मैं तुम्हारे पास इसलिए आया हूँ कि किसी ऐसी स्त्री का प्रबन्ध करो, जो यह काम कर दे। तुम स्वयं यह पाप मत करो।"

अज़ीज़ चुप रहा। वह चाय की दूसरी प्याली बना रहा था। फिर याक़ूत की ओर देखकर बोला, "तुम इस लड़की की सहायता क्यों करना चाहते हो?"

याक़ूत ने सिगरेट का हल्का-सा कश लगाया और खुले नीले आकाश की ओर धुआँ छोड़ते हुए कहा, "तुम क्या समझते हो?"

अज़ीज़ हँस दिया।

"मेरे विचार में तुम इस लड़की से प्रेम करने लगे हो।"

याक़ूत ने कोई उत्तर न दिया। वह चुपचाप चाय की दूसरी प्याली में से छोटे-छोटे घूँट भरता रहा और एकटक घास की ओर देखता रहा। अज़ीज़ ने सिर पर हाथ फेरकर कहा, "शायद मुझे यह प्रश्न नहीं पूछना चाहिए था। बहरहाल तुम लड़की को लेकर पाँच बजे मेरे पास आ जाना। मैं तुमको एक स्थान पर ले चलूँगा। सब ठीक हो जाएगा।"

"किसी हानि की आशंका तो नहीं ना?"

अज़ीज़ ने भवें ऊपर उठाकर कहा, "डेढ़ महीना ऊपर हो गया है। हानि का भय तो निश्चित है, किन्तु प्रयत्न करेंगे कि उसे कुछ न हो। उसके स्वास्थ्य पर अधिक बुरा प्रभाव न पड़े। हमने तो यह पढ़ा है कि एक बार का गर्भपात दस बार बच्चा पैदा करने के समान होता है अर्थात् एक बार के गर्भपात के बाद वह दस बच्चों की माँ प्रतीत होने लगती है।"

"यह तो बड़ी चिन्ता की बात है।"

"है तो, लेकिन अब विवशता है। इसके अतिरिक्त अन्य कोई उपाय भी नहीं है। तुम कह रहे हो कि अभी वह अविवाहित है। इस स्थिति में तो यह जोखिम उठाना ही पड़ेगा।"

आधे घंटे के बाद याक़ूत अपने मित्र से पाँच बजे मिलने का वचन देकर अपने होटल लौट आया। उसने खाना खाया और पलंग पर लेटकर हार्डी का उपन्यास पढ़ने लगा। थोड़ी देर में ही उसे नींद आ गयी। अचानक द्वार पर दस्तक हुई और उसकी आँख खुल गयी। याक़ूत पलंग पर से उठा और जाकर दरवाज़ा खोल दिया। बाहर खड़ी हुई कुलसूम उसकी ओर देखकर मुस्कुरा रही थी। उसने साफ-सुथरे कपड़े पहन रखे थे। उसका चेहरा भी कल की अपेक्षा अधिक स्वस्थ, अधिक ताज़ा दिखाई दे रहा था।

"आप सो रहे थे क्या? मैंने आपको परेशान कर दिया।"

"नहीं नहीं, अन्दर आओ। क्या बजा है?"

"साढ़े चार बज रहे हैं। मैं आधा घंटा तो नीचे कैबिन में बैठी रही। तब यूँ ही मैंने बैरे से आपके विषय में पूछा तो उसने बताया कि आप तो कमरे में ही हैं।

"हाँ, मैं खाना खाने के बाद ज़रा लेट गया था कि नींद आ गयी। चाय मँगाऊँ?"

"कोई ऐसी ज़रूरत नहीं है।"

"एक-एक कप पी लेते हैं।"

कहकर याक़ूत ने नीचे चाय के लिए घंटी दी और तौलिया लेकर बाथरूम में हाथ-मुँह धोने लगा। कुलसूम कमरे का निरीक्षण करने लगी। पहले दिन वह इतनी परेशान थी कि उसे कमरे में सिवाय याक़ूत के और कुछ दिखाई ही न दिया था। कमरा छोटा-सा था। इसमें एक पलंग और मेज़-कुर्सियाँ रखी थीं। अल्मारी और शेल्फ़ किताबों से लदे हुए थे। मेज़ों पर भी पत्रिकाएँ और पुस्तकें पड़ी थीं। मेज़ के नीचे पत्र-पत्रिकाओं और मैले कपड़ों का ढेर पड़ा था। सिरहाने की ओर दीवार पर शीशे के फ्रेम में दो छोटी-छोटी तस्वीरें साथ-साथ लटक रही थीं। दोनों तस्वीरें मसि और लेखनी द्वारा बनाई गयीं प्रतीत हो रही थीं। एक तस्वीर में एक महिला साड़ी पहने, माथे पर तिलक लगाए, हाथ में एकतारा लिए, आँखें बन्द किए खड़ी थी और दूसरी में एक घुटे सिर का दुबला-सा व्यक्ति मात्र एक धोती पहने खड़ा था। उसके हाथ में करताल थी और वह आगे को झुका हुआ था। ऐसा प्रतीत हो रहा था जैसे वह गाते-गाते नाच भी रहा हो। इन दो तस्वीरों के अतिरिक्त कमरे में अन्य कोई चित्र या कैलंडर आदि न था। याक़ूत तौलिये से मुँह पोंछते हुए बाथरूम में से निकला और शीशे के सामने खड़े होकर टाई की नॉट बाँधने लगा। कुलसूम ने पूछा,

"ये तस्वीरें किनकी हैं?"

"मेरी हैं।"

कुलसूम को हँसी आ गयी। याक़ूत ने शीशे में उसका हँसता हुआ प्रतिबिम्ब देखा। उसके सफेद मोतियों जैसे दाँत उसने कितने ही दिनों बाद देखे थे। उसकी हँसी की चाँदी जैसी आवाज़ उसने बहुत दिनों बाद सुनी थी।

"मेरा मतलब है इन तस्वीरों में कौन लोग बने हैं?"

याक़ूत ने मुस्कुरा तस्वीरों की ओर देखा और कहा,

"इनमें एक भक्त कबीर हैं और दूसरी मीराबाई है।"

कुलसूम आश्चर्यकित चित्रों को देख रही थी।

"ये कौन थे?"

"तुम्हें मालूम नहीं?"

"नहीं तो, मैंने तो ये नाम ही ज़िन्दगी में पहली बार सुने हैं।"

"तभी तुम इतनी व्याकुल हो उठी हो। यदि किसी ने आरम्भ में ही तुम्हें इन लोगों के विषय में थोड़ा-बहुत बता दिया होता तो आज यह स्थिति उत्पन्न न हुई होती। ख़ैर, सुनो! ये भक्त कबीर हैं। ये बनारस में दोहे गाया करते थे। और ये

मीराबाई हैं, जयपुर के जंगलों में भजन लिखकर एकतारे पर गाया करती थीं। अभी मैं तुम्हें इससे अधिक कुछ नहीं बता सकता।"

कुलसूम ने आश्चर्यपूर्वक कहा,

"तो ये हिन्दू थे?"

"नहीं, कवि थे और इंसानों से प्रेम करते थे।"

कुलसूम की समझ में कुछ नहीं आया। वह चुप हो गयी। फिर उसे अपनी मुसीबत का ध्यान आ गया। उसने चिन्ता भरे स्वर में पूछा,

"मेरा मतलब है कोई ख़तरे की बात तो नहीं?"

"ऐसी कुछ बात नहीं है।"

चाय आ गयी। चाय पीने के बाद याक़ूत ने घड़ी देखी। पाँच बजने में चार मिनट शेष थे।

"मेरे विचार में अब चलना चाहिए।"

दोनों उठ खड़े हुए और सीढ़ियाँ उतरकर होटल से बाहर आ गये। बाहर आकर उन्होंने टैक्सी ली और सीधे मैडिकल कॉलेज जा पहुँचे। अज़ीज़ लॉन के बेंच पर बैठा उनकी प्रतीक्षा कर रहा था। याक़ूत ने सरसरी तौर पर अज़ीज़ को कुलसूम से परिचित करा दिया। कुलसूम नक़ाब गिराए और शर्म से सिर झुकाए खड़ी रही। उसे अत्यन्त लज्जा का अनुभव हो रहा था। अब उसे पता चल रहा था कि नासमझी और भावनाओं के प्रवाह में बहकर उसने कैसी भयानक भूल कर ली थी। उसे स्वयं से वितृष्णा होने लगी।

अज़ीज़ उनको शहर से बाहर ले गया। वहाँ पेड़ों से घिरी एक प्राचीन जर्जर कोठी थी। टैक्सी कोठी के प्रांगण में जा खड़ी हुई। अज़ीज़ ने उन्हें ले जाकर एक ठंडे, सीलन भरे, अर्द्ध प्रकाशित कमरे में बिठा दिया। शीत के कारण कुलसूम के शरीर में कम्पन होने लगी। कमरे की छत ऊँची थी और उसकी बड़ी-बड़ी कड़ियाँ थीं। कोने में एक लम्बी पुरानी मेज़ पर धूल जम रही थी। कुर्सियों की बेंत उधड़ी हुई थी। दीवार पर एक फटा हुआ कैलंडर लटक रहा था, जिसमें एक स्त्री बच्चे को गोद में लिए दूध पिला रही थी। नीचे लिखा था—स्वास्थ्य, शिशु, माता। एक लम्बा-सा दरवाज़ा दूसरे कमरे में खुलता था, जो बन्द था। डॉ. अज़ीज़ इस दरवाज़े को खोलकर भीतर चला गया। काफी देर तक वह अन्दर रहा। कुलसूम को डर-सा लगने लगा। कमरे के वातावरण में टिंक्चर आदि की गन्ध भरी थी। याक़ूत सिगरेट सुलगाकर कुछ देर तक कमरे में टहलता रहा। फिर आकर कुलसूम के पास बैठ गया और हाथों को रगड़कर बोला, "यह कमरा तो बर्फ़ हो रहा है।"

"यहाँ कौन रहता है?"

"एक लेडी डॉक्टर है। अज़ीज़ की जान-पहचान की है।"

कुलसूम ने धड़कते हुए दिल के साथ पूछा,

"अच्छी लेडी डॉक्टर है?"

याक़ूत मुस्कुराया।

"मैं भी उसे तुम्हारे साथ ही पहली बार देखूँगा। किन्तु क्वालीफ़ाइड है।"

कुलसूम ने अपने शुष्क ओंठों पर जीभ फेरकर कहा, "मुझे तो डर लग रहा है।"

याक़ूत ने उसे हौसला देते हुए कहा, "घबराने की ज़रूरत नहीं। मैं तुम्हारे साथ हूँ। अज़ीज़ ने बताया है कि डॉक्टरनी बड़ी अनुभवी हैं। इसने ऐसे सैकड़ों केस किये हैं।"

कुलसूम चुप हो गयी। उसका दिल धक-धक कर रहा था। उसे लग रहा था कि अभी थोड़ी देर में सामने वाला द्वार खुलेगा, अन्दर से एक स्त्री हाथ में छुरा लेकर निकलेगी और उसके टुकड़े-टुकड़े कर देगी। वह शहाब को श्राप देने लगी। स्वयं को कोसने लगी कि उसने यह कर्म ही क्यों किया जिसके परिणाम में यह दिन देखना पड़ रहा है। अचानक दरवाज़ा खुला। अधेड़ आयु की एक काली भयानक-सी स्त्री अज़ीज़ के साथ प्रकट हुई। उसके सिर के बाल शुष्क होने के कारण फूले हुए थे। उसकी गर्दन पर भी स्टेस्थूस्कोप लटक रहा था। वह सीधे कुलसूम के सामने आ खड़ी हुई। कुलसूम सहम कर सिमट-सी गयी। डॉक्टरनी की आँखें लाल थीं और उसके माथे पर बाईं ओर किसी घाव का दीर्घ निशान था। कुलसूम को वह कसाइन प्रतीत हुई, किन्तु वह सब्र करने के अतिरिक्त और कर ही क्या सकती थी। डॉक्टरनी ने कुलसूम का नाड़ि परीक्षण किया और नाक में फुँकारती हुई बोली,

"इसे अन्दर ले आओ।"

अज़ीज़ ने याक़ूत से वहीं ठहरने के लिए कहा और स्वयं कुलसूम को लेकर भीतर चला गया। अन्दर एक लम्बी-सी मेज़ पड़ी थी, जिसके नीचे एक मैली-सी पीले रंग की बाल्टी पड़ी थी। अल्मारी में कई प्रकार के भयानक दिखने वाले यन्त्र पड़े थे। दीवार पर रबड़ की एक नलकी लटक रही थी।

"यहाँ लेट जा बीबी।" डॉक्टरनी ने अपने विशिष्ट भावशून्य ठंडे और कर्कश स्वर में कुलसूम को आदेश दिया और स्वयं अज़ीज़ को लेकर दूसरे कमरे में चली गयी। अज़ीज़ ने याक़ूत से लेकर एक सौ रुपये का नोट उसके हाथ में रख दिया, जिसे लेकर डॉक्टरनी ने अपने लम्बे-ढीले सफेद कोट की जेब में रख लिया। अज़ीज़ और याक़ूत बाहर आकर लॉन की हल्की-सी धूप में सिगरेट सुलगाकर बैठ गये और डॉक्टरनी एक नर्स के साथ लेकर कुलसूम के पास आ गयी। कुलसूम डरी-डरी, सहमी-सी एक बर्फ़ जैसे ठंडे छोटे-से कमरे में एक ठंडे स्टूल पर बैठी ठिठुर रही थी। डॉक्टरनी नर्स के साथ कमरे में दाख़िल हुई तो उसका दिल धक्-सा रह गया।

"चलो बीबी! बुर्क़ा उतारो और मेज पर लेट जाओ।

नर्स ने जल्दी से स्पिरिट लैम्प जलाया। एक डिब्बा खोलकर कई तरह के यन्त्रों को उलटा-पलटा। डॉक्टरनी ने कई प्रकार के आड़े-तिरछे यन्त्र अल्मारी में से निकालकर मेज़ पर सजाए। रबड़ शीट को खिसकाकर मेज़ पर दुरुस्त किया। एक रबड़ शीट अपनी कमर के गिर्द लपेटी और मुँह पर सफेद कपड़ा चढ़ा लिया। कुलसूम के हाथ-पाँव एकदम ठंडे हो गये। दिल हलक के निकट आकर धड़कने लगा। डॉक्टरनी ने अपनी लाल-लाल आँखें उसकी ओर घुमाईं और कहा,

"क्या कर रही हो बीबी, मेज़ पर लेट जाओ।"

कुलसूम एक बुत की तरह मेज़ पर लेट गयी। नर्स ने पटाक से उसकी बाज़ू में दो टीके लगा दिए। भय के कारण कुलसूम को पीड़ा का अनुभव ही न हुआ। लेकिन जब डॉक्टरनी ने आगे की पीड़ादायक क्रिया आरम्भ की तो कुलसूम के मुँह से एक भयावह चीख़ निकल गयी। डॉक्टरनी ने गुस्से से तड़पकर कहा,

"मैंने छुरा तो नहीं घुसेड़ दिया। अगर अपना इतना ही ध्यान था तो उस हरामज़ादे के पास क्यों गयी थी?"

कुलसूम ने दुपट्टा दाँतों में भींच लिया। दर्द की असह्य लहरें उठ रही थीं, लेकिन इसके बाद कुलसूम ने उफ़ तक नहीं की। उसके माथे पर पसीना तैरने लगा। हलक शुष्क हो गया। ओंठ लकड़ी-से हो गये। ज़बान अकड़ गयी किन्तु वह आँखें बन्द किए पीड़ा सहन करती रही।

आधे घंटे के बाद जब बुर्क़ा ओढ़े, नर्स का सहारा लिए कुलसूम बाहर आयी तो उसका रंग सफेद हो रहा था और पूरा शरीर इस प्रकार दुख रहा था जैसे किसी ने उसे रूई की तरह धुन दिया हो। याक़ूत ने जल्दी से आगे बढ़कर कुलसूम को थाम लिया।

'चिन्ता न करो। मुसीबत समाप्त हुई।"

"मेरी जान निकल गयी..."

इसके आगे कुलसूम कुछ न कह सकी। उसका गला सूख गया और जिह्वा ने बोलने से इंकार कर दिया। याक़ूत ने तुरन्त उसे टैक्सी में बिठाया और अपने होटल ले आया। कमरे में आकर कुलसूम को लिटा दिया और माल्टे का रस मँगाकर उसे घूँट-घूँट करके पिलाया। उसे ताकत की गोलियाँ और डॉक्टरनी द्वारा बताई दवा देकर उसने कुर्सी खींचकर पलंग के पास कर ली और बैठकर उसका माथा दबाने लगा। कुलसूम ने आँखें खोलकर उसे प्यार भरी दृष्टि से देखा और फिर आँखें बन्द कर लीं। लगातार एक घंटे के आराम के बाद कुलसूम को कुछ होश आया और वह बात करने के योग्य हो सकी। वह उठकर बैठ गयी।

"अभी मत उठो कुलसूम। कुछ देर और लेटी रहो। तुम्हें आराम की सख़्त ज़रूरत है।"

कुलसूम ने बालों को दुरुस्त करके सिर पर दुपट्टा ओढ़ते हुए कहा,

"मुझको घर जाना है। सहेली के यहाँ जाने का बहाना बनाकर आयी थी। शाम हो रही है। मुझे जल्दी घर पहुँचना चाहिए। माँ चिन्ता कर रही होगी।"

"माँ की चिन्ता तो समाप्त हो गयी है। अब उसे चिन्ता करने की क्या ज़रूरत है?"

कुलसूम के मुँह से निकला 'माँ' शब्द याक़ूत को बहुत भला लगा। उसका जी चाहा कि कुलसूम के सफेद पड़ गये ओंठ चूम ले। उसकी लम्बी पलकों वाली आँखों के नीचे दायरे उभर आये थे। याक़ूत ने पूछा,

"घर वालों से क्या कहोगी? तुम्हारी तो सूरत देखकर ही पता चल रहा है कि तुम बहुत बीमार हो।"

"माँ से कह दूँगी कि सहेली के घर पर बीमार हो गयी थी। कमर में दर्द शुरू हो गया था। उसकी तसल्ली हो जाएगी।"

और माँ बाकी सब लोगों की तसल्ली करा देगी। माँ की तसल्ली हो जाय तो सब ठीक हो जाता है। याक़ूत ने गर्म-गर्म कॉफ़ी मँगाकर उसका एक कप कुलसूम को दिया।

"लो कॉफ़ी पी लो। और हाँ, डॉक्टर ने कहा है कि कुछ दिन बिस्तर से नहीं उठना है। ये दवाइयाँ मैंने खरीद ली थीं। यह पैकेट अपने पर्स में रख लो और नुस्ख़े में लिखे निर्देशानुसार लेती रहना। मुझे मेरे होटल के पते पर अपनी कुशल-क्षेम भेजती रहना। नहीं, तो, मैं व्याकुल हो जाऊँगा।।"

यह सुनकर कि याक़ूत उसके लिए व्याकुल हो जाएगा, कुलसूम की आँखों में आँसू आ गये। वह इस व्यक्ति का उपकार जीवन भर नहीं भूल सकती थी। उसे इस व्यक्ति से प्रगाढ़ प्रेम हो गया था। उसे अब अनुभव हो रहा था कि उसके जीवन में प्रवेश करने वाला प्रथम पुरुष यही था। काश! उसके जीवन में प्रथम चरण भी याक़ूत का ही पड़ा होता। काश! उसने अपने जीवन-वृक्ष का प्रथम पुष्प याक़ूत के चरणों पर ही चढ़ाया होता। काश! काश! काश! कुलसूम सिर से पाँव तक पश्चाताप एवं ग्लानि की मूर्ति बनी हाथ में कॉफ़ी का कप पकड़े पलंग पर बैठी थी और उसकी आँखों में आँसू तैर रहे थे। याक़ूत ने जेब से रूमाल निकालकर कुलसूम की आँखें पोंछीं और प्रेम में डूबी गहरी आवाज़ में बोला, "रात बीत गयी है कुलसूम। दिन का उजाला फैल गया है। अब राओ नहीं। मैं जो हूँ तुम्हारे पास, तुम किसलिए दुखी होती हो?"

कुलसूम ने भीगी आवाज़ में कहा,

"मुझे डर लगता है।"

"किससे? मुझसे?"

कुलसूम ने प्यार से अपना हाथ याक़ूत के कन्धे पर रखकर उसका कन्धा दबा दिया।

"नहीं नहीं, तुमसे क्यों डर लगेगा?"

याक़ूत को लगा जैसे जंगल में चलते-चलते किसी वृक्ष की फूलों से लदी टहनी उसके कन्धे को छू गयी है। प्रथम बार कुलसूम निरन्तर उसे प्रेम भरी दृष्टि से देख रही थी। उसकी आँखों में प्रणय के अनगिनत नन्हे-नन्हें दीप जगमगा उठे थे और उनके प्रकाश से सारा कमरा प्रकाशमय हो रहा था।

"तब किससे डरती हो कुलसूम?"

"डरती हूँ कहीं तुम भी मुझे छोड़कर न चले जाओ। कहीं तुम्हारे मन में भी यह विचार न आ जाय कि कुलसूम पतिता है। कि कुलसूम..."

वह अनायास सिसकियाँ भरकर रोने लगी। याक़ूत ने उसे अपने से लिपटा लिया। वह प्रेमपूर्वक उसके ठंडे बीमार गाल सहलाने लगा। उसे वह क्षण याद आ गया जब उसने चौराहे पर पनवाड़ी की दूकान पर खड़े होकर इन भावोद्वेलन समर्थ गालों की एक झलक देखी थी। जब इन गालों पर सुनहरी झुमके लहरा रहे थे, आकाश में सूर्य खिला हुआ था और गुलाब के पौधे झोलियाँ भर-भरकर सुगन्धि लुटा रहे थे।

"ऐसा कभी नहीं होगा कुलसूम। मैं तुम्हें दोषहीन समझता हूँ। मेरी दृष्टि में तुम्हारा व्यक्तिव निर्दोष है। तुम कमल के फूल की तरह हो, जो कीचड़ में रहकर भी निर्मल होता है। नारी के सतीत्व के विषय में मेरे विचार दूसरे लोगों से भिन्न हैं। यदि मैं इन विचारों को अभिव्यक्ति देने लगूँ तो हो सकता है मेरी बातें पूरी तरह तुम समझ भी न सको। तुम्हारे लिए इतना ही पर्याप्त है कि मैं तुम्हें चरित्रवती समझता हूँ और सदैव समझता रहूँगा।"

कुलसूम की सारी पीड़ा एकदम लुप्त हो गयी। उसके शरीर में पीड़ा के स्थान पर प्रेम का नया रक्त दौड़ने लगा। प्रेम में अद्भुत शक्ति होती है। प्रेम और सहानुभूति का एक शब्द ही वर्षों की उदासी को धो डालता है। कुलसूम का चेहरा एक बार फिर खिल गया। उसके कानों की लवें गर्म होकर आँच देने लगीं। उसका सारा भय और पश्चाताप निर्मूल हो गया और उसका दिल एक नये उत्साह, नये जोश के साथ धड़कने लगा।

याक़ूत ने अपने ओंठ कुलसूम के ओठों पर रख दिए। यह प्रणयासिक्त चुम्बन इन्द्रधनुष की एक लहर थी जिसने दो गहरी, निनादमय नदियों को आपस में मिला

दिया था। इस प्रेम में रस भी था, विस्मय भी। पीड़ा भी थी और पीड़ा से मुक्ति की औषधि भी। घने अंधकारमय वन में सूर्य-की प्रथम किरण का बाण प्रत्यंचा से निकल गया था और अब समस्त पृथ्वी पर किरणों की वर्षा होने लगी थी। सुगन्धियों की घटाएँ उमड़-घुमड़कर आ रही थीं। रोशनियों की बाढ़ आ गयी थी। दो वक्षों के भीतर एक ही दिल और दो दिलों के भीतर एक ही रागिनी धड़क रही थी। याक़ूत ने कुलसूम की आँखों पर अपने ओंठ रख दिए। जैसे उसने ओस में भीगे पुष्पों पर मुँह रख दिया हो। हर पंखुड़ी में से सुगन्धि की लहरें फूट रही थीं। हर लहर सुगन्धित पुष्पों की वर्षा कर रही थी। उसने कुलसूम के दोनों हाथ अपने हाथों में ले लिये। उसे लगा जैसे संसार भर की सम्पदा उसकी मुट्ठी में आ गयी हो। चमकता हुआ सूर्य मुट्ठी में आ गया हो। उसने उसके हाथों को चूम लिया और उसका चेहरा स्वर्णिम हो गया।

कुलसूम तल्लीनता एवं रसमयता के उस मोड़ पर थी, जहाँ दिल को धड़कना तक भूल जाता है। ऐसी तीव्र गहन सुगन्धि में उसे अपना दम घुटता हुआ अनुभव हुआ। इतने तीव्र प्रकाश में उसकी आँखें चुंधियाने लगीं। वह जल्दी से उससे अलग हो गयी।

"अब मैं... चलती हूँ।"

याक़ूत उसे नीचे होटल की लॉबी तक पहुँचाने आया। उसने टैक्सी का दरवाज़ा खोलकर कुलसूम को टैक्सी में बिठाया और खिड़की के पास जा खड़े होकर कहा,

"अपना ध्यान रखना कुलसूम।"

टैक्सी स्टार्ट हुई। चल दी। कुलसूम की आँखों में आँसू आ गये।

9

टैक्सी आँख से ओझल हो गयी तो याक़ूत अपने कमरे में लौट आया।

युगों बाद आज उसका दिल फिर से प्रेमानुभूति के कारण धड़क रहा था। कमरे के अन्दर अभी भी कुलसूम के वस्त्रों से उठने वाली दवाई की हल्की-सी गन्धी भरी थी। पलंग पर, जहाँ कुलसूम बैठी थी, सिलवटें पड़ गयी थीं। सफ़ेद सिरहाने पर उसके सिर का एक बाल चिपका हुआ था। याक़ूत ने धीरे से वह लम्बा, काला, बारीक बाल उठाया, उसे अँगुली पर लपेटकर उसका छल्ला-सा बनाया और उसे एक डिबिया में बन्द करके अल्मारी में रख दिया। उसे बचपन में सुनी हुई कहानियाँ स्मरण हो आयीं, जिनमें परियाँ अपने प्रेमियों को सिर का बाल देकर कहा करती थीं कि जब कभी मेरी याद सताए, इस बाल को जला देना, मैं तुरन्त आ उपस्थित होऊँगी। वह डिबिया को अल्मारी में रखकर बन्द कर रहा था तो उसकी दृष्टि अखरोट की लकड़ी के उस डिब्बे पर जा पड़ी, जिसमें नज़मा के प्रेम-पत्र रखे हुए थे। याक़ूत ने डिब्बा बाहर निकाला और पलंग पर रखकर उसका ढक्कन खोल दिया। हिना के इत्र की उड़ी-उड़ी सी महक उठने लगी। नज़मा के पत्र वैसे के वैसे ही पड़े थे। गुलाब की पंखुड़ियाँ मुरझाकर सूख गयी थीं और उनका रंग ब्राउन होता जा रहा था। याक़ूत को भूली-बिसरी मुहब्बत का एक-एंक रंगीन पल स्मरण हो आया। इन पलों के रंग फीके पड़ गये थे, चंचलता विलीन हो चुकी थी, ताज़गी मन्द पड़ गयी थी। उसने एक पत्र खोला और पढ़ने लगा–

"प्रिय याक़ूत!

कल जब तुमने ज़बरदस्ती मुझे सीढ़ियों में पकड़ लिया था तो ईश्वर की सौगन्ध मेरा दिल इतने ज़ोर से धड़कने लगा था कि प्रतीत होता था जैसे वक्ष चीरकर बाहर आ जाएगा। हाय, मेरी जान! तुम इस प्रकार अचानक मुझे मत पकड़ा करो। कम से कम एक दिन पहले सूचित कर दिया करो ताकि मैं तुमसे मिलने के लिए अपने को तैयार कर लिया करूँ। घर पहुँची तो दिल उसी प्रकार धड़क रहा था और मस्तिष्क में तुम्हारी मीठी-मीठी बातें गूँज रही थीं। तुम कितनी प्यारी बातें करते हो। पिछली बार जब मैं स्कूल से घर आ रही थी तो तुमने बेरी वाले कुएँ के पास याद

है क्या कहा था? मुझे तो सच बड़ी शर्म आयी थी। अच्छा अब के भेंट होगी तो सारी बातों की ख़बर लूँगी। नन्हे पत्रवाहक को कल तुमने दो रुपये दिये थे। वह मुझे दिखा रहा था। तब मुझे भी एक रुपया देना पड़ा। भाभी की तबीयत ख़राब है। यह बड़ी अच्छी बात है। उनका हाल पूछने के बहाने कल मैं तुम्हारे घर आ सकूँगी। ईश्वर करे कि अभी भाभी अस्वस्थ ही रहें...''

याक़ूत ने पत्र बन्द करके पुनः डिब्बे में रख दिया। इस पत्र में से पुराने घायल प्रेम के शोकगीत उभर रहे थे। फिर उसने नज़मा का अन्तिम पत्र पढ़ा जो इस्लामपुर के रेलवे स्टेशन पर प्राप्त हुआ था और जिसमें लिखा था–

''हाय! मैं कैसे आ जाऊँ? माँ-बाप को कैसे छोड़ दूँ। बड़ी बदनामी होगी। मैं तो मर जाऊँगी। तुम ख़ुदा के लिए कुछ दिन और ठहर जाओ।''

डिब्बा बन्द करके उसने अल्मारी में रख दिया और सिगरेट सुलगाकर कमरे में टहलने लगा। कमरा छोटा था। वह चौथे कदम पर ही द्वार पर आ पहुँचता। आख़िर वह इस चहलकदमी से तंग आ गया और कमरे का ताला बन्द करके नीचे होटल में आ बैठा। उसने कॉफ़ी मँगाई और गर्म-गर्म कॉफ़ी पीने लगा। उसे कुछ भूख अनुभव हुई। उसने शामी कबाब मँगा लिए और खाने लगा। कबाब खाकर उसने कॉफ़ी का एक प्याला और पिया और सिगरेट सुलगाकर होटल के बिलियर्ड रूम में आ गया। यहाँ उसकी जान-पहचान के कुछ लोग बिलियर्ड खेल रहे थे। उनके साथ दूर-दूर से ही मुस्कानों का आदान-प्रदान हुआ और वह एक कुर्सी पर बैठकर उनका खेल देखने लगा। उसके विचार अभी भी नज़मा तथा कुलसूम के इर्द-गिर्द घूम रहे थे। नज़मा से उसने अपार प्रेम किया था। प्रेम करने से पूर्व उसे देखा था। उसकी नसवारी आँखों, सुनहरे बालों और गाल के तिल को पसन्द किया था। कितने समय तक वह उसे दूर-दूर से देख अपने भीतर की प्रेमाग्नि में घी डालता रहा था। जब उसने नज़मा को प्रथम पत्र लिखा था तब वह उसके प्रेमपाश में सिर से पाँव तक जकड़ा जा चुका था। किन्तु कुलसूम के सम्बन्ध में स्थिति बिल्कुल अलग थी। कुलसूम तो अपनी घबराई हुई चाल और गुलाबी एड़ियों की एक झलक दिखाकर उसे अपना दीवाना बना गयी थी। अन्यथा उसने कभी उसका पीछा न किया होता। उसने कभी भी किसी लड़की का पीछा नहीं किया था। वह इसे अत्यन्त घृणित कर्म समझता था कि अकारण किसी लड़की का पीछा किया जाए। कुलसूम की शक्ल तो उसने उस समय देखी थी जब वह उसके प्रेम-पयोधि में पूर्णरूपेण डूब चुका था। यह प्रेम तो ऐसा था कि यदि कुलसूम उससे पुनः न मिलती तो वह सारी आयु उसकी याद में तड़पकर बिता देता।

याक़ूत के मस्तिष्क में गद्य-गीत आकार धारण करने लगे। उसने जेब से नोटबुक निकाली और गद्य-गीत लिखने लगा। बिलियर्ड रूम में सिगरेटों का धुआँ

भरा हुआ था, जिसके परिणामस्वरूप बल्बों का प्रकाश मद्धम हो रहा था। हरे रंग की मेज़ पर लाल और सफेद रंग की गेंदें लकड़ियों की ठोकर खा-खाकर लुढ़क रही थीं और उन पर झुकी हुई खिलाड़ियों की आँखें और उनके मस्तिष्क चमक रहे थे। गद्य-गीत नोट करके याक़ूत ने नोटबुक जेब में रख ली। सिगरेट को पैर से मसलकर वह उठ खड़ा हुआ।

''याक़ूत साहिब! जा रहे हैं?'' परिचितों में से एक ने पूछा।

याक़ूत ने मुस्कुराकर कहा, ''जी''।

होटल से निकलकर वह सीधे परसी की ओर चल दिया। कुलसूम की बीमारी के चक्कर ने उसे व्यथित कर डाला था तथा वह परसी के पास जाकर अपने उदास मन को बहलाना चाहता था। रात हो गयी थी। मैक्लोड रोड पर सर्दी के बावजूद जीवन गतिशील था। होटलों की बत्तियाँ जगमगा रही थीं और उनके भीतर खूब रौनक थी। याक़ूत गलियों-गलियों होते हुए परसी के यहाँ आ पहुँचा। वह सदैव की भाँति दूकान का द्वार बन्द किये अपने काम में मग्न था। याक़ूत भीतर आ गया।

''आओ! मेरे याक़ूत राजा! बैठो।''

याक़ूत एक मोंढे पर बैठ गया। परसी ने बल्ब को अपने सिर के ऊपर लटका रखा था और वह बोर्ड पर किसी चित्र में रंग भर रहा था। याक़ूत ने पूछा,

''यह सन्तोष कुमार का चित्र है क्या?''

परसी हँसा। उसने ब्रश को ईंट पर रखा, सिगरेट का बुझाया हुआ टुकड़ा पुनः सुलगाया और बोला, ''यार! तुम भी सिनेमा के मैनेजर जैसी बातें करने लगे? लाला! यह सन्तोष कुमार का नहीं, भारत भूषण का चित्र है। अभी पूरे रंग नहीं भरे गये इसलिए नैन... नक्श नहीं उभरे। कहो, कहाँ से आ रहे हो?''

याक़ूत ने गहरा श्वास लेकर कहा,

''होटल से आ रहा हूँ।''

याक़ूत के गहरा श्वास लेने पर परसी ने सिर हिलाकर पूछा, ''लाला! ये ठंडी आहें क्यों भरने लगे? कहीं प्रेम-व्रेम तो नहीं हो गया? अरे भाई! इस प्रेम ने हर घर को नष्ट किया है। इसने महीवाल की 'जाँघ चीरी, इसी ने चनाब में सोहनी की रबड़ी बनाई। इसी ने सस्सी को मरवाया। और तो और, यह मेरी भी रबड़ी बना रहा है। उस दिन एलस मेरे साथ थी ना? अब पिछले रविवार वह पैड्रो के साथ गयी हुई थी। हाय हाय हाय! मैं तो छाती पीटकर रह गया। लेकिन क्या करूँ भाई! विवशता है। कुछ कह भी नहीं सकता। वह राजकुमारी है। उसकी जिसके साथ जाने की इच्छा होती है, उसके साथ चली जाती है। मैं प्रेम के हाथों विवश हूँ। यदि कुछ कहूँगा तो कभी-कभार के दर्शन भी जाते रहेंगे।''

वह ब्रश उठाकर भारत भूषण की नाक पर चलाने लगा।

"लाहौर होटल के बैरे के बीस रुपये मुझ पर चढ़ गये हैं। तीन बार एलस वहाँ बैठकर मेरे हिसाब से अधिक खा गयी और मुझे हर बार बैरे की मिन्नत-चिरौरी करनी पड़ी। यों मैं कभी उस कमीने बैरे को मुँह न लगाता, लेकिन क्या करूँ यहाँ प्रेम ने मेरी रबड़ी बना रखी है। यह जो बोर्ड बना रहा हूँ, इसके कुल पचास रुपये मिलेंगे। इनमें से तीस रुपये एडवान्स ले चुका हूँ। बाकी रहे बीस। इनमें से सात रुपये सिगरेट वाले को दूँगा। बाकी क्या रहा?"

"तेरह।" याक़ूत ने कहा।

"तेरह में से चार रुपये वैद्य को लौटाने हैं। बाकी रहे नौ, तो रविवार फिर आने वाला है। इस बार एलस ज़रूर मेरे पास आएगी और मेरा विश्वास है कि वह पिछले रविवार की अनुपस्थिति की भी कसर निकालेगी और खूब डटकर खाएगी। इसका अर्थ यह हुआ कि मुझे फिर किसी न किसी बैरे से उधार माँगना होगा। हाय हाय हाय! लाला याक़ूत! हम क्या खाकर प्रेम करेंगे? अरे भाई! प्रेम करने के लिए तो लायलपुर में कपड़े की एक मिल होनी चाहिए। बस नहा-धोकर, थ्री-पीस सूट पहनकर अपनी कार में माल रोड पर निकले, अपनी प्रेमिका के साथ इंडस में बैठकर वॉट सिक्सी नाइन के दो पेग लिए, शीज़ान में खाना खाया, प्लाज़ा के बॉक्स में उठकर पिक्चर देखी और गुलबर्ग की कोठी के गर्म बेडरूम में आकर रेशमी बिस्तर पर पड़ गये। हाय हाय हाय! क्या बात कह गया हूँ मैं भी। हम दस बार भी जन्म ले लें तो भी यह कुछ प्राप्त नहीं कर सकते। यहाँ तो सिवाय उधार, भारत भूषण की लम्बी नाक और चरस के कुछ नहीं कर सकते। लंडे से पिछले वर्ष एक सूट बारह रुपये में मिल गया था। हर रविवार वही पहनकर एलस के पास जाता हूँ। शनिवार को रात भर उसे ब्रश से झाड़कर साफ़ करता हूँ। एक दिन उस निर्दयी ने कह ही दिया—डियर परसी! तुम्हारे पास यही एक सूट है क्या? विक्टर तो हर रविवार को नया सूट पहनकर आता है। लाला! मेरा तो कलेजा जल गया। किन्तु क्या कर सकता था मैं? बात को गोल कर गया। ईश्वर की सौगन्ध, उस लड़की को यदि मुफ्त खाने का रोग न होता तो वह मुझे कभी की छोड़ गयी होती। वह जितनी देर मेरे पास रहती है, बकरी की तरह चरती रहती है। वह एक मिनट में एक रुपये का नोट चर जाती है।"

परसी ठहाका मारकर हँसा और चरस भरे सिगरेट को फर्श पर घिसाकर बुझाने लगा। दूकान के बन्द वातावरण में चरस की अप्रिय गन्ध फैल गयी थी। याक़ूत इस गन्ध को केवल इसलिए सहन कर लेता था क्योंकि यहाँ का वातावरण जीवन्त था। यद्यपि यहाँ उसके सामने एक साधारण-सा रंगकर्मी बैठा था, जिसके पास पिछले चार वर्षों में इतने पैसे भी नहीं हुए थे कि वह एक नयी पैंट खरीद सके; जो सुबह से शाम तक चरस पीता था और बोर्ड लिखता था; जो दुर्बल था, शायद बीमार भी था;

जो एक हरजाई औरत से प्रेम करता था और जो इस दूकान में, इस मुहल्ले में, इस शहर में, इस देश में नितान्त एकाकी जीवन बिता रहा था; यहाँ न उसकी माँ थी, न बहन, न भाई; जिसके जीवन में सिवाय चरस, साधारण पारिश्रमिक के लिए अथक श्रम, लंडे के एक पुराने सूट, मिट्टी के एक घड़े और बेवफ़ा प्रेमिका के और कुछ न था; फिर भी उसकी रग-रग में जीवन को जीने का उत्साह तथा काम करने की लगन भरी हुई थी। याक़ूत को परसी के यही गुण पसन्द थे। परसी जीवन को इसलिए जीता था क्योंकि यह जीने योग्य एक सर्वोत्कृष्ट वस्तु था। इसके विपरीत वैद्य इसलिए जीवित था क्योंकि उसे मृत्यु का भय था और वह मरना नहीं चाहता था। मृत्यु-भय ने उसे सुखभोगी एवं स्वार्थी बना दिया था। सुखभोग की इसी लालसा ने उसके हाथों एक आदमी को मरवा दिया था। ताम्रभस्म वास्तव में उसने अपने लिए तैयार की थी, किन्तु वह तब तक उसका भक्षण नहीं करना चाहता था, जब तक किसी अन्य के ऊपर उसका परीक्षण न करे। फलतः परीक्षण किया गया। परीक्षण ने भस्म को त्रुटिपूर्ण प्रमाणित किया और वृद्ध कुम्हार की जान ले ली।

किन्तु परसी प्रसन्न मनमस्त बैरागी थी। कभी-कभी वह अपनी माँ और जालंधर के अपने मकान को याद करके उदास हो जाता था, किन्तु उसकी उदासी भी एक प्रकार से रोमांटिक उदासी ही थी। इसके विपरीत प्रसन्नता के क्षणों में भी याक़ूत ने वैद्य की आँखों में भय तथा आशंका की परछाईं देखी थी।

"लाला! क्या बजा है?"

याक़ूत ने घड़ी देखकर समय बताया तो उसने ब्रश एक ओर रख दिया। चरस की सिगरेट सुलगाकर, उसके दो-तीन लम्बे-लम्बे कश लेकर और अपनी लाल-लाल आँखें झपकाकर उसने कहा, "माँ ने सन्देश भेजा है कि परसी से कहो मेरे पास जालंधर आ जाए। मेरी आँखें उसकी सूरत देखने को तरस गयी हैं।"

माँ का सन्देश सुनकर परसी मौन हो गया। उसका नीचे का ओंठ लटक गया और उसकी आँखों में करुणापूर्ण उदासी छा गयी।

"तुमने क्या उत्तर भेजा है?"

परसी के चेहरे पर विषपान की-सी लहरें उभरीं।

"क्या उत्तर भेजा? मेरा अपना दिल उससे मिलने को व्याकुल है, किन्तु एलस को कैसे छोड़ दूँ। मैंने कहला भेजा है कि प्यारी माँ! मैं यहाँ कड़ा परिश्रम कर रहा हूँ और शीघ्र ही ढेरों रुपया कमाकर तुम्हारे पास आऊँगा, किन्तु मुझे विदित है कि यह कभी नहीं होगा। न मैं कभी ढेरों रुपया कमा सकूँगा, न माँ के पास जालंधर जा सकूँगा। एलस ने मेरे दोनों पैरों में लोहे की बेड़ियाँ डाल रही हैं। न वह स्वयं हिलती है, न मुझे इधर-उधर होने देती है। अब तो इसी एक आशा में जी रहा हूँ

कि मेरी शादी एलस से हो जाय और उसे साथ लेकर माँ के चरणों में जा पहुँचूँ। हाथ में कला है, जहाँ भी बैठूँगा, कमा-खा लूँगा।''

याक़ूत ने पूछा, ''और यदि एलस ने विक्टर या पैड्रो से शादी कर ली, तो क्या करोगे?''

परसी के थूक में कड़वाहट घुल गयी। उसके मस्तक पर बल पड़ गये। उसने सिगरेट का लम्बा कश खींचा, धुआँ बाहर निकाला और एक दयनीय मुस्कान ओंठों पर लाकर बोला, ''क्या कर सकता हूँ? भारत भूषण के बोर्ड बनाऊँगा, चरस पीऊँगा, घड़ा बजाकर गाऊँगा और हर रविवार को एलस को उसके पति के साथ गिरजाघर में देखकर दिल बहला लिया करूँगा। इसके अतिरिक्त और मैं कर ही क्या सकता हूँ। ... हाय हाय हाय!... कैसा अत्याचार होगा मुझ पर यदि एलस ने विक्टर से शादी कर ली।''

सिगरेट फेंककर परसी ने ज़ोर से थूका और दोनों हाथ चेहरे पर फेरकर बोला, ''बस अब काम न हो सकेगा लाला।''

उसने उठकर कोने में पड़ा घड़ा उठाया। घड़े को गोद में रख उसने सिर झुका लिया और नितान्त शुष्क नीरस किन्तु मर्माहत स्वर में गाने लगा—

शाला वगदी ए रावी
विच आया बरेता
सानूँ एस जुदाई दा
कोई चित न चेता

(रावी बह रही थी कि बीच में रेत का एक टापू आ गया। आह! हमें इस जुदाई का भ्रम तक भी न था)

शाला छड्ड गयों कल्ली
साडा होर ई केहड़ा
सानूँ कक्ख वी न देवे
तेरा खाली वेहड़ा

(अकेली छोड़ चले गये हो। हमारा तुम्हारे बिना और कौन है? तुम्हारे सूने घर के आँगन में से हमें तो एक तिनका भी नहीं मिलता)

परसी के स्वर में पीड़ा एवं प्रेमाग्नि की झुलसाहट आ गयी थी। घड़े का स्वर बोझल और आर्त्त होने लगा था। ऐसा लगने लगा था जैसे यह वही घड़ा है, जिस

पर चढ़कर सोहनी चनाब नदी पार किया करती थी। पंजाबी गीत की लय सुस्त और उसकी तर्ज़ उदास थी। यदि इस गीत और इसकी शोकमयी लय को सुगन्धि में परिवर्तित किया जा सकता तो यह सुगन्धि हिना की बासी महक बन जाती, जो प्रेम-पत्रों से भरे पुराने बॉक्स में से उभर रही हो। परसी का हृदय रो रहा था, अपनी माँ के लिए जो जालंधर में थी और जिसकी सूरत उसने कितने ही वर्षों से नहीं देखी थी। उसकी आँखों से अश्रु बह रहे थे, एलस के लिए, जिसकी सूरत वह रोज़ देखता था, किन्तु जो विक्टर के बाहुपाश में थी और जिसका सिर पैड्रो की गोद में था; जिसके मन में परसी के प्रति तनिक प्रेम न था; जो केवल उसका माल चाटने के लिए उससे मिलती थी और जिसके लिए परसी होटलों के बैरों से उधार लेता फिरता था। ये तथ्य इतने कटु थे कि इनकी कड़वाहट परसी के शरीर में प्रवेश कर गयी थी। अब उसे गाना भी ज़हर लगने लगा था। उसने घड़े को एक ओर रख दिया। पुनः ब्रश हाथ में लेकर एक गहरी साँस ली और बेदिली के साथ ब्रश को बोर्ड पर चलाने लगा। थोड़ी देर में बोर्ड पर उभरी रंगकारी ने परसी का सम्पूर्ण ध्यान अपनी ओर खींच लिया और उसका काम करने का उत्साह लौट आया। वह आँखों को तनिक मूँदकर, सिर पीछे की ओर करके चित्र को ध्यानपूर्वक देखता और पुनः ब्रश चलाने लगता।

"लाला! कभी-कभी सोचता हूँ कि तुम्हारा जीवन भी क्या मज़े का जीवन है। गाँव से पैसे आ जाते हैं और होटल में बैठे मौज करते हो। न कोई दुःख, न चिन्ता। एक हम हैं कि रात-भर उकड़ूँ बैठे बोर्ड बनाते रहते हैं। पचास का काम करते हैं तो पच्चीस मिलते हैं।"

याक़ूत मुस्कुराया और रूमाल से नाक साफ़ करके बोला,

"लेकिन काम तो करते हो ना। मेरी सबसे बड़ी समस्या यह है कि मेरे पास कोई काम नहीं है। होटल से निकलता हूँ, इधर आ जाता हूँ। इधर से वैद्य के पास चला जाता हूँ और वहाँ से फिर होटल लौट जाता हूँ।"

परसी ने अधखुली आँखों से भारत भूषण के चित्र की ओर देखते हुए कहा,

"लेकिन तुम्हें यह चिन्ता तो नहीं ना कि कल यदि पैसे न मिले तो बैरे से उधार माँगना पड़ेगा और सिगरेट वाले को अगले सप्ताह पर टालना पड़ेगा।"

याक़ूत ने धीरे से खखारकर कहा,

"मेरी चिन्ता दूसरी है। मेरी परेशानियाँ और तरह की हैं।"

परसी बोला, "कुछ भी हो, संसार में भूख से भयानक कोई परेशानी नहीं है। आदमी हर परेशानी में अपना स्वाभिमान बचाकर रख सकता है लेकिन भूखे आदमी की जो चीज़ सबसे पहले रबड़ी होती है, वह है उसका आत्मसम्मान।"

याक़ूत ने हँसते हुए कहा, ''आज तुम बड़े दार्शनिक बन रहे हो, क्या बात है?''

परसी ने मैनेजर को मोटी-मोटी गाली देकर कहा, ''आज उस कमीने ने मुझे पाँच रुपये नहीं दिए।''

याक़ूत ने सिगरेट सुलगा ली। चरस की लहर में परसी द्रुतगति से काम कर रहा था। उसके हाथ का ब्रश बड़ी तेज़ी से बोर्ड पर चल रहा था। उसने ब्रश की डंडी से अपनी गर्दन खुजाते हुए कहा, ''यार! कभी-कभी सोचता हूँ कि मैं किसी अमीर आदमी के घर क्यों न पैदा हुआ। मैं तुम्हें एक रहस्य की बात बताऊँ?''

परसी ने अपनी गर्दन याक़ूत की ओर झुका ली। उसकी नशे से ललियाई आँखों में चमक आ गयी।

''यहाँ माल रोड की ओर एक कोठी है। वहाँ पिछले दिनों मुझे एक काम मिला था। सागवान की चार बड़ी-बड़ी अल्मारियों को पॉलिश करना था। जिस कमरे में मैं पॉलिश कर रहा था, वहाँ पास ही एक दीवार के पास तिजोरी पड़ी थी। मेरी आँखों के सामने कोठी के ठिगने बदसूरत बूढ़े मालिक ने अचकन की जेब में से चाबियाँ निकाल कर तिजोरी खोली और किसी व्यक्ति को सौ-सौ के ढेरों नोट गिनकर दिये। नोटों की कड़-कड़ ने मुझे चोर आँख से उसकी ओर देखने पर प्रेरित किया। मैंने देखा तिजोरी सौ-सौ के नोटों की गड्डियों से भरी पड़ी थी। बूढ़े मालिक ने नोट देकर तिजोरी बन्द कर दी और चाबियों को अचकन की जेब में रखकर चला गया। हाय हाय हाय! ईश्वर की सौगन्ध है, उसके बाद मेरा काम में मन ही नहीं लगा। मैंने सोचा मेरे काम का क्या मूल्य है? यही तीन रुपया प्रति अल्मारी ना। अर्थात् कुल बारह रुपये। उस नोटों से भरी तिजोरी के सामने बारह रुपयों का क्या मूल्य है? मेरा मन चाहा कि तिजोरी तोड़कर सारे नोट निकाल झोली में भरूँ और वहाँ से नौ दो ग्यारह हो जाऊँ।''

परसी ने एक ठंडी आह भरी और लापरवाही से बोर्ड पर ब्रश चलाने लगा।

''यदि वह तिजोरी किसी प्रकार से मेरी दूकान में आ जाए तो एलस दस हज़ार प्रेमियों से नाता तोड़कर दौड़ी-दौड़ी मेरे पास आ जाए। वह तुरन्त मुझसे विवाह कर ले। जितनी देर मैं उस कमरे में अल्मारियाँ पॉलिश करता रहा, मेरे मन में भाँति-भाँति के विचार आते रहे। कोठी के उस सुसज्जित कमरे में मेरा समय विपत्ति के क्षणों की भाँति बीता। जब मैं अपनी मज़दूरी के बारह रुपये लेकर कोठी से बाहर निकला तो मुझे संसार की हर वस्तु फीकी और बेरंग प्रतीत हो रही थी। मैंने उस बूढ़े कोठी वाले के बेटे को भी देखा। मुझसे भी अधिक दुर्बल और कुरूप था। लेकिन उसने बहुत ही सुन्दर वस्त्र पहन रखे थे और अपनी दर्पण-सी उज्ज्वल पत्नी के साथ कार में बैठकर चल दिया। मेरा दिल कबाब हो गया। आखिर मैंने परमात्मा का क्या

बिगाड़ा था कि उसने मुझे निर्धन परिवार में जन्म दिया; माँ-बहन से अलग करके यहाँ परदेस में ला फेंका, जहाँ रात-दिन चक्की पीसने पर निर्वाह नहीं हो पा रहा है। एलस से प्रेम करता हूँ, वह भी मेरी नहीं हो रही है। यदि मैं उस कोठी वाले धनाढ्य के यहाँ पैदा हुआ होता तो आज मेरे पास भी कोठी होती, कार होती। मैंने भी बहुमूल्य गर्म सूट पहना होता और सुगन्धि उड़ाती सुन्दर गोरी पत्नी के हाथ में हाथ डाल कोठी के लॉन में टहल रहा होता। तब न मुझे एलस के लिये हाथ जोड़कर बैरे से उधार माँगना पड़ता, न सिगरेट वाले की चिरौरी करनी पड़ती और न आठ आना रोज़ की चरस पीनी पड़ती। तब मैं भी कार में बैठ माल रोड पर निकलता और ओंठों में सिगरेट दबाकर, सुन्दर पत्नी को साथ लिये, चाबियों की ज़ंजीर घुमाता बड़ी शान के साथ शीज़ान में चला जाता।''

परसी का हाथ रुक गया और वह फर्श पर बिछी बोरी को घूरने लगा। उसके नेत्रों में आकांक्षाओं और निराशाओं का अँधेरा था और उसका सूखा-सा चेहरा लटक कर कुछ और भी निर्जीव, और भी बेजान हो गया था। तभी उसने अपने सिर को झटका दिया और मुस्कुराते हुए याक़ूत की ओर देखकर बोला,

''लाला! ये तो अलिफ़-लैला के किस्से हैं। कहाँ राजा भोज और कहाँ गंगू तेली! अपना तो कोल्हू के बैल वाला मामला है। आँखों पर खोपे चढ़े हैं, कोल्हू के गिर्द घूम रहे हैं और सारा जीवन घूमते रहेंगे। ईश्वर ने हमें तो पैदा ही इसलिए किया है कि हमारी रबड़ी बनती रहे।''

परसी ने बगुले की डिबिया में से चरस भरी सिगरेट निकालकर सुलगाई और काम में जुट गया। याक़ूत वहाँ से उठकर बाहर आ गया। रात पूरी तरह से छा चुकी थी। याक़ूत वैद्य की दूकान पर आया। पता चला वह प्रातः की गाड़ी से मुल्तान चला गया था। तूफ़ा क्लर्क उसकी गद्दी पर बैठा जासूसी उपन्यास पढ़ रहा था। याक़ूत ने पूछा, ''मुल्तान में क्या काम था?''

तूफ़े ने कहा, ''वहाँ कोई बड़ा आदमी है, उसे मूत्र रोग है। उसने आदमी भेजकर बुलवाया था। मेरे विचार में परसों तक लौट आएँगे। तुम आ जाओ, बैठो।''

याक़ूत ने हँसकर कहा, ''लगता है उस आदमी के दिन पूरे हो गये, जो उसने वैद्य को बुलवा लिया है।''

''बैठोगे नहीं?''

''सर्दी बढ़ रही है, भाई। कमरे में जाकर हीटर लगाकर पढ़ने का विचार है।''

तूफ़ा भी यही चाहता था कि याक़ूत दूकान के अन्दर आकर न बैठे। क्योंकि उस समय वैद्य की नवयौवना चंचल पत्नी सीढ़ियों में पिछले दरवाज़े के साथ लगी खड़ी थी और उसे ऊपर बुला रही थी। वैद्य अपनी दूकान और अपना घर अपने

विशिष्ट शिष्य एवं मित्र तूफ़े को सौंप गया था। तूफ़े ने डाकघर से दो दिन की छुट्टी ले ली थी। दारी को कामुकता का खेल खेलने के लिए खुला मैदान मिल गया था किन्तु तूफ़ा अब दारी से कतराने लगा था क्योंकि दारी की ओर से विवाह का प्रस्ताव बल पकड़ रहा था। स्पष्ट है कि तूफ़ा किसी प्रकार भी दारी से विवाह नहीं कर सकता था। वह क्षणिक तौर पर उसके साथ व्यभिचार तो कर सकता था, किन्तु उसे अपने गुरु एवं मित्र से तलाक दिलाकर अपनी पत्नी बनाने का तो प्रश्न ही उत्पन्न नहीं होता था। सुबह से दारी उसके इर्द-गिर्द मँडरा रही थी। वह बारबार सीढ़ियों में आकर उसे आवाज़ देती। जब वह गद्दी से न उठता तो आकर द्वार पर खड़ी हो जाती और उसे अपने पास बुलाती। वास्तव में दारी एक भरपूर जवान लड़की थी जिसे उसके पिता ने थोड़े-से धन के बदले एक बूढ़े आदमी से ब्याह दिया था। उसकी जवानी सभी बन्ध तोड़ने को आतुर थी। ऐसे में वह बेचारी तूफ़े को ऊपर न बुलाए तो क्या करे? और फिर तूफ़ा न केवल उसके सामने प्रणय-निवेदन ही कर चुका था, अपितु उसे विवाह का वचन भी दे चुका था। दारी शलवार के पाँयचे उठाए कभी सीढ़ियाँ उतरती, कभी चढ़ती रही। इस समय भी वह दूकान के भीतर खुलने वाले द्वार की आड़ में खड़ी कह रही थी, ''अब दूकान बन्द करो और ऊपर आकर रोटी खा लो। मैं कब तक तुम्हारे लिए बैठी रहूँ?''

वह बिल्कुल इस प्रकार बात कर रही थी जैसे तूफ़ा उसका पति हो। और तूफ़ा सोच रहा था कि मुहल्ले वालों के सामने वह दूकान बन्द करके कैसे ऊपर जा सकता था, जबकि लोगों को पता है कि वैद्य यहाँ नहीं है। उसने कहा, ''भई, मैंने कहा ना रोटी यहाँ ले आओ, मैं ऊपर नहीं आ सकता।''

दारी ने तुनककर कहा, ''मैं तुम्हारी लौंडी नहीं हूँ। रोटी खानी हो तो ऊपर आ जाओ, नहीं तो जाओ भाड़ में।''

तूफ़े ने सिर झटककर होंठों-होंठों में ही दारी को एक लम्बी-सी गाली दी और जासूसी उपन्यास पढ़ने लगा। रात के आठ बजे के लगभग उसने दूकान बन्द की, पैसों की थैली और चाबी वैद्य की छोटी बेटी के हाथ ऊपर भिजवाई और अपने घर आकर खाना खाया और लेट गया।

आधी रात को उसकी आँख खुल गयी। लिहाफ़ में उसे कुछ सर्दी अनुभव हुई। अकस्मात् उसे दारी के गदराए जवान गर्म शरीर का ध्यान आया और उसके अपने शरीर पर चींटियाँ-सी चलने लगीं। दारी पड़ोस के घर में अकेली सो रही थी। तूफ़ा उठकर बैट गया। उसकी दोनों युवा बहनें दीवार के साथ वाले पलंग पर सो रही थीं। उनके बराबर वाली चारपाई पर माँ सो रही थी और अन्दर कोठरी में बूढ़ा पिता लेटा हुआ था। चारों ओर गहन मौन तथा अँधेरा था। तूफ़े ने धीरे से चारपाई छोड़ी और

सीढ़ियाँ चढ़कर छत पर आ गया। सामने वैद्य की छत थी। वह मानवार्द्ध ऊँची दीवार फाँदकर वैद्य की छत पर आ गया। नीचे जाने वाली सीढ़ियों का दरवाज़ा बन्द था। तूफ़े ने दरवाज़े के निकट आकर किवाड़ को अन्दर की ओर धकेला तो पता चला कि अन्दर से साँकल चढ़ी हुई है। उसने छत पर लौटकर लोहे के जंगले में से दो-तीन कंकड़ नीचे फेंके। कंकड़ नीचे खुरे पर रखे हमाम पर जाकर टन-टन बजे। दारी की आँख खुल गयी। उसने आवाज़ दी।

"कौन है ऊपर?"

तूफ़े ने जंगले की सीखचों के पास मुँह करके धीरे से कहा, "मैं हूँ दारी... तूफ़ा... दरवाज़ा खोलो।"

"जाओ, जाकर अपनी माँ के पास सोवो। मैं दरवाज़ा नहीं खोलूँगी।"

तूफ़े ने अनुनय-सी की, "क्षमा कर दो दारी।... ईश्वर की सौगन्ध, तुमसे एक ज़रूरी काम है।"

दारी ने तुनककर कहा, "मै जानती हूँ तुम्हें क्या काम है। मैं कदाचित दरवाज़ा नहीं खोलूँगी।"

"मान भी जाओ दारी। क्या कर रही हो। कसम से ऊपर बहुत सर्दी है। बस एक बात कहकर लौट जाऊँगा। तुम सीढ़ियों में तो आओ।"

मन-ही-मन दारी इस बात से प्रमुदित थी कि उसका प्रेमी आधी रात को छत पर आकर सर्दी में उसकी चिरौरी कर रहा है और उसके पास आने को आकुल है। तूफ़े को खूब सताने के बाद वह लिहाफ़ में से निकली, चादर ओढ़ी और सीढ़ियों में आकर दरवाज़ा खोल दिया।

"अब कहो क्या बात है। जल्दी बताओ, मुझे नींद आ रही है।"

तूफ़ा अँधेरे में खिसियानी-सी हँसी हँसा।

"सर्दी है, नीचे चलकर बताने में कोई आपत्ति है क्या?"

"नहीं, मैं तुम्हें कदाचित नीचे नहीं आने दूँगी।"

तूफ़ा दारी के गर्म-गर्म शरीर पर हाथ फेरने लगा। दारी शरीर चुराकर उसे बुरा-भला कहती रही, शिकवे-शिकायत करती रही और फिर उसका हाथ पकड़ उसे नीचे ले आयी। वैद्य के सभी बच्चे इधर-उधर चारपाइयों पर पड़े सो रहे थे। तूफ़ा लिहाफ़ में घुसकर दारी के पास बैठ गया। दारी ने तूफ़े को सिर के बालों से पकड़कर झटका दिया और पूछा, "अब बताओ, तुम मुझसे विवाह क्यों नहीं करते? क्या तुम समझते हो कि मैं वैद्य के ये छह पिल्ले साथ लेकर तुम्हारे घर आऊँगी? आखिर मुझमें क्या कमी है? क्या मैं जवान नहीं हूँ? सुन्दर नहीं हूँ? तब तुम मुझसे विवाह करने से क्यों घबरा रहे हो?"

तूफ़े ने दारी की मज़बूत जकड़ से अपने बालों को मुक्त कराते हुए कहा,

"प्रिये! तुम अकारण चिन्ता कर रही हो। मैंने तुमसे कहा था ना कि विवाह करूँगा तो केवल तुमसे, नहीं तो उम्र भर अविवाहित रहूँगा।"

"लेकिन करोगे कब विवाह?"

"अब इतनी जल्दी तो मैं तारीख निश्चित नहीं कर सकता। पहले कम-से-कम एक बहन के हाथ तो पीले कर दूँ। इसके बाद तुरन्त तुमसे विवाह कर लूँगा।"

"और यदि तुम्हारी बहन का विवाह पाँच साल तक न हुआ, तो?"

तूफ़े ने दारी का गाल सहलाते हुए कहा, "मेरी जान! इतना समय कभी लग सकता है।"

दारी ने मुँह फुलाकर कहा, "तुम झूठ बोलते हो। तुम केवल अपना गुज़ारा चला रहे हो। तुम्हें मुझसे कोई प्रेम नहीं है। लेकिन अब मैं यह सब नहीं होने दूँगी। यदि तुमने दो दिन के अन्दर-अन्दर मुझसे विवाह करने का निर्णय न किया तो मैं तुमसे सभी सम्बन्ध तोड़ लूँगी। तुम्हें कभी मुँह न लगाऊँगी।"

"प्रिये! दो दिन की मोहलत तो बहुत कम है।"

"मैं कुछ नहीं जानती, बस। दो दिन के अन्दर-अन्दर मुझे अपना निर्णय बता दो। यदि तुमने विवाह करने का निर्णय किया तो मैं एक सप्ताह के अन्दर-अन्दर वैद्य से तलाक लेकर तुमसे शादी कर लूँगी और यदि तुमने विवाह न करने का निर्णय किया तो मैं कुछ और सोचूँगी।"

तूफ़े ने दारी का मुँह चूमकर पूछा, "और क्या सोचोगी मेरी जान?"

दारी ने मुँह फेरकर कहा, "जो चाहे सोचूँ। तुम क्या समझते हो मेरा कोई नहीं है, बस एक तुम ही राजकुमार दुष्यन्त रह गये हो संसार में? जिस दिन मैंने अपनी एक झलक भी दुनिया को दिखा दी तो देखना कितने लड़के मुझसे विवाह करने को तैयार होते हैं।"

तूफ़े ने सिर हिलाकर कहा, "हाँ भई, यह तो हम भी मानते हैं कि तुम्हारी सुन्दरता बड़ी चीज़ है। तुम तो पूरे लाहौर शहर को अपने पीछे लगा सकती हो, लेकिन चिन्ता मत करो, शादी मैं ही करूँगा तुमसे।"

"बकवास बन्द करो।"

दारी मुँह घुमाकर लिहाफ़ ओढ़कर लेट गयी। तूफ़ा उसकी लल्लो-चप्पो करने लगा। वह उसके कन्धे सहलाने लगा। दारी ने अपना शरीर समेट लिया। तूफ़ा उसके कान चूमने लगा। दारी का सिमटा हुआ शरीर खुलने लगा। अब वह तूफ़े को गालियाँ भी दे रही थी और उससे लिपटती भी जा रही थी। अचानक वैद्य की छोटी बिटिया रोते हुए पानी माँगने लगी। दारी ने उसे डाँटा, "रीं-रीं बन्द कर री! अभी देती हूँ पानी। कमीनी! संखिया खा लिया है तूने जो इस सर्दी में पानी माँग रही है।"

दारी लिहाफ़ में से निकलकर बाहर आ गयी। तूफ़ा पूर्ववत् लिहाफ़ में पड़ा रहा। दारी ने बच्ची को पानी पिलाया। फिर उसे थपथपाकर बुरा-भला कहते हुए सुलाया और पुनः अपने बिस्तर में आ गयी।

उस रात कोई चार-साढ़े-चार बजे तूफ़ा दारी के बिस्तर से निकल, छतें फलाँगता हुआ अपने घर लौटा और बिस्तर में घुसकर गहरी नींद सो गया। उसने एक क्षण के लिए भी यह नहीं सोचा कि दारी ने उसे केवल दो दिनों की मोहलत दी है और यदि उसने दारी से विवाह करने का निर्णय न लिया तो वह उससे कभी नहीं मिलेगी। तूफ़े को जिस प्रकार यह भली-भाँति विदित था कि वह कभी दारी से विवाह नहीं करेगा, उसी प्रकार उसे यह निश्चय भी था कि दारी उससे मिलना-जुलना कभी बन्द नहीं करेगी। वह कभी-भी वैद्य से तलाक़ नहीं लेगी। वैद्य कभी-भी उसे तलाक़ नहीं देगा। वह जीवन भर वैद्य के चंगुल में फँसी रहेगी और रातों को छिप-छिपकर तूफ़े से मिलती रहेगी और रात के अँधेरे में मिलने का क्रम दीर्घ से दीर्घ होता चला जाएगा। लेकिन गहरी नींद सो रहे बकरी जैसे दिल वाले तूफ़े को ज्ञात नहीं था कि दारी शेर जैसे दिल वाली लड़की है और यौवन के मुँहज़ोर घोड़े पर सवार है तथा उसने मन-ही-मन एक पक्का निश्चय कर लिया है।

10

दो दिन बाद वैद्य मुल्तान से लौट आया।

तूफ़े ने गद्दी वैद्य को सौंप दी। दारी ने किसी बहाने से तूफ़े को सीढ़ियों में बुलाया और उसके निर्णय के विषय में पूछा। तूफ़े ने मुस्कुराकर कहा, "अरी पगली! शादी-ब्याह का निर्णय इतनी जल्दी भी होता है क्या?"

दारी का चेहरा तमतमा गया। उसने छूटते ही तूफ़े को दो-चार गालियाँ सुना डालीं और कहा कि भविष्य में यदि उसने उससे मिलने की कोशिश की तो वह वैद्य को सब कुछ बता देगी। यह कहकर क्रुद्ध दारी पैर पटकती हुई ऊपर चली गयी और लज्जित तूफ़ा सिर पर हाथ फेरते हुए दूकान में वापिस आकर बैठ गया। वैद्य दूकान के बाहर खड़े होकर शरबतों की अल्मारी पर गीला कपड़ा मार रहा था। तूफ़ा मिट्टी की अंगीठी में भस्मासभ कोयलों को अँगुली से हटाने लगा। थोड़ी देर बाद वैद्य आकर गद्दी पर बैठ गया। वह सूखे कपड़े से हाथ पोंछते हुए मुल्तान के जागीरदार रोगी की कहानी सुनाने लगा। यह कहानी, वह जब से मुल्तान से लौटा था, तभी से सुना रहा था।

"उसकी दशा ऐसी थी कि विलायत के डॉक्टरों ने भी जवाब दे दिया था। अंग्रेजी दवाएँ खा-खाकर उसकी अँतड़ियाँ खुश्की से अकड़ गयी थीं। पाचन अंगों की गर्मी अतिरेक को जा पहुँची थी और पेट में वात का जमाव होने लगा था। शकर तो उसको इतनी थी कि टाँगें सूखकर काँटा हो गयी थीं। मात्र दो दिन उसे दवा खिलाई और शकर पहले से आधी रह गयी। वह बहुत प्रसन्न हुआ। मेरी खूब सेवा-सुश्रूषा की। इस वर्ष वसन्त पर उसने मुझे अपने साथ शिकार पर चलने का निमन्त्रण दिया है। इकट्ठे चलेंगे, लेकिन वसन्त से पहले ज़रा उसका शिकार पूरी तरह से कर लूँ।"

तूफ़ा बुझी हुई अंगीठी के पास मौन बैठा वैद्य की अतिशयोक्तिपूर्ण कहानी सुनता रहा। दारी के सम्बन्ध में उसके मन पर पड़ा बोझ जहाँ एक ओर हल्का हो गया था, वहाँ उसे इस बात का खेद भी था कि अब वह दारी के साथ रातों की

मुलाकात का सिलसिला जारी न रख सकेगा। उसे निश्चय हो गया था कि अब दारी उससे कभी नहीं मिलेगी।

वैद्य मुल्तान से कोई तीन सौ रुपये लाया था। डेढ़ सौ रुपया तो उसने अपने बच्चों के लिए छिपाकर रख लिया था और डेढ़ सौ दारी को दे दिया था, जिसमें से एक सौ रुपया उसने दूकान में नयी दवाएँ डालने के लिए ले लिया था। दारी के पास कुल पचास रुपये बचे थे, किन्तु दारी को वैद्य के पैसे का कोई लोभ न था। अब वह वैद्य के साथ जीवन नहीं बिता सकती थी। वैद्य बूढ़ा था और दारी बिल्कुल जवान थी। दारी को उसकी सहेलियों ने बता रखा था कि यदि बूढ़ा आदमी किसी जवान लड़की से विवाह कर ले तो वह तो जवान हो जाता है, लेकिन लड़की बूढ़ी हो जाती है। यही कारण था कि जबसे दारी वैद्य के घर आयी थी, अप्रसन्न थी। कोई गाय जैसी लड़की होती तो रो-धोकर वहीं पड़ी रहती, किन्तु दारी तो गर्वीली, भड़कीली, स्वेच्छाचारिणी लड़की थी। उसने अपने पिता के आदेशों को शिरोधार्य कर लिया था किन्तु मन में निश्चय कर लिया था कि वह अधिक समय तक वृद्ध पति के घर में नहीं रहेगी। इस घर में आते ही जब छह बच्चों की मुसीबत भी गले पड़ गयी तो उसका नाक में दम आ गया। उसने इधर-उधर हाथ-पाँव मारने आरम्भ कर दिए। इस अँधेरे में दारी को प्रकाश की एक किरण दिखाई दी। यह किरण डाकघर का गंजा क्लर्क ग़ुलाम मुस्तफ़ा उर्फ़ तूफ़ा था। दारी ने झट से उसे अपनी पकड़ में ले लिया। लेकिन तूफ़ा कायर सिद्ध हुआ और दारी को शीघ्र ही पता चल गया कि तूफ़ा केवल उसके साथ अय्याशी करना चाहता है, विवाह नहीं।

दारी के अपने मुहल्ले में सुनारों का एक छैला नौजवान था, जो दारी के विवाहपूर्ण दिनों से ही उसे प्रेम करता था और दारी को गली में आते-जाते देखकर फ़िल्मी गीत गाया करता था। दारी को इस लड़के से चिढ़-सी हो गयी थी, लेकिन जब वह तूफ़े से निराश हो गयी तो वह पिता से मिलने का बहाना बनाकर अपने घर गयी और सुनारों के उस लड़के से मिली। उसका नाम गुलाब उर्फ़ गाबा था। दारी का पिता आटा खरीदने के लिए बाज़ार गया हुआ था। दारी घर में अकेली थी। उसे गाबा दिखाई पड़ा। वह गली में दूकान के तख़्ते पर बैठा था। उसने चादर ओढ़ रखी थी और बैठा सिगरेट पी रहा था। दारी तन्नूर के पास जाकर किवाड़ से लगकर खड़ी हो गयी। गाबा उसकी ओर देखकर मुस्कुराया। दारी ने उसे इशारे से अन्दर बुला लिया। गाबा बहुत प्रसन्न हुआ। उसने इधर-उधर देखा और बेधड़क दारी के पास आ गया। दारी ने हाव-भाव दिखाते हुए बतियाना शुरू कर दिया और बताया कि वह अब भी उससे प्रेम करती है। गाबे की आँखें खुल गयीं। वह स्वयं को किसी पंजाबी फ़िल्म का नायक समझने लगा।

अब सप्ताह में तीन-चार बार दारी किसी न किसी बहाने से अपने पिता के

घर जाकर गाबा सुनार से मिलती। गाबा उसके प्रेम में जलविहीन मछली की तरह तड़पने लगा। उसका प्रेम परिपूर्णता की सीमाएँ छूने लगा तो दारी ने उसके सामने विवाह का प्रस्ताव रख दिया। गाबा तुरन्त तैयार हो गया।

"लेकिन पहले वैद्य से तलाक़ लेनी होगी।"

"वह मैं ले लूँगी।"

"वह तलाक़ नहीं देगा दारो।"

"उसका बाप भी देगा।"

दारी ने वैद्य के साथ लड़ना-झगड़ना आरम्भ कर दिया। वैद्य को उसके बार-बार पिता के घर जाने पर आपत्ति थी। उसे भी कहीं से भनक पड़ गयी थी कि दाल में कुछ काला है। दारी ने कहा, "वह मेरे पिता का घर है। मैं वहाँ ज़रूर जाऊँगी। तुम होते कौन हो मुझे वहाँ जाने से रोकने वाले?"

"लेकिन मैं यह भी सहन नहीं कर सकता कि तुम मुझे बदनाम करती फिरो।"

"मेरा जो मन चाहेगा, करूँगी।"

"ऐसा है तो मैं तुम्हारी टाँगें तोड़ दूँगा।"

"तुम मुझे हाथ तो लगाकर देखो, तुम्हारा ख़ून न पी जाऊँ तो।"

"चुप रह कुतिया।"

"तू भी अपनी बकवास बन्द कर।"

क्रोध में आकर वैद्य ने दारी के मुँह पर एक थप्पड़ मार दिया। दारी ने पास पड़ा गिलास उठाकर वैद्य के सिर पर दे मारा। उस समय यदि तूफ़ा नीचे से आकर बीच-बचाव न करता तो वह घर रणक्षेत्र बन गया होता। उसी दिन दारी वैद्य का घर छोड़कर अपने पिता के घर आ गयी। उसने रो-रोकर पिता को वैद्य के अत्याचारों की झूठी कहानियाँ सुनाईं तो पिता का दिल दहल गया। दारी के आग्रह पर उसके पिता ने वैद्य से तलाक़ की माँग कर दी। वैद्य ने स्पष्ट शब्दों में तलाक़ देने से मना कर दिया। दारी ने वैद्य के घर जाने से इंकार कर दिया। गरीब पिता सिर पकड़कर बैठ गया।

दारी ने गाबे सुनार से चोरी-छिपे मिलने का क्रम तेज़ कर दिया। गाबा तो पहले से ही दारी के अलकजाल में उलझा हुआ था। दारी की ओर से अनुकम्पा की बर्षा होने लगी तो वह दारी की पूजा करने लगा। वैद्य ने तलाक़ देने से मना कर दिया तो दारी ने गाबा से भाग निकलने के लिए कहा। गाबा सुनार पर नयी जवानी का जोश चढ़ा हुआ था। उसके मन में नित्य नूतन उत्कंठाएँ जागृत हो रही थीं। वह तुरन्त तैयार हो गया। दारी ने कहा, "मेरे पास केवल साठ रुपये हैं। इनसे गुज़ारा नहीं होगा। तुम्हें कुछ रुपयों का प्रबन्ध भी करना होगा।"

गाबा ने अपने तेल चुपड़े बालों को झटका देकर कहा,

"दारो जी! चिन्ता मत करो। घर में जितना सोना पड़ा है, सब उठा लूँगा। हम यहाँ से सीधे हैदराबाद जाएँगे। वहाँ मेरा एक मित्र है। उसी के पास जा ठहरेंगे। सोना बेच डालेंगे और मज़े से विवाह करके आनन्द करेंगे।"

"यह ठीक है। तब तुम कल के लिए तैयारी करो। मैं ठीक दस बजे बस अड्डे पर पहुँच जाऊँगी।"

"मेरी जान! मैं ऊँचे पुल पर खड़े होकर तुम्हारी प्रतीक्षा करूँगा। लेकिन दारो जी! बाँह पकड़कर छोड़ न देना कहीं।"

"तुमने सुना नहीं क्या कि जिसकी बाँह पकड़ो उसके साथ जियो, साथ मरो। मैं बाँह पकड़ूँगी तो साथ जिऊँगी, साथ मरूँगी।"

अगले दिन दारी ने अपने कपड़ों की गठरी बाँधी और ख़ैराँ मौसी से मिलने का बहाना बनाकर घर से भाग खड़ी हुई। ऊँचे पुल पर गाबा सुनार, सफेद बोस्की की कमीज़, सफेद शलवार और पेशावरी चप्पल पहने उसकी प्रतीक्षा कर रहा था। दोनों मुल्तान जाने वाली बस में सवार हो गये। उनका प्रोग्राम मुल्तान से हैदराबाद के लिए गाड़ी पकड़ने का था।

शाम तक दारी लौटकर घर न आयी तो उसके पिता को चिन्ता होने लगी। वह सीधे ख़ैराँ मौसी के यहाँ पहुँचा। पता चला दारी तो कई दिन से इधर न आयी थी। पिता परेशान हो उठा। रात बीत गयी। दिन निकल आया, किन्तु वह न लौटी। उधर गाबा सुनार के माता-पिता भी परेशान होकर गली में निकल आये। मुहल्ले में भाँति-भाँति की बातें होने लगीं। शाम तक सब को पता चल गया कि दारी गाबा सुनार के साथ भाग गयी है। गरीब पिता भीतर जा गिरा। वैद्य को अपने सम्मान के लाले पड़ गये। उसने तुरन्त मुहल्ले के चार वयोवृद्ध साथ लिए और दारी के पिता से जाकर कह दिया, "मियाँ अली मुहम्मद! क्योंकि तुम्हारी बेटी और मेरी पत्नी कुलटा निकली है, इसलिए मैं उसे तलाक़ देता हूँ।"

वहीं पर वैद्य ने तलाक़ लिख दी। उस पर वयोवृद्धों के हस्ताक्षर करा दिये। महर के पच्चीस रुपये अदा किये और सलाम करके मुहल्ले वालों के साथ ही वापिस आ गया। मुहल्ले के चौधरी से वैद्य ने कहा, "कुलटा के साथ कौन निर्वाह कर सकता है जी? हमारा इस्लामी विधान भी यही है कि यदि पत्नी छिनाल सिद्ध हो जाए तो अपना सम्मान बचाने के लिए उसे तुरन्त तलाक़ दे दो।"

वैद्य तो कपड़े झाड़कर, अपना सम्मान बचाकर, पुनः अपनी दूकान पर आ बैठा लेकिन दारी के गरीब पिता के पास सिर छिपाने को कोई जगह न थी। मुहल्ले वाले उस पर कटाक्ष करने लगे। उसका जीना दूभर हो गया। अन्ततः उसने भी अपने कपड़ों की गठरी बाँधी और एक दिन मुँह अँधेरे मकान को ताला लगाकर लायलपुर

के एक गाँव में अपने भाई के पास चला गया। गुलाब सुनार के पिता ने इसीलिए पुलिस में रपट न लिखाई कि पता नहीं पकड़-धकड़ में क्या हो। और फिर उसका तो बेटा ही था, बेटी तो नहीं थी। ख़ाक उड़ाकर अपने आप घर लौट आएगा। आभूषणों की जो हानि हुई थी, उसकी भरपाई उसने किसी-न-किसी प्रकार से कर दी थी। मुहल्ले में कुछ दिनों तक प्रेमी-प्रेमिका के भाग खड़े होने की चर्चा चली और फिर धीरे-धीरे लोग उनको भूलकर अपने-अपने धन्धे में लग गये।

याक़ूत को कुलसूम से मिले एक महीना हो गया था। इस बीच कुलसूम दूसरे-तीसरे दिन पत्र भेजकर अपनी कुशल-क्षेम का समाचार देती रही। वह बहुत बीमार हो गयी थी। महीना भर बिस्तर पर रही। उसके पत्र बहुत संक्षिप्त किन्तु प्रेम एवं श्रद्धा से पूरित होते थे। याक़ूत इन पत्रों को कई-कई बार पढ़ता था। हर बार उसे एक नये सन्तोष की अनुभूति होती। उधर गाँव से भाभी का पत्र भी आया था। उसने लिखा था कि नज़मा का विवाह उसकी बुआ के बेटे असग़र एडवोकेट के साथ हो गया है और नज़मा लाहौर चली गयी है। जिस दिन उसे भाभी का यह पत्र मिला, उसी दिन उसे कुलसूम का पत्र भी मिला जिसमें उसने लिखा था कि वह हर रोज़ उसे सपने में देखती है। याक़ूत दोनों पत्रों को सामने रखकर बैठ गया और आँखें बन्द करके सिर को कुर्सी के साथ लगा लिया। नज़मा का विवाह असग़र के साथ हो गया था। वह नज़मा से प्रेम करता था। कभी उसके लिए गाँव के खेतों में उगे बेर के पेड़ों के नीचे घंटों खड़े रहा करता था। सीढ़ियों के अँधेरे में छिपकर उसके नीचे उतरने की प्रतीक्षा किया करता था। एक-एक आहट पर उसके कान खड़े खड़े हो जाया करते थे। एक-एक आवाज़ पर उसका दिल धड़कने लग जाया करता था। उसे नज़मा की चमकीली आँखों, सुनहरी बालों और उसके गाल के काले तिल का स्मरण हो आया। वह वधू के रूप में कितनी सुन्दर लग रही होगी! उसने लाल रंग का गोटे वाला जोड़ा पहन रखा होगा। उसके स्वर्णिम शरीर से हिना की महक आ रही होगी। उसके माथे पर सोने का झूमर चाँद बनकर चमक रहा होगा। क्या उस समय नज़मा ने उसे याद किया होगा?

फिर उसकी बारात आयी होगी। ढोल-बाजों का शोर उठा होगा। बाराती बसों में से उतरकर मकान के दीवानख़ाने में आकर बैठ गये होंगे। वधू नज़मा का दिल धड़कने लगा होगा। क्या उस समय उसने याक़ूत को याद किया होगा? क्या उस समय नज़मा के मन में यह विचार आया होगा कि काश! यह बारात याक़ूत की होती? असग़र के स्थान याक़ूत सेहरा बाँधकर उनके घर में प्रविष्ट हुआ होता और उसके पिता तथा भाइयों ने उसका स्वागत किया होता? फिर ढोलक पर सहेलियों ने गीत गाये होंगे। ठप-ठप-ठप...

मेरी डोली नूँ लगड़े कलीरे नी माँ
मैनूँ विदया करन मेरे वीरे नी माँ
जिन्हाँ आप खिड़ाया कदी झोली नी माँ
अज रख लै मेरी डोली नी माँ।

मेर बाबुल दूरों तकदा ए
बुझ आख न मूँहों सकदा ए
उहदा वेख सबर जिन्द डोली नी माँ
अज रख लै मेरी डोली नी माँ।

(माँ! मेरी डोली कलीरों से सुसज्जित है। देखो, जिन भाइयों ने मुझे गोद खिलाया था, वही भाई आज मुझे विदा कर रहे हैं। माँ! आज के दिन के लिए ही सही, मेरी डोली अपने यहाँ रख ले।)

दूर खड़ा हुआ मेरा पिता सब कुछ देख रहा है, लेकिन वह कुछ भी कहने में असमर्थ है। उसका धैर्य देखकर मेरी अन्तरात्मा हिल गयी है। माँ! आज का दिन ही सही, एक दिन तो मेरी डोली विदा होने से रोक ले।)

लेकिन वधू जब एक बार डोली में बैठ जाती है तब उसे कोई भी श्वसुर-गृह जाने से नहीं रोक सकता। न माँ, न पिता, न भाई, न प्रेमी। माता-पिता दुःख की मूर्ति बने, आँखों में अश्रु रोके घर की ख़ाली-ख़ाली दहलीज़ पर खड़े के खड़े रह जाते हैं और भग्न हृदय प्रेमी किसी दूसरे मुहल्ले से या किसी वीरान बाग़ के किनारे पर खड़े होकर दूर से अपनी प्रेमिका की डोली को जाते देखता रहता है और कुछ नहीं कर सकता। वह वधू के माता-पिता और भाइयों की तरह खुलकर रो भी नहीं सकता कि कहीं उसके बहते हुए आँसू-मोती वधू के गले में बदनामी का हार बनकर न जा पड़ें।

नज़मा भी डोली चढ़ी होगी। उसकी डोली भी बाजों के शोर और लुटाये जाने वाले पैसों की खनक के बीच उठी होगी। क्या उस समय नज़मा ने याक़ूत का स्मरण किया होगा?

फिर वधू की बस लाहौर के किसी मुहल्ले में आकर रुकी होगी। श्वसुर-गृह में प्रवेश करने से पूर्व द्वार पर तेल चुआया गया होगा। उसके सिर के ऊपर से मुर्गा उतारा गया होगा। दो सफ़ेद कबूतर छोड़े गये होंगे। वधू धड़कते हृदय के साथ आँखों में अश्रु लिये घर में प्रविष्ट हुई होगी। ननदों-भाभियों ने उसकी बलाएँ ली होंगी। वर अपने मित्रों में बैठा ठहाके लगा रहा होगा। बड़ी शान से पुरुषों-स्त्रियों के बीच घूम रहा होगा, ऐसे जैसे कमांडर अपनी यूनिट में घूमता है। वह उसके जीवन का

सबसे अधिक शुभ दिन होगा। आने वाली घड़ियों की कल्पना से उसके कानों में शहनाइयाँ बज रही होंगी। आँखों के सामने फुलझड़ियाँ-सी छूट रही होंगी।

फिर वह घड़ी भी आ गयी होगी। चारों ओर रात का मौन व्याप्त हो गया होगा। गली में अगले दिन के वलीमा भोज के लिए देगें चढ़ी होंगी। मांस काटा जा रहा होगा। मसाला पीसा जा रहा होगा। केसर तथा सोंठ की सुगन्धि उड़ रही होगी। नवयुवतियों ने हँसते-हँसते, चुहलबाजी करते हुए वधू को सुहागरात के कमरे में धकेल दिया होगा। अकेला, एकान्त, फूलों और इत्रों की सुगन्धियों से महकता हुआ कमरा। फूलों की चादर से ढँका बहुमूल्य रेशमी पलंग। तिपाई पर रखा हुआ दूध का जग और मिठाई से भरी प्लेट। वधू सिमट-सिमटाकर पलंग की पट्टी से लगकर बैठ गयी होगी। फिर धीरे से द्वार खोला होगा। किसी की भारी पदचाप पलंग की ओर बढ़ी होगी। वधू का हृदय चाँदी के हीरों के पीछे गोटे वाले सुहाग जोड़े के नीचे धक्-धक् करने लगा होगा। क्या उस समय नज़मा ने याक़ूत का स्मरण किया होगा?

वर आकर पलंग के ऊपर वधू के निकट बैठ गया होगा। क्षण भर के आनन्ददायक संगीतमय मौन के पश्चात वर ने प्रेमपूर्वक वधू को सम्बोधन किया होगा। प्रणय निवेदन किया होगा। उसे विवाह के पवित्र बन्धन का स्मरण कराया होगा। उसे भविष्य के सुनहरे बाग़ दिखाए होंगे और फिर उसके निकट आकर, और भी निकट आकर एक हाथ से उसका हाथ पकड़ लिया होगा और दूसरे हाथ से उसका स्वर्णिम चेहरा—नसवारी आँखों, सुनहरे बालों और काले तिल वाला दुल्हिनी चेहरा—अश्रुसिक्त, स्वर्ण कणों से चमकता, हिना के इत्र में बसा, गेंदे-गुलाब के सेहरे में छिपा चेहरा—ऊपर उठाया होगा। क्या उस समय नज़मा ने याक़ूत को याद किया होगा?

और फिर रात भीग गयी होगी। वर वधू के और भी निकट आ गया होगा। वधू के आभूषण शृंगार-मेज़ पर पड़े होंगे। हार पलंग की पट्टी से लटक रहे होंगे और सुहाग का जोड़ा... क्या उस समय नज़मा ने...?

याक़ूत ने सिर झटका देकर आँखें खोल लीं। उसका मस्तिष्क ज्वालामुखी-सा धधक रहा था। वह कुर्सी से उठ खड़ा हुआ, सिगरेट सुलगाकर कमरे में टहलने लगा। उसने सोचा काश! संसार में केवल एक ही स्त्री होती, एक ही वधू होती, एक बार ही डोली उठती और उस डोली में एकमात्र वधू का वर याक़ूत होता। संसार में केवल एक रात सुहाग-कक्ष सुसज्जित होता और उसमें केवल याक़ूत ही प्रवेश कर सकता, अन्य कोई भी नहीं, दूसरा कोई भी प्रवेश न कर सकता।

इस पत्र के मिलने से याक़ूत कई दिन बहुत व्यथित रहा। वह यह सोचकर और भी दुखी होता रहा कि लाहौर के जिस वातावरण में वह साँस ले रहा है, उसी

वातावरण में नज़मा अपने पति के साथ रंगरेलियाँ मना रही है। जिस धूप में वह चल रहा है, क्या मालूम अभी-अभी वहाँ से नज़मा भी अपने पति के साथ निकली हो और क्या मालूम बाज़ार के किसी मोड़ पर, किसी चौराहे पर, किसी होटल में, किसी सिनेमाघर की लॉबी में अचानक उनकी भेंट हो जाए, आमना-सामना हो जाए। और वह नज़मा को तड़कीले-भड़कीले वस्त्र पहने अपने पति के साथ सिनेमा की सीढ़ियाँ चढ़ते, शॉपिंग करते या होटल की गैलरी में चाय पीते देख ले।

लेकिन कुछ दिन बीतने पर याक़ूत के इस प्रकार के विचारों का वेग कम हो गया। इसमें समय के अतिरिक्त कुलसूम के प्यारे-प्यारे, गार्डीनिया की सुगन्धि में डूबे प्रेम-पत्रों का भी भारी हाथ रहा था। नज़मा के दिए हुए गहरे घाव को भरने में कुलसूम बड़ी सहायक सिद्ध हो रही थी। एक महीना बीत जाने पर कुलसूम ने लिखा था कि अब वह कॉलेज जाने लगी है, लेकिन अभी भेंट नहीं हो सकती। याक़ूत उससे मिलने के लिए व्याकुल था। कुलसूम ने कॉलेज जाना आरम्भ कर दिया था। चाहता तो वह छुट्टी के समय कॉलेज के बाहर खड़े होकर उससे मिल सकता था। किन्तु याक़ूत के व्यक्तित्व का समग्र स्वभाव अन्य लोगों से बहुत भिन्न था। उसने चाँदी की प्लेट में रखकर प्रस्तुत की गयी प्रसन्नता को अस्वीकार कर दिया था। वह ऐसी सरल एवं साधारण प्रसन्नता को ठुकराने में ही प्रसन्नता अनुभव करता था। उसके व्यक्तित्व में वर्ड्सवर्थ का प्रकृति-प्रेम, लॉक्रीटस का प्रकृति-बोध, ग़ालिब की जिजीविषा, मोमिन का रस-भाव, कबीर की उदासीनता तथा मीरा का वैराग्य समाहित था और वह स्वयं कवि था। कवि के तौर पर वह अन्य कवियों से अलग था। उसने लय-तुक के परम्परात्मक बन्धनों को तोड़कर सृजनात्मकता को गद्य की देवदासी के भाव-नृत्य तथा तोड़े और कथकली की शैली से परिचित कराया था। उसने पथरीली धरती पर कुदाल चलाकर उसमें से पुष्पों की खोज की थी, पत्थरों का वक्ष चीरकर हीरे-मोती निकाले थे, पानी में आग लगाई थी, वायु तरंगों पर अपना नाम लिखा था और हथेली पर सरसों जमाकर देखी थी। नज़मा के विपरीत कुलसूम से उसका प्रेम भी भिन्न प्रकार का था। उसे कुलसूम से एक क्षण के एक हज़ारवें अंश में प्रेम हो गया था। जीवन की घटनाओं-दुर्घटनाओं का मनुष्य पर गहरा प्रभाव पड़ता है, किन्तु स्मृति-पटल पर कई बार ऐसी रेखाएँ भी अंकित हो जाती हैं, जिनका प्रत्यक्षतः हमारे जीवन की किसी घटना या दुर्घटना के साथ कोई सम्बन्ध नहीं होता। यही कारण है कि हमें कभी किसी भीड़ में देखा कोई चेहरा, किसी गली के मोड़ पर सुनी कोई आवाज़, किसी मुँडेर पर बैठा कोई कौआ, किसी सड़क को भागकर पार करता कोई बच्चा और एक बार हाथ मिलाकर पुनः कभी न मिला व्यक्ति याद रहता है। उसकी स्मृति के चिह्न हमारे मस्तिष्क-पट पर आयु भर के लिए अंकित हो जाते हैं। हम

अपने जीवन की किसी दुर्घटना का ब्योरा भूल जाते हैं, लेकिन इस एक बार मिले व्यक्ति की आकृति, उसके समस्त विवरणों सहित, हमें सदैव स्मरण रहती है। इसी को कहते हैं प्रथम-दृष्टि-सम्बन्ध। कुलसूम की घबराई हुई चाल, गुलाबी उज्ज्वल एड़ियाँ, काली नक़ाब में से दिखाई दे रहा गाल और गाल पर झूमता झुमका देखकर ऐसे ही कुछ चिह्न याक़ूत के मस्तिष्क पर अंकित हो गये थे। उस समय यदि वह लाहौर होटल के चौराहे पर पनवाड़ी की दूकान पर खड़ा रहता तो उसे कुलसूम से प्रेम तो न होता लेकिन वह जीवन के अन्तिम क्षण तक उसकी गुलाबी एड़ियों, झूलते झुमके, गाल की रहस्यमयी झलक और घबराई हुई चाल को विस्मृत न कर पाता। वह अपने स्थान पर खड़ा न रह सका। उसके पैर स्वतः ही कुलसूम के पीछे-पीछे चल दिए और उसने कुलसूम को शीज़ान की गैलरी में अपने सामने बिठाकर जी भरकर देखा। उससे बातें कीं। उसकी घंटियों जैसी आवाज़ सुनी। उसके श्वेत कमल की पत्तियों जैसे कोमल हाथ देखे। उसकी बड़ी-बड़ी पलकों को उदास आँखों पर बार बार गिरते-उठते देखा और उसे कुलसूम से प्रेम हो गया। प्रथम चिह्न को दूसरे गहरे चिह्न ने दबा लिया था। प्रथम चिह्न अमिट था। दूसरा चिह्न मिट-मिटाकर भूली-बिसरी याद में परिवर्तित हो सकता था। याक़ूत जानता था कि यदि कुलसूम उससे जुदा भी हो गयी तो भी वह उसके उदास चेहरे को, उसकी आवाज़ और उसके ओंठों की शहद भरी महक को तो अवश्य याद रखेगा, किन्तु उसके श्वेत गाल की पहले दिन वाली झलक और घबराई हुई चाल को भूल जाएगा। और याक़ूत कुलसूम के प्रथम भेंट वाले चेहरे को, उसके घबराहट में लाहौर होटल का चौराहा पार करने के अन्दाज़ को, उसकी चमकती आँखों द्वारा काली नक़ाब की जाली में से उस पर किये दृष्टिपात को कभी भी विस्मृत नहीं करना चाहता था। किन्तु ऐसा नहीं हो सकता था। शायद प्रेम की सबसे बड़ी त्रासदी यही है कि जिस लड़की को हम सदैव याद रखते हैं, उसे एक बार देखने के बाद पुनः कभी उससे नहीं मिलते और जिससे पुनः मिलन-सम्बन्ध स्थापित करते हैं, उसकी पहली झलक को भूल जाते हैं। जिस लड़की से हमारा प्रेम असफल रहता है, उसकी कुछ बातें हमें याद रह जाती हैं और जिसके साथ हमारा विवाह हो जाता है, उसकी एक भी बात हमें याद नहीं रहती। सब कुछ भूल जाता है, विस्मृत हो जाता है।

मात पिता सब कुटुम्ब कबीला
टूट गया ज्यों तागा रे।
ऐसी प्रीत लगी मोहन सूँ
जूँ सोने पे सुहागा रे।

लेकिन तब मोहन सूँ प्रीत बड़ी मुश्किल से लगती है। तब सोने पर सुहागा नहीं होता। सोने की चमक फीकी पड़ जाती है। मन की जिज्ञासा, मस्तिष्क का विस्मय, आँखों की हैरानी तथा आत्मा की कल्पना जाती रहती है। यदि मीराबाई का कृष्ण से विवाह हो जाता तो उसके आधे भजन उसके साथ ही डोली में विदा हो गये होते। यह याक़ूत का निजी विचार था, इसलिए कभी-कभी वह डरता भी था कि कहीं शादी के बाद कुलसूम प्रेमिका के पद से च्युत होकर मात्र पत्नी बनकर न रह जाए। कहीं वह उसकी प्यारी-प्यारी सुन्दर बातों को व्यर्थ न समझने लगे। उससे बोर न हो जाए। उससे प्रथम मिलन की बहुमूल्य रहस्यमयी यादों को विस्मृत न कर बैठे।

अठारह-उन्नीस वर्ष पूर्व उसने अपने मद्रास-प्रवास दौरान एक एंग्लो-इंडियन लड़की को केवल एक बार देखा था और उसकी स्मृति किसी नव-विकसित पुष्प की भाँति अभी तक उसके मस्तिष्क में ताज़ा थी। उस लड़की को याक़ूत ने अपने फ्लैट की घुमावदार सीढ़ियों में देखा था। याक़ूत ऊपर अपने कमरे की ओर जा रहा था और वह लड़की नीचे उतर रही थी। उसे रास्ता देने के उद्देश्य से वह सीढ़ी के घुमाव पर एक ओर खड़ा हो गया था। लड़की नीचे उतरकर सड़क पर चली गयी, लेकिन याक़ूत के मस्तिष्क पर स्मृति की कभी न मिटने वाली, सदैव तरो-ताज़ा रहने वाली छाप छोड़ गयी। इसके बाद वह लड़की फिर कभी याक़ूत को दिखाई नहीं दी। अठारह-उन्नीस वर्ष बीत जाने पर भी उसे याद था कि उस लड़की के बाल सुनहरे थे। उसका शरीर भी सुनहरा था। उसकी अँगुली में हरे रंग के नगीने वाली अँगूठी थी। जब वह अपना पाँव नीचे के पादान पर रखती थी तो उसकी टाँगों की मछलियाँ तन जाती थीं। लड़की ने वहाँ से निकलते हुए केवल संयोगवश याक़ूत को एक नज़र देखा था लेकिन वे दो आँखें अभी तक याक़ूत की ओर ही देख रही थीं। वह घड़ी, वह क्षण जीवन भर के लिए बल्कि जीवनोपरान्त के लिए भी जमकर समय के हिमगृह में सुरक्षित हो गया था। सम्भवतः वही दो आँखें, वही दो चमकती हुई आँखें, जिन्होंने सीढ़ियाँ उतरते हुए क्षण भर के लिए उसकी ओर देखा था, अचेतन रूप में उसे अपना दीवाना बनाए फिरती थीं और वह सम्भवतः इन्हीं आँखों के उज्ज्वल रहस्य की खोज में कभी नज़मा की आँखों को चूम रहा था कभी कुलसूम की लम्बी पलकों पर अपने ओंठ रख रहा था। और वे आँखें, उसकी ओर देख-देख कर, मुस्कुरा-मुस्कुरा कर उससे मुख फेर रही थीं। एक बार फिर मालकौस के बोल उसके मस्तिष्क में गूँज उठे—

कैसी रसीली नार
कर सोलह सिंगार
मुख मोड़-मोड़ मुस्कात जात।

और फिर उसे हरे-भरे जंगलों में से उभरती हुई 'आरज़ू' लखनवी की आवाज़ सुनाई दी—

हरे-भरे इस वन में कोई
गीत सुहाने गाता है।
प्रेम सन्देशा देकर उस
नगरी का हाल सुनाता है।
रूप रंग की बगिया जिसमें
निसदिन फागुन रहता है,
सुनो मधुर तानों में कोई
अपने पास बुलाता है।
तुझको साजन साँझ-सवेरे,
अपना रूप दिखाता है।

दक्षिण भारत के हरे-भरे जंगलों की आवाज़ें याक़ूत का पीछा कर रही थीं। दो नसवारी आँखें, अपनी लम्बी पलकें फैलाए, उसके साथ-साथ उड़ती चली जा रही थीं। ये आँखें उसे एक ऐसी नगरी का प्रेम-सन्देश दे रही थीं, जहाँ रातों को सूर्य उदय होते थे और दिन को नीले आकाश पर पीत चन्द्रमा भ्रमण करते थे। जहाँ गुलाब के लाल, गेन्दे के पीले तथा चमेली के सफ़ेद फूल एक टहनी से दूसरी टहनी पर चहचहाते फिरते थे। जहाँ गुलमोहर के शहद टपकाते फूलों और केले के पत्तों पर लेटी कँवारी-सुन्दरियों के रसभरे मीठे ओंठों पर काले-स्याह भँवरे मँडराते थे और जहाँ कोई मधुर तानों के माध्यम से प्रातः-सायं उसे अपने पास बुलाता था। यह जन्म-जन्म का निमन्त्रण था, युग-युग की खोज थी। यही निमन्त्रण कभी नज़मा के वस्त्रों की सरसराहट और आवाज़ की कानाफूसी बनकर याक़ूत के कानों पर झुककर अपना मन्त्र फूँकता और कभी कुलसूम के रूप में वहशी हिरण की तरह घबराकर उसके पास से निकल जाता था। यही निमन्त्रण कभी वृन्दावन की ऊँची घास में छिपी नदी बन जाता तो कभी लाहौर होटल का चौराहा पार कर जाता और याक़ूत हर चौराहे पर तथा हर जंगल में इधर-उधर देखता रह जाता था—उस मृग की तरह जिसकी नाभि में से कस्तूरी निकल गयी हो तथा जो खोई हुई कस्तूरी की खोज में सुगन्धि सूँघता भटकता फिर रहा हो।

फाल्गुन मास आरम्भ हो चुका था। बाग़ों में स्वीट पीज़ के फूल खिल गये थे। शरीर को भली लगने वाली अत्यन्त रुचिकर हल्की-हल्की गर्मी वातावरण में फैल गयी थी। सूर्य बड़ी शान के साथ प्रातः से सायं तक गहरे नीले आसमान पर चमकने लगा

था। दिन प्रकाशपूर्ण तथा सुखद गर्म होने लगे थे और निखरे हुए तारों भरी रातें उज्ज्वल हो गयी थीं। एक दिन कुलसूम का पत्र आया कि वह आज मिलने आएगी। याक़ूत दिन भर होटल में बैठा उसकी प्रतीक्षा करता रहा। लगभग बारह बजे कुलसूम ने अपनी विशिष्ट शैली में द्वार पर धीरे से दस्तक दी। याक़ूत ने दस्तक पहचान ली और उठकर शीघ्रता से द्वार खोल दिया। कुलसूम उसके समक्ष खड़ी थी।

याक़ूत उसे लगभग दो महीने बाद देख रहा था। पिछली बार जब उसने कुलसूम को देखा था तो उसका रंग पीला पड़ा हुआ था। आँखों के नीचे गड्ढ़े पड़े हुए थे। चेहरा एकदम दुर्बल हो गया था और वह याक़ूत का सहारा लेकर टैक्सी में बैठी थी। परन्तु इस समय एक स्वस्थ, सुडौल, खिली-खिली, हँसती-मुस्कुराती कुलसूम उसके समक्ष खड़ी थी। उसके नेत्रों में जिजीविषापूर्ण यौवन की चमक थी। उसका रंग पहले की अपक्षा निखरकर गोरा और सुर्ख़ हो रहा था। उसके बालों में स्वीट पीज़ के दो लम्बे डंठलों वाले गुलाबी फूल लगे हुए थे और कानों में नीले नगीनों वाले बुन्दे चमक रहे थे। काली नक़ाब की चौखट में उसका खिला-खिला चेहरा सफ़ेद कमल के चित्र-सा प्रतीत हो रहा था। याक़ूत ने उसका नर्म, कोमल अँगुलियों वाला, गर्म हाथ थामकर बड़े स्नेह से दबाया।

"ईश्वर का शुक्र है कि मैं तुम्हें एक बार फिर स्वस्थ देख रहा हूँ।"

कुलसूम मुस्कुराती हुई कमरे के अन्दर आ गयी। वही कमरा जो क्षण भर पूर्व शीत, सुनसान तथा अन्धकारपूर्ण था, अब ऊष्म, भरापूरा तथा प्रकाशमय हो गया था, जैसे किसी ने पर्दे हटाकर खिड़कियाँ खोल दी हों और कमरे का वातावरण धूप की गर्म रोशनी तथा स्वीट पीज़ के फूलों की सुगन्धि से भर गया हो। कुलसूम ने सफ़ेद वस्त्र पहन रखे थे—दोपहरी की धूप जैसे सफ़ेद। उसके वस्त्रों में से गार्डीनिया के इत्र की ठंडी-ठंडी सुगन्धि आ रही थी—जैसे वसन्त के प्रभात में सुगन्धि का सूर्य उदय हो रहा हो। याक़ूत ने कुलसूम को अपने साथ लगाकर उसके बालों में अपना चेहरा छिपा दिया। गार्डीनिया तथा स्वीट पीज़ की मिश्रित तीव्र गन्ध ने एक क्षण में ही उसे उड़ाकर स्वर्गोद्यान की पुष्पित घाटियों में पहुँचा दिया।

"तुम इतनी देर... इतने दिन... कहाँ रहीं कुलसूम? तुम... एक हज़ार साल बाद मुझे मिली हो कुलसूम। क्या तुम इसी प्रकार हज़ारों साल मुझसे दूर रहा करोगी? क्या मेरी आँखें नर्गिस की तरह हज़ारों साल अपनी बेनूरी पर रोती रहा करेंगी?"

कुलसूम ने तनिक लजाकर और मुस्कुराकर कहा, "मैं आपसे पूरी तरह स्वस्थ होकर मिलना चाहती थी।"

"लेकिन तुमने यह नहीं सोचा कि मैं पूरी तरह बीमार भी हो सकता हूँ तुम्हारे वियोग में।"

"आपके लिए तो मैं नित्य प्रार्थना करती थी।"

"कौन सी प्रार्थना?"

कुलसूम चुप हो रही। याक़ूत ने उसका चाँद-सा मुखड़ा हाथों में लेकर कहा, "कौन सी प्रार्थना कुलसूम? तुम चुप क्यों हो गयीं?"

कुलसूम ने लम्बी काली पलकें झुकाकर, रुक-रुककर कहा,

"मैं प्रार्थना करती थी कि ईश्वर आपको सदैव स्वस्थ रखे... आप कभी बीमार न हों... और... और..."

कुलसूम पुनः मौन हो गयी। याक़ूत ने उसका उज्ज्वल विशाल भाल चूमकर कहा, "और क्या कुलसूम? और कौन-सी प्रार्थना की तुमने?" कहो ना, रुक क्यों गयीं?"

"और... और यह प्रार्थना करती थी कि मैं सदैव आपको देखती रहूँ।"

याक़ूत ने उसे भींचकर गले से लगा लिया। कितनी ही देर तक वे दोनों एक दूसरे से चिपके रहे और खामोशी से एक दूसरे के हृदय की धड़कनें सुनते रहे—एक दूसरे के हृदय की आवाज़ और आवाज़ का मद्धम स्वर सुनते रहे। इस पल दो पल के मौन में, एक दूसरे के वक्ष से लगकर उन्होंने इतनी बातें कर लीं, जितनी वे एक वर्ष तक आमने-सामने बैठकर भी नहीं कर सकते थे। दिलों ने धड़क-धड़ककर उन दोनों को वह सब समझा दिया जो वे संसार की किसी भाषा में भी एक दूसरे को नहीं समझा सकते थे। यही वह क्षण है जिसमें शब्द पीछे छूट जाते हैं और लेखनी आगे निकल जाती है; जिसमें काग़ज़ पर शब्दों के स्थान पर केवल टेढ़ी-मेढ़ी लकीरें और धब्बे ही दिखाई देते हैं, टहनियाँ और फूल दिखाई देते हैं, कानाफूसी और गर्म-गर्म साँसों की सरसराहटें सुनाई देती हैं; शब्दों के गुलदस्ते हाथों में पकड़े रह जाते हैं और अर्थ की सुगन्धि आगे निकल जाती है; चिंगारियाँ सुलगती रह जाती हैं और रोशनी अपनी यात्रा पर निकल जाती है; टहनियाँ देखती रह जाती हैं और रोशनी अपनी यात्रा पर निकल जाती हैं। यहाँ लेखनी जड़ हो जाती है, काग़ज़ का रंग उड़ जाता है तथा शब्दों का मुँह हैरानी से खुला रह जाता है। यह क्षण अथाह समुद्र की गहराइयाँ नापने और चाँद के साथ-साथ भ्रमण करने का क्षण होता है। सुगन्धि की तरंग बनकर घने जंगलों, तथा प्राचीन दुर्गों के उजड़े हुए अन्तःपुरों में आवारा भटकने का क्षण होता है। हे मेरे मन! हे मेरे वीरान मुहल्लों के राजकुमार! अपने तड़ितगति श्वेत अश्व पर चढ़कर उन जादूमयी नगरों की ओर चल, जहाँ द्वार से लगी श्यामाक्षी जादूगर राजकुमारियाँ संकेतों से अपने पास बुलाती हैं।

ठक-ठक-ठक!

द्वार पर किसी ने दस्तक दी। दुर्ग की प्राचीर में दरार पड़ गयी। सुगन्धि भागकर पुष्प में जा सिमटी और जादूगर राजकुमारियों ने अपने द्वार बन्द कर लिए। कुलसूम अलग होकर अपने बाल ठीक करने लगी। याक़ूत ने पर्दा खींचकर द्वार खोल दिया।

"आपके सिगरेट साहिब।"

बाहर होटल का बैरा प्लेट में थ्री-कैसल के दो पैकेट रखे खड़ा था। याक़ूत को इस समय सिगरेट के पैकेट अरुचिकर प्रतीत हुए। अस्तु, उसने पैकेट ले लिये और बैरे को टिप देकर लौटा दिया।

''कौन था?'' कुलसूम ने तनिक आशंका से पूछा।

''बैरा था। सिगरेट लाया था।''

याक़ूत ने पैकेट कोट की जेब में रखे और बालों में कंघी करते हुए कहा, ''चलो कुलसूम, कहीं बाहर चलकर खाना खाते हैं।''

कुलसूम ने क्षमा माँगते हुए कहा, ''मेरे पास इतना समय नहीं है, मुझे कॉलेज वापिस पहुँचना है। एक बजे मेरा पीरियड है।''

''अभी तो केवल साढ़े बारह बजे हैं। एक बजे तक तो हम खाना-वाना खा लेंगे।''

''जैसी आपकी इच्छा।''

कुलसूम ने बुर्क़ा पहन लिया। टैक्सी में बैठ वे दोनों माल रोड के एक प्रसिद्ध होटल में आ गये। गैलरी में क़तई रश नहीं था। सिर्फ एक बूढ़ी औरत कोने में अपनी बेटी के साथ बैठी खाना खा रही थी। याक़ूत कुलसूम को साथ लेकर दूसरे कोने वाली मेज़ पर आ बैठा। छोटी-छोटी, प्यारी-प्यारी बातें करते हुए उन्होंने खाना खाया। खाने के बाद कॉफ़ी आ गयी। याक़ूत कॉफ़ी बनाने लगा। गर्म-गर्म ताज़ा कॉफ़ी की महक कोने में पड़े बड़े-से फूलदान में सजी यूक्लिप्टस की टहनियों की सुगन्ध में समाहित हो गयी। याक़ूत को कभी यूक्लिप्टस की सुगन्धि अनुभव होती, कभी कुलसूम के केशों में गुँथे स्वीट पीज़ के पुष्पों की और कभी उसके श्वेत वस्त्रों से उठ रहे गार्डीनिया इत्र की। अपनी सुन्दर प्रेयसी के साथ शहर के सर्वोत्तम होटल में अत्यन्त उत्कृष्ट खाना खाने के पश्चात् गर्म कॉफ़ी, थ्री कैसल की सिगरेट और गार्डीनिया सेंट की सुगन्धि–याक़ूत को अचानक परसी का स्मरण हो आया। उसके नथनों में चरस की तीव्र गन्ध घुसने लगी और बोझल सूजे हुए पपोटों के नीचे से दो लाल-लाल आँखें उसे एक अद्भुत वीरान उदासी से तकने लगीं। फिर उसे परसी की आकांक्षा लिप्त आवाज़ सुनाई दी–'कभी-कभी सोचता हूँ तुम्हारा जीवन भी क्या मज़े का जीवन है। गाँव से पैसे आ जाते हैं और होटल में बैठे मौज करते हो। न कोई दुःख, न चिन्ता। एक हम हैं कि रात-रात भर उकड़ूँ बैठे बोर्ड बनाते रहते हैं।''

फिर उसने परसी को देखा कि घड़ा उसकी गोद में है, सिर झुका हुआ है और शुष्क ओंठों पर ये बोल हैं–

शाला छड्ड गयों कल्ली
साडा होर ई केहड़ा।
सानूँ कक्ख वी न देवे
तेरा खाली वेहड़ा।

कुलसूम ने कॉफ़ी का चौथा घूँट भरते हुए पूछा,

"क्या सोच रहे हैं आप?"

याक़ूत ने आँखें झपकाकर कहा, "कुछ नहीं। कुछ भी तो नहीं।"

एक जोड़ा गैलरी में प्रविष्ट हुआ। पुरुष दरम्याने कद का गठे हुए शरीर का था और उसने समर का फ़ाख़्ता के रंग का सूट पहन रखा था। महिला ने नसवारी रंग का नया सिला बुर्क़ा पहन रखा था और उसकी कलाइयों में सोने की चूड़ियाँ तथा अँगुलियों में सोने की अँगूठियाँ थीं। स्पष्ट दिखाई दे रहा था कि उनका नया-नया विवाह हुआ है। दोनों सामने की मेज़ पर आकर बैठ गये। महिला ने तनिक-सी नक़ाब उठा ली। याक़ूत बुत बना उसे देखता ही रह गया।

11

नज़मा अपने पति असग़र एडवोकेट के साथ उस होटल में आयी थी।

असग़र ने उसे माल पर थोड़ी-सी शॉपिंग कराई और फिर दोपहर के खाने के लिए उसे यहाँ ले आया। वह इस्लामपुर कस्बे की सीधी-सादी नज़मा पर अपनी शहरी ज़िन्दगी का रौब डालना चाहता था। वह उसे बता रहा था कि यह लाहौर का सर्वोत्तम होटल है और यहाँ केवल उच्च कोटि के सुशिक्षित एवं धनाढ्य लोग ही खाना खाने के लिए आते हैं।

"यह होटल गर्मियों में ठंडा और सर्दियों में गर्म रहता है। देखो, इनके चम्मच और प्याले कैसे उत्तम कोटि के हैं। ये विशेष रूप से लन्दन से मँगाए गये हैं। मैं तो शादी से पहले सिर्फ़ इसी होटल में आकर बैठा करता था। यहाँ चाय की एक प्याली एक रुपये में मिलती है।..."

लेकिन नज़मा अब कुछ भी नहीं सुन रही थी क्योंकि उसने भी अब सामने की मेज़ पर बैठे याक़ूत को देख लिया था। वह भी एक अन्य बुर्क़ापोश लड़की के साथ। वह पहली बार याक़ूत को किसी अन्य लड़की के साथ देख रही थी। याक़ूत भी पहली बार नज़मा को किसी अन्य पुरुष के साथ देख रहा था। दोनों एक दूसरे को देखकर परेशान हो उठे थे। उदास हो गये थे। नज़मा के साथ एक फालतू पुरुष था, जो उसका पति था। याक़ूत के साथ एक फालतू लड़की थी, जो उसकी प्रेमिका थी। यदि नज़मा याक़ूत से न बिछुड़ी होती तो उसे कदाचित् कुलसूम से प्रेम न हुआ होता। यदि नज़मा घर से भागकर याक़ूत के साथ विवाह कर लेती तो आज असग़र एडवोकेट उसके साथ न होता। तब वहाँ कुलसूम होती न असग़र—अपितु केवल नज़मा और याक़ूत होते। किन्तु अब सिवाय उन दोनों के वहाँ सब कुछ था। केवल वे ही नहीं थे। शेष सभी कुछ उपस्थित था। वे दोनों होटल की गैलरी से निकलकर इस्लामपुर के एक हवेलीनुमा पुराने मकान की अर्द्ध-प्रकाशित सीढ़ियों में एक-दूसरे से सटकर खड़े थे और याक़ूत कह रहा था—

"यह तुम्हारे साथ कौन है नज़मा?"

और नज़मा सिर झुकाए, आँखें झुकाए, मौन खड़ी थी और उसकी बन्द पलकों से अश्रु टपक रहे थे।

"यह कौन है नज़मा? क्या तुम इसके पलंग पर सोती हो? नज़मा? नज़मा! तुम्हें एक अपरिचित व्यक्ति के पलंग पर लेटने में लज्जा का अनुभव नहीं होता? तुम्हें क्या हो गया है नज़मा? तुम कहाँ से चली थीं और कहाँ आ गयी नज़मा? बोलो नज़मा! नसवारी आँखों, सुनहरे बालों और काले तिल वाली नज़मा?"

नज़मा की आँखों से आँसू बह रहे थे और वह मौन थी। और फिर याक़ूत ने सिर झुका रखा था और नज़मा कह रही थी, "तुमने इतनी जल्दी मुझे विस्मृत कर दिया याक़ूत कि मेरा विवाह होते ही दूसरी लड़की को साथ लेकर घूमने लगे? क्या तुम मेरे विवाह होने की ही प्रतीक्षा कर रहे थे? मैं तो ख़ैर माँ-बाप के सम्मान की ज़ंजीरों से बँधी डोली में बैठ गयी थी, किन्तु तुम्हें तो ऐसा नहीं करना चाहिए था। तुम तो कहा करते थे—नज़मा! मैं तुम्हारे अतिरिक्त किसी की ओर देखना भी पसन्द नहीं करता; मैं केवल तुमसे प्रेम करता हूँ और जीवन भर करता रहूँगा। तब तुम इतनी जल्दी किसी दूसरी लड़की से कैसे प्रेम करने लगे? याक़ूत! बताओ यह काले बुर्क़े वाली लड़की, जिसकी पीठ है मेरी ओर और जिसकी गोरी गाल का एक टुकड़ा ही मुझे दिखाई दे रहा है, कौन है? क्या तुम सचमुच ही इस लड़की से प्रेम करते हो? क्या तुम इसे भी किसी मकान की सीढ़ियों में खड़े होकर कहा करते थे कि मैं तुमसे प्रेम करता हूँ? जिस प्रकार तुम मुझसे प्रेम किया करते थे। मेरे ओंठ चूमा करते थे। क्या इसके ओंठ भी उसी तरह, उसी प्यार से, उसी आवेग से चूमा करते हो? नहीं याक़ूत, तुम ऐसा नहीं कर सकते। तुम्हें कदाचित् ऐसा नहीं करना चाहिए। यदि मैं तुम्हें यहाँ अकेले, उदास बैठे हुए देखती तो मुझे इतना दुःख न होता, जितना तुम्हें इस लड़की के साथ प्रसन्न बैठे देखकर हुआ है। काश! मैं अपने पति के साथ खाना खाने यहाँ न आयी होती! काश! आज मैं अपने घर से बाहर ही न निकली होती। काश! मैंने कभी तुमसे प्रेम ही न किया होता..."

नज़मा के ओंठ सिले हुए थे। याक़ूत प्रस्तर प्रतिमा बना बैठा था। किन्तु दोनों के नेत्र एक दूसरे से इसी प्रकार के प्रश्न पूछ रहे थे। नज़मा कह रही थी—यह मेरा पति है। मेरे माता-पिता ने मुझे इसके पल्लू से बाँध दिया है। अब जीवन भर मुझे इसी के साथ रहना है। जब तक इसकी मृत्यु नहीं होती, शेष जीवन इसी के साथ बिताना है। मैं विवश हूँ। मैं इस्लामपुर क़स्बे की एक शरीफ़, माँ-बाप की आन पर अपना प्रेम और अपना जीवन तक न्योछावर करने वाली लड़की हूँ। मेरा विवाह तुम्हारे साथ न हो सका, इसका मुझे खेद है, किन्तु मैं जीवन भर केवल तुमसे ही प्रेम करती रहूँगी। संसार तुम्हें मुझसे छीन सकता है, लेकिन तुम्हारा प्रेम मेरे हृदय से नहीं निकाल सकता। वह फूल को डाली से तोड़ सकता है, किन्तु उसकी कलियों से उनकी मुस्कान नहीं छीन सकता।

और याक़ूत कह रहा था—ऐसी बात नहीं है नज़मा। यह प्रेम करके भूल जाने की बात नहीं है। यह दृष्टिकोण का अन्तर है। जिस प्रकार मनुष्य स्त्री के हृदय की गहनता की थाह नहीं ले सकता, उसी प्रकार स्त्री भी पुरुष मनोविज्ञान की तह तक नहीं पहुँच सकती। स्त्री तो केवल प्रेम करती है, जबकि पुरुष और भी बहुत कुछ करता है। उसे बहुत कुछ करना होता है। मैं तुमसे भी प्रेम करता हूँ और कुलसूम से भी। हाँ, इसका नाम कुलसूम है। यह बड़ी रहस्यमयी लड़की है। इसके हाथ तुम्हारे हृदय से भी अधिक कोमल हैं और इसकी आँखें मेरे दिल से भी अधिक गहरी हैं। मैं इस लड़की से उसी प्रकार से प्रेम करता हूँ, जिस प्रकार से तुमसे करता हूँ। मैंने इसके ओंठ कई बार चूमे हैं, जैसे कभी तुम्हारे चूमा करता था। ऐसा क्यों है? यह एक लम्बी कहानी है, अद्भुत दार्शनिकता है। यह कहानी मैं तुम्हें पूरी तरह से सुना भी नहीं सकता और तुम समझ भी नहीं सकतीं।

बातें करते-करते नज़मा के प्रति एडवोकेट मुहम्मद असग़र भट्टी को महसूस हुआ कि उसकी नवविवाहित पत्नी उसकी बातें नहीं सुन रही है अपितु किसी गहरी सोच में डूबी हुई है। वह उसकी ओर नहीं अपितु उसके कन्धों के ऊपर से कहीं दूसरी तरफ़ देख रही है।

"उधर क्या देख रही हो नज़मा?"

नज़मा चौंक गयी।

"जी नहीं, कुछ नहीं देख रही... वह उधर एक लड़की बैठी है, उसके कानों के झुमके देख रही थी। बहुत सुन्दर डिज़ाइन है।"

स्त्री प्रत्येक अवस्था में असत्यवादन कर सकती है। नाज़ुक से नाज़ुक स्थल पर सुरक्षित रह सकती है। पुरुष ऐसा नहीं कर सकता।

"डिज़ाइन याद रखना। मैं कल ही तुम्हें ऐसे झुमके बनवा दूँगा। हाँ, तो मैं तुम्हें बता रहा था कि अदालत ने मेरे पेश किये गये गवाह को रद्द कर दिया। केस कमज़ोर हो गया। मैं परेशान हो उठा। आख़िर एक नुक्ता मुझे अचानक सूझ गया। जिस काग़ज़ पर सम्पत्ति का वसीयतनामा लिखा हुआ था, वह काग़ज़ लन्दन का बना हुआ था और सम्पत्ति कोट राधूराम में थी और उस पर तिथि..."

असग़र अपनी पत्नी के सामने अपनी विधि-विज्ञता की प्रशंसा के पुल बाँध रहा था और सरल हृदय नज़मा इन बातों में विशेष रुचि नहीं ले रही थी। और अब जब उसने याक़ूत को एक लड़की के सामने बैठे हुए देख लिया था तो उस पर आत्मविस्मृति की स्थिति अवतरित हो चुकी थी।

कुलसूम ने भी याक़ूत को सहसा मौन होते अनुभव कर लिया था। उसने सोचा शायद वह कुछ सोच रहा है, किन्तु जब मौन अधिक दीर्घ हो गया और याक़ूत के नेत्र किसी की ओर टिकटिकी बाँधकर देखते रहे तो कुलसूम ने एक बार फिर पूछा,

"क्या सोच रहे हैं आप?"

"कुछ नहीं... कुछ भी तो नहीं।" याक़ूत ने चौंककर उत्तर दिया और सिगरेट सुलगा ली।

"कुछ बात तो है। आप पर बार-बार आत्मविस्मृति के दौरे पड़ रहे हैं। ऐसा पहले कभी नहीं हुआ। मुझसे कुछ मत छिपाएँ। बता दें कि आपके मन में इस समय क्या चल रहा है।"

अनुभव ने एक सत्य सूर्य की भाँति याक़ूत पर उद्घाटित कर दिया था कि स्त्री से अपने मन की बात कभी नहीं कहनी चाहिए। ऐसी स्त्री पर तो अपना मन कदाचित् नहीं खोलना चाहिए, जिससे तुम प्रेम करते हो। और फिर यहाँ तो कुलसूम को बताने वाली बात भी कुछ न थी। याक़ूत ने इधर-उधर की बातों से कुलसूम को टाल दिया और केवल उसे आश्वस्त करने के लिए उससे हँस-हँसकर बातें करता रहा। दूसरी ओर जब नज़मा ने याक़ूत को इस लड़की से हँस-हँसकर बातें करते देखा तो वह अपना दिल थामकर रह गयी। उसके ओंठ सूख गये और गले में कड़वाहट-सी घुल गयी। उसे लगा कि याक़ूत उसे जलाने के लिए ऐसा कर रहा है। उसे याक़ूत पर बहुत क्रोध आया। प्रतिशोध की भावना से वह भी अपने पति से हँस-हँसकर बातें करने लगी। अकस्मात् ही वह खिल उठी और उसकी बातों से हाव-भाव तथा मुस्कुराहटें टपकने लगीं। वह अपने वकील पति के घटिया से घटिया चुटकुले पर भी दिल खोलकर हँसने लगी। उसका पति फूला नहीं समा रहा था। इस समय वह स्वयं को विश्व का सबसे बड़ा हँसोड़ चुटकुलेबाज़ अनुभव कर रहा था। याक़ूत समझ गया कि नज़मा केवल उसे जलाने के लिए ऐसा कर रही है क्योंकि वह कुलसूम से हँस-हँसकर बातें कर रहा है। याक़ूत को नज़मा की खोखली मुस्कुराहटों और उसके पति के मिथ्या भ्रम पर बड़ी दया आयी।

जबसे नज़मा अपने पति के साथ गैलरी में आयी थी, वहाँ के वातावरण में एक प्रत्यक्ष परिवर्तन यह देखने में आया था कि यूक्लिप्टस, कॉफ़ी, थ्री कैसल और गार्डीनिया की मिश्रित गन्ध में हिना की गन्ध भी सम्मिलित हो गयी थी। यह वही सुगन्धि थी जो याक़ूत अपने पत्रों में बसाकर नज़मा को भेजा करता था। उसे अपने पत्र याद हो आये। वह उदास हो गया। नज़मा ने भी वातावरण में अपने वस्त्रों पर लगे इत्र के अतिरिक्त एक अन्य इत्र की सुगन्धि अनुभव की। अद्भुत रहस्यमयी गहन सुगन्धि थी यह। निश्चय ही यह इत्र याक़ूत के समक्ष बैठी लड़की ने लगा रखा है। नज़मा पुनः उदास हो गयी। उसकी कृत्रिम मुस्कुराहट वाष्प बनकर उड़ गयी। दोनों ने एक दूसरे को उदास और व्यथित देखा तो दोनों के मन में एक दूसरे के प्रति फिर प्रेम तथा सौहार्द उत्पन्न हो आया। वे थोड़े-थोड़े अन्तराल से एक दूसरे को निराशा एवं आकांक्षा से देखने लगे। अब याक़ूत ने देखा कि नज़मा पहले की

अपेक्षा कहीं अधिक सुसज्जित एवं सुन्दर प्रतीत हो रही थी। उसकी नसवारी आँखों में काजल लगा था, माथे पर सोने का झूमर चाँद बनकर चमक रहा था, कानों में झुमके झिलमिला रहे थे और ओंठों पर लालिमा चमक रही थी। नज़मा ने देखा कि याक़ूत पहले की अपेक्षा कुछ दुबला हो गया है। उसका चेहरा तनिक पीला पड़ गया है और आँखें उदास-उदास रहने लगी हैं। क्या यह सब उसके वियोग में हुआ है? इस प्रश्न के उत्तर में नज़मा को तनिक गर्व का अनुभव हुआ और वह मन ही मन याक़ूत पर बलिहारी जाने लगी। फिर अचानक उसे दूसरी लड़की का ध्यान आ गया। आख़िर यह बुर्क़ापोश लड़की कौन है? याक़ूत की कोई बहन-अहन या रिश्ते की कोई अन्य महिला लाहौर में नहीं रहती। स्पष्ट ही यह कोई अजनबी लड़की है। याक़ूत इसमें रुचि लेता होगा। नज़मा के ओंठ एक बार पुनः सिकुड़ गये और मुँह का स्वाद पुनः कड़वा हो गया। वे खाना खा चुके थे। उसका पति कॉफ़ी का आर्डर देने लगा तो नज़मा ने कहा, "कॉफ़ी नहीं। मेरा यहाँ पर दम घुटने लगा है। अब घर चलें।"

"चलो, कॉफ़ी फिर कभी सही। तुम्हें इन बन्द होटलों में बैठने की आदत नहीं है ना, इसलिए घुटन अनुभव कर रही हो। किन्तु यह तो एयर-कंडीशंड होटल है। चलो, फिर सही, फिर कभी।... बैरा! बिल लाओ।"

याक़ूत को अपने सिर पर पड़ा बोझ हल्का होता हुआ अनुभव हुआ। वह चाहता था कि नज़मा, जितना शीघ्र हो सके, अपने पति को साथ लेकर वहाँ से चली जाए। वह उसे अपने पति से और अधिक बतियाते नहीं देख सकता था। नज़मा की बातों के माध्यम से उसे वे बातें याद आ रही थीं जो नज़मा उसके वक्ष पर अपना सिर रखकर किया करती थी। थोड़ी देर बाद बैरा बिल ले आया। नज़मा के पति ने बिल अदा किया और नज़मा को साथ लेकर सीढ़ियों की ओर चल दिया। नज़मा बुर्क़ा दुरुस्त करते हुए सीढ़ियाँ उतरने लगी। उसने अन्तिम बार चोर आँख से याक़ूत की ओर देखा और अपने पति के साथ नीचे चली गयी। याक़ूत ने सुख की गहरी साँस ली। उसने थ्री कैसल की नयी सिगरेट सुलगाई और न जाने किस विषय पर कुलसूम से बात करते हुए पर्दे की जालियों में से नीचे नज़मा को अपने पति के साथ होटल से बाहर निकलते देखता रहा। नज़मा चली गयी तो याक़ूत ने सोचा ये पति लोग भी क्या उल्लू होते हैं, जो दूसरों की पत्नियों को साथ लिए फिरते हैं और ये लड़कियाँ भी कैसी अद्भुत होती हैं, जो एक पल में सब कुछ भूल-भुलाकर दूसरों के साथ चल देती हैं।

"नीचे क्या देख रहे हैं आप?"

याक़ूत ने शीघ्रता से दृष्टि जालीदार पर्दे पर से हटा ली।

"कुछ नहीं... ऐसे ही आते-जाते लोगों को देख रहा था। होटल का जीवन भी

अद्‌भुत होता है। यहाँ हर समय लोगों का ताँता बँधा रहता है। एक आता है, दूसरा निकलता है।

याक़ूत कुछ ऊट-पटाँग-सी बातें कर रहा था। उसके मस्तिष्क पर अभी तक नज़मा छाई हुई थी। नज़मा– जो अकस्मात् अपने पति के साथ उसके सामने आ गयी थी। याक़ूत ने शीघ्रता से अपनी भावनाओं पर काबू पाया और बहुत प्रेम से कुलसूम की गहरी घनी पलकों वाली निर्मल आँखों में झाँककर कहा, ''तुम्हें कोई ग़लतफ़हमी तो नहीं हुई कुलसूम?''

कुलसूम ने दो-एक बार पलकें झपझपाकर आँखें नीची कर लीं और कहा, ''मुझे ऐसा लगा था... जैसे... जैसे आप उस लड़की को देख रहे हैं।''

''किस लड़की को कुलसूम?''

''वह जो अभी-अभी यहाँ से उठकर गयी है।''

याक़ूत को लगा जैसे उसके मन को किसी ने मुट्‌ठी में भींच लिया है। उसने मुस्कुराकर कहा, ''कुलसूम! जहाँ तक लड़कियों की ओर देखने का सम्बन्ध है तो मैं केवल इतना कहूँगा कि अब प्रत्येक लड़की पर मुझे तुम्हारा भ्रम होता है। इस समय यदि तुम इस होटल के स्थान पर मेरे कमरे में होतीं तो यही बात मैं तुम्हें अपनी छाती से लगाकर कहता और मुझे विश्वास है कि मेरी वाणी के साथ-साथ मेरे दिल की गर्मी और सच्चाई भी तुम्हें इसका विश्वास दिला देती।''

याक़ूत की इस प्रकार की असाधारण बातों का कुलसूम पर बहुत गहरा प्रभाव पड़ता था। वह क्षण भर में सब कुछ भूलकर हृदय की गहराइयों से उस पर आसक्त हो जाती थी। वह तो वास्तव में उस छोटी-छोटी मूँछों, परिपक्व दृष्टि, पके बालों, चौड़े कन्धों और गम्भीर मस्तक वाले इस व्यक्ति से प्रेम करने लगी थी। उसने उस संकट के समय में उसका हाथ पकड़ा था, जब हर कोई उसे छोड़कर चल दिया था। जब उसके जीवन के साथ-साथ उसके माता-पिता, उसके परिवार का सम्मान भी अपमान के गड्‌ढे में गिर रहा था। वह उसका हाथ पकड़कर, उसे अपने साथ चिपकाकर आँधियों के आक्रमण में उसके लिए चट्‌टान बनकर खड़ा हो गया था और उसने हर तरह की प्रतिकूल हवा का मुकाबिला किया था। इस व्यक्ति से कुलसूम को कैसे प्रेम न होता? किन्तु कुलसूम ने अपनी ओर से कभी भी अत्यधिक उत्साह प्रकट नहीं होने दिया था क्योंकि उसे अभी यह विश्वास नहीं था कि उसके घर वाले उसका विवाह याक़ूत से कर देंगे। इस तकड़ी में कुलसूम तथा नज़मा दोनों समान तुल रही थीं। इन दोनों लड़कियों का सम्बन्ध समाज के उस वर्ग से था, जिसमें प्रायः या तो लड़की अपने प्रेमी के साथ घर से भाग जाती है या नज़मा की भाँति माता-पिता की इच्छा के सामने समर्पण कर देती है तथा दहेज में अपने प्रेमी की स्मृति भी श्वसुर-गृह ले जाती है। कुछ समय तक यह रोमांचक-सी स्मृति उसके वक्ष से लगी रहती है

लेकिन उसका अपना बच्चा उसके वक्ष से लग जाता है तो वह सब कुछ विस्मृत कर तन-मन से अपनी सन्तान के लालन-पालन, पति की सेवा तथा घर की देखभाल में लग जाती है। इस मोड़ पर यदि पुराना प्रेमी उसके जीवन में पुनः प्रविष्ट होने का प्रयत्न करे तो वह उसे कदाचित ऐसा नहीं करने देती। तब वह उसे मात्र एक भूले-बिसरे दिलचस्प स्वप्न की तरह याद रखती है, जो कुछ-कुछ याद रहता है, अधिकांश भूल गया होता है। ऐसी लड़कियाँ अपने प्रेमावेग को, प्रेमालाप को, शरीर-सुख की आकांक्षा को तथा चिंगारियों-सी सुलगती लालसा को विवाह के दिन के लिए सँजो-सँजोकर रखती हैं—उन बच्चों की तरह, जो ईद के मेले के लिए अपनी बुगची में पैसे जोड़-जोड़कर रखते हैं। जब कोई इनसे बुगची छीन-तोड़कर उनके बचा-बचाकर रखे पैसे बलात् छीन लेता है तो ये उसे कभी क्षमा नहीं करते तथा उनको इन हानि का दुःख कभी नहीं भूलता। कुलसूम भी ऐसे बच्चों-सी ही थी। वह भी विवाहोपरान्त ही याक़ूत के प्रति अपने भावावेश का बाँध तोड़ना चाहती थी। अभी वह अपने पर नियन्त्रण किये हुए थी क्योंकि उसका भी थोड़ा-बहुत माल लूटा जा चुका था। ऐसा शहाब की मक्कारी और चतुराई के कारण हुआ था या कुलसूम की नादानी और नासमझी के कारण या अन्धी भावनाओं के वेग में बह जाने के कारण हुआ था, किन्तु कुलसूम को इस हानि का एक-एक विवरण याद था और उसने लुटेरे को क्षण भर के लिए भी क्षमा नहीं किया था। उसे विदित था कि शहाब ने उसे उम्र भर के लिए दाग़दार कर दिया था। उसने उससे वह वस्तु छीनकर नष्ट कर डाली थी, जिसे वह पुनः प्राप्त नहीं कर सकती थी। यह तो उसका भाग्य अच्छा था कि उसे याक़ूत मिल गया, जिसने न केवल उसे डूबती हुई को सहारा दिया अपितु उसे कभी यह भी अनुभव नहीं होने दिया कि अब वह एक ऐसी रिक्त सीपी है, जिसके अन्दर का मोती नष्ट हो चुका है तथा अब इस रिक्त सीपी का कोई मूल्य नहीं है। याक़ूत ने अपने प्रेम के सारे पुष्प कुलसूम के आँचल में डाल दिये और उसकी पूजा करने लगा। कुलसूम ये सब बातें जानती थी, किन्तु उसके मन में एक आशंका बराबर बनी रहती थी। उसे डर था कि यदि किसी कारणवश उसके माता-पिता ने याक़ूत के साथ विवाह करने से इंकार कर दिया और किसी दूसरी जगह उसका विवाह कर दिया तो उसके जीवन का क्या होगा? वह कौन-सा मुँह लेकर अपने पति की सुहाग-सेज पर चढ़ेगी? क्या वह यह जान लेने पर भी कि उसकी पत्नी का सतीत्व-स्त्री मोती लुट चुका है, उसे स्वीकार कर लेगा? क्या जौहरी मोती के स्थान पर खाली सीपी खरीदना स्वीकार कर लेगा? भय की इसी अनुभूति के कारण वह कई बार याक़ूत के प्रेमासिक्त आलिंगन में भी उदास हो जाती और उसकी सीमित बुद्धि अद्‌भुत प्रकार की भयावह आशंकाओं में उलझ जाती। इस समय भी, होटल की गैलरी में बैठे हुए याक़ूत ने अपनी गर्म-गर्म दृष्टि और मुस्कुराते ओंठों के माध्यम

से भरपूर प्रेम को अभिव्यक्ति दी तो वह उदास हो गयी। याक़ूत ने उसे उदास देखकर पूछा, "क्या अब भी तुम्हें मेरे प्रेम पर विश्वास नहीं है कुलसूम? क्या तुम यह समझती हो कि मैं किसी और से भी प्रेम कर सकता हूँ? शायद मैं ऐसा कर सकता कुलसूम किन्तु जब तक तुम मेरे साथ हो, तुम्हारा प्रेम मेरे साथ है, मैं ऐसा कभी नहीं करूँगा। यही कारण है कि मैंने तुमसे विवाह करने का निश्चय कर लिया है। मैं तुम्हें दुल्हिन बनाकर अपने घर लाऊँगा क्योंकि यही वह रास्ता है जिस पर चलकर तुम सदा-सदा के लिए मेरे पास आ सकती हो।"

विवाह की बात पर कुलसूम ने लज्जावश दृष्टि झुका ली। उसे निश्चय था कि याक़ूत सच बोल रहा है। वह उससे विवाह करना चाहता है। किन्तु क्या कुलसूम के घर वाले इस पर सहमत होंगे? क्या उसके भाई बिरादरी से बाहर के सम्बन्ध को स्वीकार कर लेंगे? यह सोचकर उसका मन उदास हो गया। फिर उसने सोचा कि यदि उसके परिवार ने यह सम्बन्ध स्वीकार भी कर लिया, यदि उसका याक़ूत से विवाह भी हो गया तो क्या विवाहोपरान्त जीवन के किसी मोड़ पर वह उसे सतीत्वहीनता का ताना तो नहीं देगा? वह याक़ूत के विषय में बहुत अधिक नहीं जानती थी, किन्तु यदि बहुत अधिक जानती भी होती, उनके प्रेम-सम्बन्ध की आयु कुछ महीनों के स्थान पर कई वर्ष भी रही होती, तो भी यह आशंका निर्मूल न हुई होती। उसने अपने सम्बन्धियों में, गली-मुहल्ले में पति-पत्नी के बीच होने वाली लड़ाइयों को देखा था, उनके तीखे व्यंग्य सुने थे। वह उस अनागत क्षण से अत्यन्त भयभीत थी जब याक़ूत के मन में यह विचार जन्म लेगा कि विवाह के समय वह कँवारी नहीं थी और उसने एक ऐसी लड़की से विवाह कर रखा है, जो विवाहपूर्व एक बच्चे की हत्या कर चुकी है। याक़ूत इस हत्या का प्रत्यक्ष साक्षी जो था।

"क्यों तुम उदास हो गयीं कुलसूम? क्या तुम मुझसे विवाह नहीं करना चाहतीं? क्या तुम मेरे अलावा... मेरा मतलब है... क्या तुम किसी और से प्रेम करती हो?"

कुलसूम ने एक सिसकी-सी भरकर तुरन्त पलकें ऊपर उठाईं और याक़ूत की ओर बहुत प्रेम से, बहुत पीड़ा तथा उदासी से देखकर कहा, "यह तो न कहें। मुझ पर यह इलज़ाम तो न लगाएँ।"

याक़ूत ने शीघ्रता से कहा, "मैं क्षमा चाहता हूँ कुलसूम! क्षमा कर दो।"

कुलसूम के बालों में टँगे स्वीट पीज़ के दोनों पुष्पों की पंखुड़ियाँ जैसे मुर्झाकर उसके बालों के साथ लगकर सो गयी थीं। उसके वस्त्रों से उभरने वाली गार्डीनिया की सुगंधि भी अब याक़ूत को कम अनुभव हो रही थी। याक़ूत ने नयी सिगरेट सुलगाई और प्याली में पड़ी ठंडी कॉफ़ी का घूँट भरकर कहा,

"किन्तु मैं इतना अवश्य कहूँगा कि तुम्हारे मन में कोई पीड़ा अवश्य विद्यमान है, जिसे तुम मुझ पर प्रकट नहीं कर रही हो हालाँकि यह पीड़ा तुम्हारे चेहरे और सुनहरी आँखों में स्पष्ट दिखाई दे रही है।"

क्षण भर के लिए कुलसूम मौन रही। कुछ सोचती रही। फिर धीरे से बोली, "मुझे केवल एक आशंका है, एक बात का भय है।"

"किस बात का? कहो ना।"

"विवाह के बाद कहीं आप यह तो नहीं सोचने लगेंगे कि आपने एक ग़लत लड़की से विवाह कर लिया है?"

याक़ूत ने मेज़ पर हाथ फैलाकर कुलसूम का कोमल हाथ दबा दिया और बड़े विश्वास के साथ कहा, "जो लोग ऐसा करते हैं, मैं उन्हें मनुष्य नहीं समझता। मनुष्य जब किसी लड़की का हाथ पकड़कर उसे तूफ़ान में से बाहर निकालता है, तो किनारे पर आकर कभी उससे नहीं कहता कि तुम्हारा हाथ काँप रहा था। वह कभी उसकी दुर्बलता का मज़ाक नहीं उड़ाता। उसकी किसी त्रुटि पर कटाक्ष नहीं करता। और फिर तुमसे तो जो कुछ भी हुआ, वह नादानी और नासमझी के कारण हुआ था। इसमें तुम्हारा कोई दोष नहीं था। यदि तुम्हें किसी ने चेता दिया होता कि इस तनिक-सी भूल का कितना बड़ा फल तुम्हें भुगतना पड़ेगा तो मेरा विचार है कि तुम छत पर से कूदकर आत्महत्या कर लेतीं, यह भूल कभी न करतीं। इसलिए भविष्य में कभी यह बात मुझसे दोबारा मत कहना और न कभी ऐसी व्यर्थ बातों से उदास और व्यथित होकर अपने दिमाग़ को परेशान करना। क्या अब भी तुम्हारा भ्रम दूर नहीं हुआ?"

कुलसूम को लगा जैसे बादल छँट गये हैं और गहरे नीले आकाश पर सूर्य चमकने लगा है और विचारों के सफ़ेद-सफ़ेद, बेदाग़, चिन्तामुक्त, आनन्दित, उल्लसित कपोत धूप में गोलाकार उड़ने लगे हैं। उसके बालों में लगे स्वीट पीज़ के पुष्पों में जान लौट आयी तथा उनकी मुर्झाई हुई पंखुड़ियाँ पुनः सजीव हो उठीं। उसके श्वेत वस्त्रों में से पुनः गार्डीनिया की महक उड़ने लगी। उसका चेहरा खिल गया। उसके ओंठों पर मुस्कान नाच उठी। याक़ूत ने प्रसन्न होकर कहा, "बस तुम सदैव इसी तरह मुस्कुराती रहो। तुम हरी-भरी डाली पर उगा पुष्प हो, तुम सदैव खिली रहो। तुम्हें उदास, व्यथित होने की क्या ज़रूरत है।"

उस क्षण कुलसूम के मन ने चाहा कि वह याक़ूत की गर्दन में बाँहें डालकर, उसके वक्ष पर सिर रख दे और खुलकर रो दे। प्रसन्नता के आँसू बहा दे।

अचानक उसने घड़ी की ओर देखा। पौने दो बज रहे थे।

"हाऽऽऽ... बहुत देर हो गयी। मुझे अब कॉलेज जाना है।"

"थोड़ी देर और रुक जाओ कुलसूम। एक कप कॉफ़ी और पी लें।"

"नहीं, अब आप ज़िद न करें। सच, मेरा जाना बहुत ज़रूरी है। यदि न गयी तो व्यर्थ की बदनामी होगी। घर वाले पहले ही से मेरे विषय में सुन-गुन कर रहे हैं।"

"उन्हें कैसे पता चलेगा कि तुम यहाँ बैठी हो?"

कुलसूम ने अपना कोमल हाथ अपने फूल जैसे ओंठों पर रखकर कहा, ''ईश्वर के लिए ऐसी बातें न करें। मुझे डर लगता है।''

थोड़ी देर बाद वे दोनों होटल से बाहर आ गये। याक़ूत ने टैक्सी मँगानी चाही तो कुलसूम ने कहा, ''चौक में जाकर मैं स्वयं टैक्सी ले लूँगी। आप यहाँ से ही अलग हो जाएँ। पता नहीं क्यों आज मुझे बहुत डर लग रहा है।''

''तुम तो व्यर्थ में डर रही हो। चलो, मैं भी चौक तक तुम्हारे साथ चलता हूँ।''

''हाय नहीं, आप चले ही जाएँ।''

''ऐसी भी क्या बात है। अच्छा, यह बताओ, अब कब मिलोगी?''

''कुछ कह नहीं सकती। पत्र लिखूँगी।''

कुलसूम का दिल किसी अदृश्य भय से धड़क रहा था। वह अनमनी-सी याक़ूत के साथ रीगल वाले चौक की ओर चल दी। अभी वह थोड़ी दूर ही गये थे कि कुलसूम का दिल जैसे उछलकर उसके गले में आ गया, टाँगें एकदम बर्फ़-सी हो गयीं और पाँव मन-मन भर भारी हो गये। सामने से हाथ में चमड़े का थैला लिए उसका बड़ा भाई आ रहा था।

''हाय मैं मर गयी, भैया आ रहे हैं।'' कुलसूम की आवाज़ मुर्दा हो रही थी।

''कहाँ?''

''हाय! ईश्वर के लिए अलग हो जाएँ। ईश्वर के लिए आप जाएँ। मैं मर जाऊँगी।''

किन्तु इतनी देर में उसका बड़ा भाई बिल्कुल निकट आ पहुँचा था। उसने कुलसूम के पास से निकलते हुए अपनी बहन को सिर से पाँव तक देखा और एकदम चुपचाप आगे निकल गया। कुलसूम का ख़ून खुश्क हो गया। उसकी ज़बान सूखकर काँटा हो गयी।

''हाय अब क्या होगा? उन्होंने हमें देख लिया है।''

''मेरे विचार में उन्होंने तुमको नहीं पहचाना, अन्यथा वे तुम्हें ज़रूर बुलाते।''

''हाय, आप उन्हें नहीं जानते। अब ख़ुदा जाने मेरा क्या हाल करेंगे। ईश्वर के लिए अब तो आप अलग हो जाएँ। हे ईश्वर! मैं क्या करूँ?''

''हौसला रखो कुलसूम, मैं हर हाल में तुम्हारे साथ हूँ।''

''ईश्वर के लिए इस समय आप तुरन्त अलग हो जाएँ, मैं आपके पाँव पड़ती हूँ।''

याक़ूत तुरन्त अलग होकर फुटपाथ पर चढ़ गया और बस-स्टॉप पर खड़े होकर कुलसूम को उखड़ी-उखड़ी अनियन्त्रित चाल से चौक की ओर जाते देखता रहा। चौक में पहुँचकर कुलसूम ने एक खाली ताँगा देखा। जल्दी से ताँगे पर चढ़ उसने ताँगे वाले से कहा, ''... कॉलेज... जल्दी।''

''अच्छा बीबी जी।''

और ताँगा कॉलेज की ओर चल दिया। घोड़ा अपनी परम्परात्मक लाहौरी गति से चल रहा था और कुलसूम उड़कर अपने कॉलेज पहुँचना चाह रही थी। उसे एक खुशफहमी यह भी थी कि शायद भाई ने उसे न पहचाना हो।

"बाबा! ताँगा तेज़ चलाओ।"

"अच्छा बीबी जी।"

ताँगे वाले ने घोड़े को हल्की-सी चाबुक लगाई। घोड़ा एक बार ऊपर को उछला, थोड़ी दूर तेज़-तेज़ दौड़ा और पुनः अपनी परम्परात्मक गति पर आ गया। कुलसूम के मन ने चाहा कि वह चाबुक अपने हाथ में लेकर घोड़े को इतना पीटे कि वह उड़ता हुआ उसके कॉलेज पहुँच जाए। किन्तु न वह चाबुक अपने हाथ में ले सकी और न घोड़े की गति में कोई अन्तर आया। जैसे-कैसे वह कॉलेज पहुँची। उसने पर्स में से निकलकर एक अठन्नी ताँगे वाले को दी। वह अभी ताँगे पर से उतर ही रही थी कि एक टैक्सी चुपके से उसके पास आकर रुकी और उसके अन्दर से उसके भैया निकलकर बाहर आ गये।

"आओ कुलसूम, घर चलें। कॉलेज जाने की ज़रूरत अब नहीं है।"

कुलसूम पर जैसे बिजली-सी गिर पड़ी। वह क्षण भर बेजान लाश की तरह वहीं रुकी रही और फिर अपने भाई के साथ टैक्सी में बैठ गयी। टैक्सी उनके घर की ओर चल दी। कुलसूम ने इस प्रकार के पश्चाताप, खेद, मानसिक ऊहापोह तथा भय के साथ कभी टैक्सी में सफ़र नहीं किया था। उसे लग रहा था जैसे वह काले बुर्क़े में लिपटी हुई एक लाश है जिसे दफ़नाने के लिए उसका भाई क़ब्रिस्तान ले जा रहा है। उसके भाई ने सारा रास्ता कोई बात न की। भय के कारण कुलसूम की ज़बान सूखकर लकड़ी हो गयी थी और उसका दिल ज़ोरों से धड़क रहा था। एक बार तो उसे लगा जैसे वह [illegible]ुध हो गयी है और उसे सपने में सड़क के दोनों ओर की दूकानें तथा फुटपाथ के लोग पीछे की ओर भागते दिखाई दे रहे हैं। टैक्सी उनके मुहल्ले के बाहर आकर रुक गयी। भाई ने बिल अदा किया और कुलसूम को साथ लेकर घर आ गया। वह घर, जिसमें कुलसूम हँसती-खेलती, बुलबुल की भाँति चहकती हुई दाख़िल होती थी, जिसकी दीवारें उसे बाहर की चिन्ताओं से मुक्ति दिलाती थीं और जिसके हर कोने में उसके ऊपर सुख-शान्ति की बरसा करती थी, आज किसी अकस्मात् प्रकट हुए देव की भाँति उसकी हड्डी-हड्डी चबा डालने को आतुर प्रतीत हो रहा था। उसे लगा कि अब अगर वह एक बार इस घर में प्रवेश कर गयी तो जीवित बाहर न निकल पाएगी। वह अन्दर आ गयी तो भाई ने द्वार बन्द कर दिया। इसके साथ ही कुलसूम पर कॉलेज, याक़ूत, शहर, प्रेम, स्वीट पीज़ के फूलों, गार्डीनिया की सुगन्धि, सुनहरी धूप और होटल की गैलरी की महकती दुनिया—सब के द्वार ब[illegible] हो गये। सदा-सदा के लिए बन्द हो गये। बाहर का सब कुछ बाहर रह गया। उस[illegible]

प्रेमी की प्यार भरी बातें, भावावेशित आलिंगन, रोमांचकारी वार्तालाप, गुलाब के फूल और गुलदान में रखी यूक्लिप्टस की डालियाँ—हर चीज़ बाहर गली में खड़ी कुलसूम के बन्द द्वार का मुँह तकती रह गयी।

घर पहुँचकर कुलसूम के भाई ने केवल इतना कहा, "तुम अपने कमरे में जाओ।" और स्वयं ऊपर चला गया।

कुलसूम अपने कमरे में आकर पलंग पर गिर पड़ी और फूट-फूटकर रोने लगी। रोते-रोते उसकी घिग्घी बँध गयी। उसकी आँखों का सारा काजल बह गया। पलकें एक दूसरे से जुड़ गयीं और स्वीट पीज़ के फूल बालों में दबकर टूट गये और उनकी पंखुड़ियाँ बिखर गयीं। लगभग पन्द्रह मिनट बाद उसकी भारी-भरकम, गर्वीली, सफ़ेद बालों वाली माँ कमरे में आयी। उसका चेहरा क्रोध से लाल हो रहा था। अन्दर आकर उसने कुलसूम को बालों से पकड़कर एक झटका दिया और बोली,

"यदि तुममें तनिक-सी भी लज्जा है तो डूब मरो। तुम्हें ऐसा करते हुए ज़रा भी शर्म नहीं आयी? तुम्हें यह ध्यान भी न आया कि यदि तेरे भाइयों को पता चल गया तो क्या कहेंगे? पिता को पता चल गया तो वह क्या सोचेंगे? निर्लज्ज! तुम यहाँ से कॉलेज जाती हो और वहाँ उस हरामी के साथ घूमती फिरती हो। बताओ, वह सूअर का बच्चा कौन है? उसके साथ तुम्हारा क्या सम्बन्ध है? ग़ज़ब खुदा का, घर में आधी दर्जन भाभियाँ बैठी हैं, यदि उनको तनिक-सी भी भनक पड़ गयी तो वे जगह-जगह हमारे ख़ानदान को बदनाम कर देंगी। बेहया! तुमको इसका भी ध्यान न आया?"

कुलसूम बाँहों में चेहरा छिपाए पलंग पर बैठी रोती रही। उसकी घिग्घी बँधी हुई थी। उसने माँ के सामने झूठ बोला और कहा कि वह तो उस नवयुवक को कदाचित् जानती भी न थी। उसे पता ही नहीं कि उसके साथ कौन चला आ रहा था। वह तो अकेली कॉलेज वापिस जा रही थी।

"तू गयी किसके पास थी?"

हिचकियों के बीच कुलसूम ने एक और झूठ बोला।

"मैं तो अपनी एक सहेली के घर से किताब लेने गयी थी।"

माँ ने ज़ोर से एक थप्पड़ उसके गाल पर धर दिया और झुंझलाकर कहा,

"बकवास बन्द कर बदबख़्त। एक तो गुनाह किया है, ऊपर से झूठ बोल रही है।"

कुलसूम सिर झुकाए ज़ार-ज़ार रो रही थी। इस समय वह केवल रोना चाहती थी। रोना चाहती थी स्वयं पर, अपने भाग्य पर, उस विधि पर जिसने फूल के साथ डाली पर काँटे उगा रखे हैं। रोने से उसका मन हल्का हो रहा था। मस्तिष्क पर पड़ा बोझ कम हो रहा था।

"अब अल्मारी में पड़ी इन पुस्तकों को चूल्हे में झोंक और पड़ी रह इसी कमरे में। यदि यहाँ से बाहर पैर निकाला तो तेरे भाई तुझे जीवित नहीं छोड़ेंगे। कमीनी तेरे तो इतने भाई हैं कि एक-एक झापड़ भी देंगे तो तू तो जीवित धरती में गड़ जाएगी।"

कुलसूम के भाई अपनी इकलौती बहन से बेहद प्यार करते थे। उसकी प्रत्येक इच्छा तन-मन से पूरी करते थे। उसे नये-नये कपड़े सिलाकर देते थे। जेब-खर्च के अलावा भी उसे पैसे देते थे। वे यह कभी सहन नहीं कर सकते थे कि उनकी बहन घर से बाहर ग़ैर मर्द के साथ माल रोड पर आवारा घूमे और उनकी वर्षों-वर्षों से बनी-बनाई इज़्ज़त की जड़ें खोदने का प्रयास करे। उनको इस दुर्घटना से बहुत कष्ट हुआ था। उनका घर और उनका अपना जीवन इस प्रकार की कुत्सित घटनाओं से सुरक्षित था। उसी रात वे अपने पिता के साथ सिर जोड़ कर बैठ गये और अपने खानदान को बदनामी से बचाने का उपाय सोचने लगे। अन्ततः सबने मिलकर निर्णय लिया कि कुलसूम को कॉलेज से उठा लिया जाए और जितनी जल्दी सम्भव हो उसका विवाह कर दिया जाए। अगले ही दिन कुलसूम को कॉलेज से उठा लिया गया। अपनी पत्नियों से उन्होंने यही कहा कि क्योंकि कुलसूम का स्वास्थ्य ठीक नहीं रहता, इसलिए यह निर्णय लिया गया है। इतना पढ़-लिखकर वह करेगी भी क्या? इस बात से कुलसूम अत्यन्त दुखी हुई। किन्तु वह कर ही क्या सकती थी। और जब उसे भाभियों द्वारा यह सूचना मिली कि उसके लिए वर खोजा जा रहा है तो वह और भी परेशान हो उठी। उसे ज्ञात था कि याक़ूत के अतिरिक्त अन्य किसी भी व्यक्ति के साथ विवाह का अर्थ केवल तबाही, बदनामी और लज्जा का जीवन था। वह प्रतिकार में मुँह तक नहीं खोल सकती थी। भाई केवल अपनी पत्नियों के सामने उससे औपचारिकतावश बात कर लेते थे अन्यथा उन्होंने कुलसूम से बोल-चाल बन्द कर रखी थी। अब वे इसी चिन्ता में थे कि किसी प्रकार से कुलसूभ का बोझ सिर से उतार दें और उसके हाथ पीले करके उसे घर से विदा कर दें।

12

एक सप्ताह बीत गया। कुलसूम की ओर से कोई पत्र न आया।

याक़ूत परेशान हो गया। पहले उसका विचार था कि कुलसूम को भ्रम हुआ है, वह व्यक्ति उसका भाई नहीं था। अब उसे विश्वास हो गया कि वह उसका भाई ही था। वैसे भी बहन अपने भाई को पहचानने में कभी धोखा नहीं खाती। तो क्या कुलसूम के भाइयों ने उसे घर में बन्द कर दिया है? क्या उन्होंने उसका कॉलेज जाना बन्द कर दिया है? उन्होंने उसे मारा-पीटा भी होगा? कुलसूम किस हाल में होगी? उस पर क्या बीत रही होगी? इस प्रकार के विचार याक़ूत के मन को आशंकित करने लगे। उसने सोचा क्यों न कॉलेज जाकर पता किया जाए। एक दिन सुबह-सुबह वह कॉलेज पहुँच गया। लगभग एक घंटे तक वह लड़कियों को कॉलेज-परिसर में घुसते देखता रहा। उनमें कुलसूम कहीं नहीं थी। जब सब लड़कियाँ अन्दर जा चुकीं तो वह कॉलेज-कार्यालय में गया और उसने क्लर्क से कुलसूम के विषय में पूछताछ की। बूढ़े क्लर्क ने शंकापूर्ण दृष्टि से उसे सिर से पाँव तक देखा और रजिस्टर के पन्ने पलटने लगा। फिर एक स्थान पर अँगुली रखकर बोला,

"इसका नाम कट चुका है।"

ठीक है। वह उसका भाई ही था। उन सब को पता चल गया है कि कुलसूम याक़ूत से प्रेम करती है और उसके साथ माल रोड के होटलों में घूमती-फिरती है। उसे कॉलेज से उठा लिया गया है, किन्तु अब उससे भेंट कैसे की जाए। याक़ूत को उसके घर के विषय में कोई भी जानकारी न थी। जानकारी होती भी तो भी वह उसे पत्र नहीं लिख सकता था। किन्तु कुलसूम तो पत्र लिखकर सब कुछ बता सकती थी। इतने दिनों में उसने कोई पत्र भी नहीं लिखा। इसका अर्थ है उसे घर के अन्दर बन्द कर दिया गया है और उसकी गतिविधियों पर पहरा लगा दिया गया है। याक़ूत को बहुत दुःख हुआ कि उसी के कारण बेचारी कुलसूम पर यह विपदा पड़ी है तथा वह अपने सहृदय भाइयों के सामने बदनाम तथा लज्जित हुई है। याक़ूत को अपनी दिनचर्या में अब कोई आकर्षण शेष न रहा। नज़मा विवाह करके अलग हो बैठी थी और कुलसूम को बरबस उससे जुदा कर दिया गया था। याक़ूत के लिए अब लाहौर

जैसे महानगर में उदासी और परेशानी के अलावा कुछ भी न बचा था। वह रात-रात भर लेटे-लेटे पढ़ने का यत्न करता और दिन में बारह बजे जागता। हाथ-मुँह धोकर अनमना-सा जलपान करता और थोड़ी देर बाहर घूम-फिरकर अपने होटल लौट आता। होटल लौटकर वह स्वयं को अपने कमरे में बन्द कर लेता और अगले दिन दोपहर को ही बाहर निकलता।

किसी समय वह वैद्य या परसी के यहाँ जा बैठता और सिगरेट सुलगाकर ख़ामोशी से उनकी बातें सुनता रहता। वैद्य की भूतपूर्व पत्नी दारी के विषय में किसी को कुछ मालूम न था। उसे घर से भगा ले जाने वाला उसका प्रेमी गाबा सुनार घर लौट आया था। उसके पिता ने उसे तुरन्त अपनी बहन के पास गाँव भेज दिया था। उसने लोगों को बताया था कि कराची में दारी उसे धोखा देकर किसी दूसरे के साथ भाग गयी थी। परन्तु वास्तव में वह स्वयं उसे किसी दूसरे के पास बेच आया था। दारी को साथ लेकर वह सीधा हैदराबाद गया। वहाँ उसने अपने एक मित्र के यहाँ डेरा डाला। जो थोड़ा-बहुत सोना वह अपने साथ ले गया था, उसे बेचकर कुछ दिन वे मौज उड़ाते रहे। जब पैसे समाप्त हो गये तो सुनार के खिलन्दड़े बेटे को मेहनत-मजदूरी करनी पड़ी। यह काम उसने कभी किया न था। वह तो केवल दारी का भोग करना चाहता था। उसके साथ मौज-मस्ती करना चाहता था। उसके लिए जान तोड़ श्रम करना उसके वश की बात न थी। फलतः दोनों के बीच झगड़ा होने लगा। जिस मित्र के पास वे दोनों जाकर ठहरे थे, उसने इनके लड़ाई-झगड़े का पूरा-पूरा लाभ उठाया। उसने गाबा के विरुद्ध दारी के कान भरने आरम्भ किये और उसे ऐसे-ऐसे सब्ज़ बाग़ दिखाए कि दारी अपने प्रेमी से विमुख हो गयी। गाबा को इसका पता चला तो उसने अपने मित्र को खूब खरी-खोटी सुनाई। मित्र ने कहा,

"तुम व्यर्थ में अपना जीवन भी नष्ट कर रहे हो और दारी का भी। वह अब तुम्हारे साथ नहीं रह सकती। इसलिए उचित यही है कि उसे लेकर हम अपने सम्बन्धों को न बिगाड़ें। तुम्हारी जो हानि हुई है, वह मुझसे ले लो और दारी को मेरे हवाले कर दो।"

गाबा दारी से तंग आया हुआ था। इसके अतिरिक्त उसे घर की याद भी सताने लगी थी। उसे अपने मित्र का यह प्रस्ताव अच्छा लगा और उसने पाँच सौ रुपये में दारी को उसके पास बेच दिया। पैसे जेब में डाल वह लाहौर आने वाली गाड़ी पर जा सवार हुआ। दारी को इस सौदेबाज़ी की कदाचित् कोई सूचना न थी। अपने बेवफ़ा प्रेमी से छुटकारा पाकर वह बहुत प्रसन्न हुई और हँसी-खुशी दूसरे प्रेमी के साथ रहने लगी। दूसरे प्रेमी ने कुछ दिनों तक उसे अपने पास रखा और फिर जब उसका मन भर गया तो उसने उसे सक्खर के एक देह व्यापारी के पास दो हज़ार रुपये में बेच दिया। किसी बहाने से वह दारी को सक्खर के उस देह व्यापारी के

घर ले गया। यह घर शहर से लगभग दो मील की दूरी पर एक वीरान कुएँ के पास था। दारी को उसने बताया कि यहाँ उसका एक चाचा रहता है। कुछ दिन उसके पास रहेंगे और फिर हैदराबाद लौट जाएँगे। किन्तु अगले दिन ही वह देह व्यापारी से दो हज़ार रुपया वसूल करके, दारी को अकेली छोड़ हैदराबाद लौट आया।

अब दारी देह-व्यापारी के पास अकेली रह गयी। जब उसे वस्तुस्थिति का ज्ञान हुआ तो वह बहुत रोई-झीखी, खूब शोर मचाया किन्तु बड़ी-बड़ी मूँछों वाले देह व्यापारी ने उसे इतना पीटा कि वह बेहोश हो गयी। छह दिन तक वह बिस्तर में पड़ी रही। दारी को देह व्यापारी से भय लगने लगा। वह हर समय जेब में चाकू तथा पिस्तौल रखे उसके आसपास मँडराता रहता था। महीने भर की सिखलाई के बाद जब देह व्यापारी को निश्चय हो गया कि दारी अब उसके चंगुल से निकलकर कहीं नहीं जाएगी और जब उसने दारी को विश्वास दिला दिया कि यदि उसने भागने का प्रयत्न किया तो उसके आदमी उसे जान से मार डालेंगे, तो उसने दारी को सिन्ध के बड़े-बड़े आदमियों के यहाँ भेजना आरम्भ कर दिया। दारी पाप की दलदल में धँसने लगी। कुछ समय पश्चात् वह व्यक्ति दारी को सक्खर से मीरपुर ख़ास ले गया। वहाँ जाकर उसने दारी को चार हज़ार रुपये में एक दलाल के पास बेच दिया। वह दलाल दारी को कराची ले आया। अब दारी पूर्णरूपेण वेश्या बन चुकी थी और उसने पिछले जीवन को पूरी तरह से भुलाकर नये जीवन को सर्वथा अंगीकार कर लिया था। आख़िर पीछे उसका कौन छूटा था, जिसके पास वह लौट सकती। एक पिता था, जिसने स्वयं उसे रुपये के लोभ में बूढ़े वैद्य के साथ ब्याह दिया था। इस दृष्टि से देह व्यापार का श्रीगणेश तो उसके पिता ने ही किया था। पाप के इस जीवन में जो भी बुराई हो, किन्तु दारी यहाँ स्वतन्त्र एवं निश्चिन्त तो थी। धन भी हर समय उसके पास रहता था। अभी वह जवान थी। अभी रुपये की रेल-पेल का दौर था। अभी उसे यह पता नहीं था कि जब उसकी जवानी ढल जाएगी तब उसे कराची के बाज़ारों में भीख माँगने के लिए अकेला छोड़ दिया जाएगा। और पाप के जीवन में जवानी दिनों में ही ढल जाती है।

अप्रैल का महीना आ गया। बाग़ों में गुलाब तथा मौलसरी के पुष्प खिल गये। स्वीट पीज़ तथा गेंदे का मौसम समाप्त हो गया। मोतिया की डालियों पर कलियाँ चटकने लगीं। आम के पेड़ बौरा गये। गर्मी का आरम्भ हुआ। वृक्षों की छाया सुखद लगने लगी। ठंडी-ठंडी छाँव आनन्द देने लगी। गर्म कपड़े सन्दूकों में बन्द कर दिये गये। धूप में तीक्ष्णता आने लगी। कुलसूम के लिए वर खोज लिया गया। उनके अपने सम्बन्धियों में से ही एक लड़का हाल ही में कुवैत से छुट्टी पर आया था। वह वहाँ किसी तेल कम्पनी में एकाउंटेंट था और अच्छी पगार पाता था। वह अपने साथ टेप रिकार्डर, रेडियो और ढेर सारे वस्त्र लाया था। कुलसूम की माँ ने रिश्ते की

बात चला दी। लड़के वाले मान गये। मँगनी हो गयी। लड़का मई के प्रथम सप्ताह में कुवैत लौटने वाला था। लड़की वाले भी शीघ्रातिशीघ्र विवाह के उत्तरदायित्व से मुक्ति पाना चाहते थे। फलतः प्रथम मई विवाह की तिथि निश्चित हो गयी। कुलसूम की आशाओं का अन्तिम दीप भी बुझ गया।

इस दौरान घर के अन्दर उस पर कड़ी नज़र रखी जा रही थी। उसे इतनी आज्ञा भी न थी कि वह पत्र का एक पुर्ज़ा तक बाहर भेज सके। स्वयं उसके घर से बाहर जाने का तो प्रश्न ही नहीं था। कुलसूम दो महीने से बन्द कमरे के अन्दर फड़फड़ा रही थी। उसका भार कम हो गया था। उसकी अत्यन्त ममतामयी माँ तथा बहुत प्रेम करने वाले भाई उसकी तनिक-सी भूल पर कैसे निर्दयी हो गये थे। कुलसूम को यह आज्ञा भी न थी कि वह बाहर से आने वाली किसी स्त्री से भी बात कर सके। यह सोचकर उसका मन तड़प उठता कि इस जुदाई की अवस्था में याक़ूत का क्या हाल हो रहा होगा। वह क्या सोच रहा होगा। एक दिन मन को सबल करके उसने याक़ूत के नाम एक पत्र लिखा। पत्र को लिफ़ाफ़े में बन्द करके उसने लिफ़ाफ़े पर याक़ूत का पता लिखा और उस स्त्री की प्रतीक्षा करने लगी, जो उनके घर में बर्तन-अर्तन साफ़ करने आया करती थी। दोपहर बाद जब वह स्त्री आयी और अपना काम करके वापिस जाने लगी तो कुलसूम ने उसे संकेतों से अपने कमरे में बुलाकर कहा,

"मौसी! ईश्वर के लिए मेरा यह पत्र चुपके से लैटर-बॉक्स में डाल देना। किसी को बताना मत। यह लो पाँच रुपये, अपने बच्चों के लिए मिठाई ले जाना। मैं तुम्हारा यह उपकार जीवन भर नहीं भूलूँगी। तुम मेरी बड़ी अच्छी मौसी हो।"

स्त्री ने इधर-उधर देखकर पत्र और पाँच रुपये का नोट दुपट्टे के पल्लू में बाँध लिया तथा चुपके से चली गयी। अब कुलसूम को पहले से भी अधिक दुश्चिन्ता ने आ घेरा। कहीं यह स्त्री पत्र ले जाकर माँ को ही न दे दे या कहीं किसी ऐसे लैटर बॉक्स में ही पत्र न छोड़ दे, जिसमें डाक न निकलती हो। अगले दिन जब वह स्त्री आयी तो किसी बहाने से कुलसूम के कमरे में आ गयी। कुलसूम ने व्यग्रता से पूछा,

"पत्र डाल दिया था ना?"

"हाँ, बीबी डाल दिया था। फ़िक्र न करो। होटल के बाहर जो लाल बक्सा लगा है, उसमें डाल दिया था। बीबी! हम लोग जो वायदा करते हैं, उसे पूरा करते हैं।"

यदि वह सच बोल रही थी तो उसने पत्र याक़ूत के होटल के बाहर लगे लैटर बॉक्स में छोड़ा था। कुलसूम तनिक आश्वस्त हुई। यदि पत्र पहुँच गया तो याक़ूत को सारी परिस्थिति का ज्ञान हो जाएगा। कम-से-कम वह कुलसूम को बेवफ़ा तो नहीं समझेगा।

दूसरे दिन तीसरे पहर की डाक में याक़ूत को कुलसूम का पत्र मिल गया। वह परसी के यहाँ से उठकर कपड़े बदलने के लिए अपने होटल आया तो काउंटर के

बोर्ड पर यह पत्र पड़ा हुआ था। उसने कुलसूम की लिखावट पहचान ली। लिफ़ाफ़ा खोलकर, उसने वहीं खड़े-खड़े पूरा पत्र पढ़ डाला। कुलसूम ने लिखा था–

"मेरे प्रिय याक़ूत,

तुम कहाँ हो? ऐसा लगता है जैसे तुम्हें देखे, तुम्हारी बातें सुने, कई वर्ष बीत गये हैं। आह! मैं कैसी भाग्यहीन हूँ कि अपनी यात्रा के प्रथम पड़ाव पर ही लुट गयी और दुनिया ने मेरे पैरों में बेड़ियाँ डाल मुझे बन्दीगृह में फेंक दिया..."

इसके बाद कुलसूम ने होटल वाली अन्तिम भेंट के बाद की सारी दुःख भरी कहानी लिखी थी। उसने लिखा था कि उसे एक कमरे में बन्द कर दिया गया है। उसके आने-जाने पर कड़ा पहरा है। उसे कॉलेज से उठा लिया गया है। न वह स्वयं बाहर जा सकती है, न उससे मिलने कोई आ सकता है। दो-एक बार उसकी सहेलियाँ मिलने आयीं तो माँ ने कह दिया कि वह अपने बड़े भाई के पास कराची गयी हुई है।

"...इन्होंने मेरी मँगनी कर दी है। प्रथम मई को मेरा विवाह हो रहा है। उस दिन मुझे दुल्हिन बनाकर, सुर्ख़ जोड़ा पहनाकर, डोली में बिठाकर कब्रिस्तान ले जाया जाएगा। मुझे ज़िन्दा दफ़न कर दिया जाएगा और मैं आह भी न भर सकूँगी। लम्बी साँस भी न ले सकूँगी। तुम्हें याद करूँगी और रोती रहूँगी। काश! यह सब कभी न होता। क्या अब कुछ नहीं हो सकता? क्या अब मेरा विवाह तुमसे नहीं हो सकता? याक़ूत यह क्या हो गया? होटल की गैलरी में बैठे-बैठे हमें किसकी नज़र खा गयी? क्या उस नसवारी बुर्क़े वाली ने हमें नज़र लगा दी? वह जाते हुए हम दोनों को बहुत ध्यानपूर्वक देख रही थी। काश! उस दिन हम वहाँ न गये होते। तुम्हारे कमरे में ही बैठे रहते। यह कैसी उथल-पुथल मच गयी? प्रथम को मेरा विवाह हो रहा है। सात को अपनी कब्र के सर्जक अपने पति के साथ कराची चली जाऊँगी। वहाँ से वह मुझे समुद्री जहाज़ में बिठाकर कुवैत ले जाएगा। जाने कब, किन परिस्थितियों में तुमसे पुनः भेंट हो। जाने फिर कब मिलना हो पुराने साथियों का। मैंने कभी तुम्हें 'तुम' कहकर सम्बोधन नहीं किया, किन्तु आज मेरा मन ख़ून के आँसू रो रहा है। क्या करूँ? कहाँ जाऊँ? मैं यहाँ कुछ भी कर पाने में असमर्थ हूँ। तुम मेरी सहायता नहीं कर सकते। आकाश बहुत दूर है। धरती मेरे पैरों तले से खींच दी गयी है। तुम मुझसे लाखों मील दूर हो गये हो। मैं क्या करूँ? किसके पास जाकर दिल का हाल सुनाऊँ?"

अन्त में कुलसूम ने आँसुओं की झड़ी के बीच लिखा था कि हो सकता है वह उस स्त्री को, जिसने पत्र पोस्ट किया है, उत्तर लेने के लिए भेजे। पत्र पढ़कर याक़ूत ने आँखें बन्द कर लीं और गहरी सोच में डूब गया। फिर उसने एक ठंडी आह भरकर पत्र को जेब में रखा और अपने कमरे को चल दिया। वह अभी सीढ़ियों में ही था

कि एक बैरे ने आकर कहा,

"साहिब! एक स्त्री आपकी प्रतीक्षा कर रही है।"

"कहाँ पर?"

"केबिन नं. 5 में साहिब।"

वह बहुत विस्मित था। उसने मिलने कौन स्त्री आ सकती है? कहीं कुलसूम ही न हो। अवश्य, वही होगी। वह किसी न किसी प्रकार से अपनी मौसी के साथ घर से निकल आयी होगी। मेरी कुलसूम! मैं तुम्हें गले से लगा लूँगा। याक़ूत लम्बे-लम्बे डग भरता हुआ पाँच नम्बर केबिन की ओर बढ़ा और एकदम पर्दा हटाकर भीतर चला गया।

"तुम?" याक़ूत के मुँह से विस्मय बोल उठा।

"हाँ, मैं।"

केबिन के अन्दर नसवारी बुर्क़े की नकाब उठाए नज़मा बैठी थी। विवाहोपरान्त के प्रथम वसन्त में उसका सुनहरी रंग निखरकर और भी खिल उठा था और उसकी नसवारी आँखों में सुख-समृद्धि एवं निश्चिन्तता की चमक थी। उसके कानों में सोने के झुमके तथा अँगुलियों में सोने की अँगूठियाँ पहनी हुई थीं। वह याक़ूत की ओर देखकर ज़रा-सा मुस्कुरा भी रही थी, जैसे उसकी मानसिक अस्त-व्यस्तता पर प्रसन्न हो रही हो। याक़ूत को उसकी यह मुस्कुराहट बुरी लगी। वह चुपके-से कुर्सी पर बैठ गया। नज़मा ने पूछा, "मुझे यहाँ देख तुम्हें आश्चर्य अवश्य हो रहा होगा?"

याक़ूत ने सिगरेट सुलगाई और माचिस की तीली एशट्रे में तोड़ते हुए कहा,

"क्यों न हो? यह एक घटिया होटल है और तुम अपने पति के साथ उत्तम से उत्तम होटल में जाने की अभ्यस्त हो।"

नज़मा गम्भीर हो गयी। वह अपनी नक़ाब का फ़ीता अँगुलियों पर लपेटने लगी।

"उस दिन तुम्हारे साथ कौन लड़की थी?"

याक़ूत ने मुस्कुराकर कहा, "क्या मैंने तुमसे पूछा कि उस दिन तुम्हारे साथ कौन आदमी था?"

"वे तो मेरे पति थे।"

"तो वह मेरी पत्नी थी।"

नज़मा चुप-सी हो गयी। उसे ऐसे लगा जैसे उसके सिर पर किसी ने बर्फ़ की सिल रख दी हो तो क्या याक़ूत ने विवाह कर लिया है? इसने ऐसा क्यों किया? वह तो उसे उम्र भर अपने प्रेम में आहें भरते, व्यथित-व्याकुल रहते देखना चाहती थी। यह क्या हुआ कि इसने विवाह कर लिया और नज़मा के वियोग की पीड़ा से मुक्ति पा गया।

"विवाह कब किया?"

"एक महीना पहले।"

"और हमे सूचना तक न दी।"

"तुमने मुझे अपने विवाह की सूचना दी थी?"

"मैं तो विवश थी।"

"मैं भी विवश था। मैंने किसी को भी सूचना नहीं दी, किसी को आमन्त्रित नहीं किया।"

"कैसी है हमारी भाभी?"

"गुलाब के फूल जैसी हैं।"

नज़मा पर ओस पड़ गयी। इसके बाद उसने भाभी के विषय में कुछ न पूछा। उसकी आँखों में आँसू तैरने लगे। याक़ूत ने पूछा,

"तुम्हारे लिए चाय मँगाऊँ?"

"नहीं, धन्यवाद।"

"पूछ सकता हूँ कि तुम अपने पति से अनुमति लिए बिना मेरे पास क्यों आयी हो?"

नज़मा ने नकाब को सिर पर भली-भाँति ठीक करते हुए एक आह भरी और कहा, "मैं इधर अपनी एक रिश्ते की बहन के घर गयी थी। वापसी में सोचा तुम्हें देखती चलूँ।"

"बड़ी कृपा की मुझ पर।"

इसके बाद कैबिन में मौन छा गया। याक़ूत सिगरेट पीता रहा और कुलसूम के विषय में सोचता रहा। नज़मा नक़ाब का फ़ीता अँगुलियों पर लपेटती खोलती रही और सोचती रही कि बात को कहाँ से आरम्भ करे। दो प्रेमियों की यह अद्‌भुत भेंट थी कि दोनों में से किसी की भी इच्छा प्रेम-प्यार की बातें करने की न थी। आख़िर नज़मा ने कहा, "एक बात कहूँ? बुरा तो नहीं मानोगे?"

"बिल्कुल नहीं।" याक़ूत ने बिना सोचे-समझे कहा।

"मेरे पत्र तुमने कहाँ रखे हैं?"

याक़ूत समझ गया कि वह उससे वे पुराने प्रेम-पत्र लेने आयी है जो उसने विवाह पूर्व आवेगपूर्ण अवस्था में उसे लिखे थे; जो वह कभी हिना के इत्र में बसाकर याक़ूत को भेजा करती थी और जिनकी एक-एक पंक्ति अब उसे बदनामी का सर्प बनकर डरा रही थी।

"मेरे पास हैं, क्यों?"

नज़मा कुछ क्षण मौन रही। फिर दृष्टि झुकाकर बोली,

"डरती हूँ कि कहीं तुमसे इधर-उधर हो गये तो मेरा जीवन नष्ट हो जाएगा।

मेरे पति को अभी तक किसी बात का पता नहीं है। वे मुझसे बहुत प्रेम करते हैं। मेरा बहुत ध्यान रखते हैं। यदि मेरा एक भी पत्र उनके हाथ लग गया तो वे यह सदमा सहन नहीं कर सकेंगे।''

याक़ूत नज़मा की मानसिक अवस्था पर मुस्कुरा दिया। उसने सिगरेट बुझाकर कहा, ''यह बड़ी ख़ुशी की बात है कि तुम्हारा पति तुमसे बहुत प्रेम करता है और यह भी बड़ी ख़ुशी की बात है कि तुम भी उसका बेहद ध्यान रखती हो। लेकिन क्या ये पत्र तुमने इसलिए लिखे थे कि एक दिन मुझसे वापस लेकर उनको अग्नि की भेंट चढ़ा सको? यदि इस सजे-सजाए घर को अग्नि की भेंट ही करना था तो इतने श्रम से, इतने उत्साह से इसका निर्माण ही क्यों किया था? इसके एक-एक कमरे को गुलाब के पुष्पों से क्यों सुसज्जित किया था? इसके रेशमी पर्दों को हिना के इत्र में क्यों बसाया था? इसमें अगरबत्तियाँ क्यों सुलगाई थीं? इसके आतिशदान में लकड़ियाँ जला कर इसके समावार को गर्म क्यों किया था? मैं तुम्हारे पत्र अभी तुम्हें लौटा देता हूँ, लेकिन क्या तुम इनको अपने साथ ले जा सकोगी? क्या तुम अपना मृत प्रेम, अपने मृत-शिशु का शव उठाकर अपने घर ले जा सकोगी? क्या तुम शव को चिता पर रखकर उसे आग लगा सकोगी? यदि तुममें इतना साहस है तो मैं अभी तुम्हारे पत्रों की सन्दूकची ला देता हूँ...''

नज़मा की आँखों में आँसू आ गये। उसे अपने प्रथम एवं अन्तिम प्रेम का प्रारम्भिक समय याद आ गया। उसे अपने प्रणयारम्भ की मादकता, मिलने-मिलाने का उत्साह, बातों का रस, तनिक-सी आहट पर भी चौंक-चौंक उठना, स्कूल से घर जाते हुए सरसों के खेतों और बेरियों के झुंड में खोजपूर्ण दृष्टि से याक़ूत को इधर-उधर देखना, घर जाकर, कमरा बन्द करके उसके एक-एक पत्र को धड़कते दिल के साथ पढ़ना और फिर उसे छिपा-छिपाकर अल्मारी में रखना याद आ गया। सब कुछ याद आ गया उसे। वह सिर झुकाकर रोने लगी और बार बार नक़ाब के पल्लू से अपनी आँखें पोंछने लगी।

''मेरा अभिप्राय तुम्हें रुलाने से नहीं है। मैं तो केवल तुम्हारा हाथ पकड़कर तुम्हें उन अर्द्धप्रकाशित सीढ़ियों में ले जाना चाहता हूँ, जहाँ तुमने मुझसे जुदा न होने की कसमें खाई थीं। मैं तुम्हें खेतों की ओर जाने वाला वह कच्चा रास्ता दिखाना चाहता हूँ, जहाँ तुम अपना गोरा हाथ बढ़ाकर मुझसे प्रेम-सन्देश लिया करती थीं और उसे अपनी कमीज़ के अन्दर, दिल के पास छिपा लिया करती थीं। क्या मैं वह पत्र भी तुम्हें लौटा दूँ, जिसमें तुमने लिखा था कि तुम जीवन भर मेरी रहोगी और यदि तुम्हारा विवाह मुझसे न हो सका तो तुम मेरे साथ घर से भाग जाओगी? क्या तुम्हारा एक-एक वचन तुम्हें लौटा दूँ? तुम्हारे समस्त क़ौल-क़रार तुम्हारी झोली में डाल दूँ?

केवल इसलिए कि वे सब वायदे झूठे थे, सब क़समें झूठी थीं, सब रेत के घरौंदे थे? काग़ज़ी महल थे? हवाई क़िले थे? कच्चे धागे थे? यदि तुम्हें इन पत्रों के नीचे से अपयश की फुत्कारें सुनाई देती हैं, तो मुझे भी यहाँ से तुम्हारी झूठी क़समों का चीत्कार सुनाई देता है। मैं इन काग़ज़ के फूलों को अपने पास रखकर क्या करूँगा? तुम यहीं ठहरो, मैं तुम्हारे पत्र लाकर अभी तुम्हें दे देता हूँ।''

यह कहकर याक़ूत उठा और केबिन से बाहर आ गया। अपने कमरे में पहुँचकर उसने नज़मा के पत्रों का बक्सा उठाया और नीचे आ गया। नज़मा इस बीच गुमसुम मूर्ति-सी बनी बैठी रही। केबिन में आकर याक़ूत ने बक्सा मेज़ पर रख दिया और कुर्सी पर बैठते हुए बोला, ''इस कफ़न में तुम्हारे एक-एक पत्र का शव पड़ा है। तुम कहो तो मैं इसका ढक्कन खोलकर सारे शव गिनवा दूँ ताकि बाद में तुम्हें कोई भ्रान्ति न हो?''

नज़मा सिर झुकाए मौन रही। कुछ न बोली। याक़ूत ने बॉक्स का ढक्कन खोल दिया। हिना के इत्र की बहुत पुरानी, बहुत उदास सुगन्धि केबिन में फैल गयी। याक़ूत ने दीर्घ निश्वास भरकर आँखें बन्द कर लीं। उसके मस्तिष्क में मीराबाई का एकतारा गूँजने लगा—

अगर चन्दन की चिता जलाऊँ
तू आकर आग लगा जा जोगी
जल-जल भई मैं भस्म की ढेरी
तू अपने अंग लगा जा जोगी
मत जा मत जा जोगी।।

हल्के पीले रंग के प्रेम-पत्रों के ऊपर गुलाब के फूलों की शुष्क हो चुकीं, चुरड़-मुरड़ पत्तियाँ पड़ी थीं। एक-एक शुष्क निष्प्राण पंखुड़ी उसे एक-एक प्रेमालोड़ित घटना का स्मरण करा रही थी। दो भूले-बिसरे प्रेमियों के मध्य भूले-बिसरे पुराने प्रेम-पत्र पड़े थे और उनकी दृष्टि पत्थर बनी उन पर जमी हुई थी—जैसे दो वृद्ध पति-पत्नी अपना विवाह के दिन का पुराना, काला पड़ा गोटे का सेहरा देख रहे हों। बीत गये वे दिन... हाय! कहाँ गये वे पुष्प-दीप, जिनसे उद्यान का कोना-कोना प्रकाशित होता था? ऐसे बुझे कि पुनः न जल सके। क्या बीता समय लौटकर न आ सकेगा? क्या बिछुड़े साथी फिर कभी मिल जाएँगे?—नहीं, नहीं। कभी नहीं। क्या फिर क़भी सरसों के खेतों में पत्र लेने स्कूल से भागी-भागी आया करेगी? क्या फिर कभी कोई धड़कते हुए दिल के साथ सीढ़ियों में किसी की प्रतीक्षा किया करेगा? नहीं, नहीं। कभी नहीं।

मीरा के प्रभु बन्धन टूटा
टूटा काचा सूत
टूटा काचा सूत।

कच्चे सूत का धागा टूट गया। मनके बिखर गये। मोती समुद्र में जा गिरे। हीरे मिट्टी में मिल गये।

मिट्टी न फरोल जोगिया
तेरा लब्भणा नीं लाल गवाचा।

ऐ जोगी! मिट्टी में क्या खोज रहा है तू? कभी खोए हुए लाल भी वापस मिलते हैं? पत्रों की छोटी-सी श्यामवर्ण सन्दूकची में से उठ रही हिना की उदास सुगन्धि मन्द होने लगी थी। याक़ूत ने उसका ढक्कन बन्द कर दिया। वह अपने मृत प्रेम के शव का शीत निर्जीव चेहरा अधिक समय तक नहीं देख सकता था।

"तुम इन पत्रों को ले जा सकती हो नज़मा। मेरे पास तो ये तुम्हारी धरोहर थे। ये सब के सब हैं। पहले पत्र से लेकर अन्तिम पत्र, सर्वथा सुरक्षित। यह कहानी आदि से लेकर अन्त तक इसमें बन्द है। तुम चाहे इसे चूल्हे में झोंक दो या रावी नदी में बहा दो। इन मुर्झाए फूलों के साथ तुम जो भी सुलूक करो, मुझे कोई आपत्ति नहीं है। हाँ, एक बात अवश्य कहूँगा, इनको आग में झोंकते या नदी की लहरों को सौंपते समय एक बार मुझको अवश्य याद कर लेना कि तुमने ये पत्र मुझको लिखे थे, बहुत प्रेम से, बड़ी श्रद्धा से लिखे थे, तुमने अपने जीवन की बहुमूल्य भावनाएँ इन काग़ज़ों पर बिखेरी थीं, इनके मन के अनमोल मोतियों की लड़ियों से सजाया था। और जब इन पत्रों को नदी में प्रवाहित कर चुको तो यह मत सोचना कि तुमने अपने प्रेम-पत्र लहरों को सौंपे हैं, बल्कि यह समझना कि तुमने एक ऐसी दुल्हिन की लाश को नदी में प्रवाहित किया है, जो विवाह से एक दिन पूर्व मर गयी थी।"

नज़मा के नेत्रों से अश्रु धारा बह रही थी। वह कुछ भी न कह सकी।

"अब तुम जाओ। तुमसे प्रेम करने वाला, तुम्हारा अत्यधिक ध्यान रखने वाला तुम्हारा प्रिय पति तुम्हारी प्रतीक्षा कर रहा होगा।"

नज़मा ने चेहरा उठाकर प्रेम की अन्तिम हृदय-विदारक विवश एवं दीन दृष्टि से याक़ूत के दुबले चेहरे की ओर देखा, रेशमी रूमाल से अपनी आँखें पोंछी, सन्दूकची को बुर्क़े के अन्दर छिपाया और धीरे से नक़ाब गिराकर केबिन से बाहर चली गयी।

वह चली गयी तो याक़ूत पथराई हुई वीरान आँखों से उस मेज़ को तकने लगा,

जिस पर क्षण भर पहले तक उसके प्रेम-पत्र पड़े थे। उसे लगा कि वह एक ऐसा अभागा पिता है, जिससे उसकी परित्यक्ता पत्नी गार्हस्थ्य-प्रेम की अन्तिम निशानी, अपना बच्चा, छीनकर ले गयी है। उसने जेब में से कुलसूम का पत्र निकाला और काँपते हाथों से उसे पढ़ने लगा। उससे पूरा पत्र न पढ़ा गया। उसने ठंडी मेज़ पर सिर रख लिया और अनायास उसकी आँखों में आँसू आ गये।

गली तो चारों बन्द हुई है
मैं हरि से मिलूँ कैसे जा

मीराबाई ने ये दो पंक्तियाँ किस हृदय-विदारक क्षण में रची होंगी। गली तो चारों ओर से बन्द हो गयी है, अब मैं अपने हरि से, अपने प्रियतम से कैसे मिलूँ? इस विशाल बन्द चारदीवारी से बाहर कैसे निकलूँ? कौन आकर इन दीवारों को ढाएगा? चीख़ की आवाज़ किसके कानों तक पहुँचेगी? पक्षी बन्दीगृह की पथरीली दीवारों से सिर पटक-पटक कर मर जाएगा और शिकारी उसकी रक्तसिंचित लाश को उठाकर बाहर फेंक देगा। फिर सूर्योदय होगा, उन्मुक्त शीतल बयार बहेगी, किन्तु पक्षी का मृत शरीर चेतनाहीन हो चुका होगा। ठक-ठक-ठक... किसी ने केबिन की लकड़ी की दीवार पर दस्तक दी।

"कौन है?"

याक़ूत ने शीघ्रता से सिर उठाकर, आँखें शुष्क करते हुए पूछा। उधर से बैरा बोला, "चाय लाऊँ साहिब?"

"नहीं।"

याक़ूत ने पत्र तथा रूमाल जेब में रखे, बालों पर हाथ फेरा और केबिन का पर्दा उठाकर बाहर निकल गया। उसे लगा जैसे होटल का प्रत्येक बैरा उसकी दयायोग्य स्थिति से परिचित है, उसे घूर रहा है और उस पर तरस खा रहा है। वह चुपचाप सिर झुकाए अपने कमरे में चला गया। भीतर से द्वार बन्द करके उसने सिरहाने में मुँह छिपाकर आँखें बन्द कर लीं।

13

उस रात याक़ूत देर तक परसी के साथ मैक्लोड रोड के चौराहे वाले होटल में बैठा रहा।

पहले वह वैद्य से मिलने उसकी दूकान पर गया। वैद्य ताज़ा बने शर्बत को बोतलों में ढाल रहा था और उसका प्रिय शिष्य तूफ़ा क्लर्क अन्दर बैठा खरल में कोई दवा पीस रहा था। याक़ूत वैद्य की गद्दी के निकट ही कुर्सी पर बैठ गया। वैद्य उन दिनों एक सम्पन्न-समृद्ध विधवा रोगिन को फाँसने के चक्कर में था। उसनें अपनी चिकनी-चुपड़ी बातों से विधवा को मोह रखा था। पेच लड़ चुका था और किसी भी दिन विधवा की पतंग कटकर वैद्य के घर में गिरने वाली थी। तूफ़ा ने अन्दर से कहा,

"याक़ूत लाला! तुम कल रात नहीं आये। बड़ा मज़ा रहा परसी का।"

"क्या हुआ था?"

वैद्य अँगुली पर लगा शर्बत चाटकर मुस्कुराया और तोते की तरह गर्दन घुमाकर बोला, "कल उसने कुछ ज़्यादा ही चरस पी ली थी। लगता था दो सिगरेट पीकर यहाँ आया था और आते ही तीसरी सिगरेट सुलगाकर जो बैठा तो छूटते ही अपनी क्रिस्तान प्रेमिका को याद करके आँय-बाँय बोलने लगा। हँसते-हँसते हमारे पेट में बल पड़ गये। वह कभी हाथ उठाकर उसे पुकारता, कभी रोता और कभी पंजाबी गीत गाता रहा।"

तूफ़े ने खरल पर से सिर उठाकर कहा, "लाला! आजकल उस क्रिस्तानी का भूत कुछ ज़्यादा ही सवार है परसी पर।"

थोड़ी देर परसी की बातें करने और उसका उपहास करने के बाद वैद्य ने अपनी प्रेयसी विधवा की चर्चा छेड़ ली। गन्दे रूमाल से हाथ पोंछ उसने याक़ूत की ओर झुक कर कहा, "सुबह फिर आयी थी वह। वासन्ती रेशमी कमीज़ में तो क़यामत ढा रही थी। आयु तीस से कुछ ही ऊपर होगी, लेकिन शरीर लसूढ़े की तरह भरा-भरा और रसदार है। अन्दर आकर बैठ गयी। मैंने भी नाड़ी हाथ में ले ली और मज़े लेने लगा। बोली, रात को फिर सिरदर्द शुरू हो गया था। मैंने कहा, हमारे पास आ

जाओगी तो सिरदर्द आदि सब भाग जाएँगे। एकदम कुँवारी लड़कियों की तरह शर्मा गयी वह। वैसे लाला! उसकी शक्ल वैजयन्ती माला से बहुत मिलती है।''

याक़ूत ने मुस्कुराकर कहा, ''उसकी माँ लगती होगी।''

वैद्य ने तोते की भाँति गर्दन घुमाई और बे-आवाज़ हँसी हँसकर बोला, ''अच्छा? किसी दिन तुम्हें दिखाऊँगा। अभी तक उसने एक भी बच्चा पैदा नहीं किया। बिल्कुल बाँझ है। पति को मरे मुश्किल से चार वर्ष हुए होंगे। पैसे वाली है। किन्तु विवाह अपनी इच्छा से करना चाहती है। मेरी ओर दबी आँख से देख-देख मुस्कुराती रहती है। कहती है वैद्य जी, हमें तो बस आप ही अच्छे लगते हैं।''

आनन्दातिरेक के कारण वैद्य की ऐनक नाक पर नीचे की ओर ढलक आयी। उसने शीघ्रता से ऐनक को ठीक जगह बैठाया और बगुले की सिगरेट सुलगाकर एक ग्राहक के गिलास में शर्बत ढालने लगा। याक़ूत उसकी अनर्गल बातों से बहुत जल्दी बोर होकर उठा और परसी की दूकान पर आ गया। दूकान खुली थी। छत का बल्ब जल रहा था और परसी अपने ब्रश तथा रंगों के पुराने जीर्ण-शीर्ण डिब्बे समेट रहा था। याक़ूत को देखकर वह मुस्कुराया।

''आओ यार, आओ। दो दिन कहाँ गुम रहे?''

''बस ऐसे ही यार! तुम कहो तुम्हारा क्या हाल है।''

''बस रबड़ी हो रही है। देख लो, यह बोर्ड साला छह दिन से समाप्त होने में नहीं आ रहा। सुबह से काम कर रहा था। अब कमर टूटने लगी तो उठा हूँ। अच्छा हुआ तुम आ गये। मैं चाय पीने होटल की ओर जा रहा था।''

एक बड़ा-सा बोर्ड सामने की दीवार के बराबर पड़ा था, जिस पर कितने ही अश्वारोही एक-दूसरे के आगे-पीछे दौड़ रहे थे। परसी ने खादी का मटियाला कुर्ता, उसी रंग का पाजामा और बाटा की चप्पल पहन रखी थी। याक़ूत दूकान से बाहर गली में खड़ा रहा और परसी चीज़ें समेटता रहा। आख़िर उसने बत्ती बुझाई, दूकान का द्वार बन्द करके ताला लगाया और याक़ूत के साथ चल दिया।

''मैदान की ओर से चौराहे को चलते हैं। रास्ते में अपना नशा भी पूरा करते चलेंगे।''

गलियों से बाहर निकलते ही परसी ने जेब में से चरस भरी सिगरेट निकालकर सुलगा ली। दोनों कूड़े-कचरे से अँटे गन्दे मैदान के साथ-साथ चलने लगे। वातावरण में गर्मी थी और हवा एकदम बन्द थी। मैदान की ओर से दुर्गन्ध के गर्म-गर्म भभके आ रहे थे। दाईं ओर मकानों की बत्तियाँ जल रही थीं और घरों में से उठने वाला हल्का-हल्का धुआँ मटमैले आकाश की ओर उठ रहा था।

"सुना है कल तुमने वैद्य की दूकान पर खूब रौनक़ लगाई थी।"

परसी सिगरेट का कश लेकर हँसा और बोला,

"तुमसे किसने कहा?"

"वैद्य बता रहा था।"

परसी ने सिर के बालों को पीछे की ओर झटककर कहा, "यार! यह वैद्य तो बिल्कुल ही उल्लू का पट्ठा है। कल रात मैंने कुछ नशा भी ज़्यादा कर लिया था। किन्तु मुझे इतना याद है कि वैद्य बराबर मेरा मज़ाक उड़ाता रहा था। एक बार तो उसने एलस को गाली भी दी थी। मैंने फ़ैसला कर लिया है कि अब कभी उसकी दूकान पर नहीं जाऊँगा।"

"लेकिन वहाँ पर तुम एलस की कथा क्यों ले बैठे थे?"

"हाय हाय हाय लाला! कैसी बात कर दी तुमने। अपनी जान की कथा लेकर न बैठूँ तो और क्या करूँ?" परसी ने ठंडी आह भरकर कहा और सिगरेट का एक लम्बा कश लेकर धुएँ को धीरे-धीरे बाहर फेंकने लगा। याक़ूत ने पूछा,

"आजकल स्थिति क्या है तुम्हारे प्रेम की?"

"बड़ी भयानक स्थिति उत्पन्न हो गयी है लाला। इस समय यदि कहीं से दो-चार हज़ार रुपये मिल जाएँ तो मैं उससे विवाह कर सकता हूँ।"

"वह कैसे?"

"बस यह मत पूछो लाला। इस रविवार को मेरी उससे बहुत खुलकर बात हुई। मैंने उससे कहा कि तू मुझसे विवाह कर ले तो मैं तुझे लेकर अपनी बहन के पास बम्बई चला जाऊँगा। सारा जीवन तेरी सेवा करूँगा, तुझे बम्बई की सैर कराऊँगा। कहने लगी, लेकिन तुम्हारे पास पैसा भी है? मेरे मुँह से निकल गया—क्यों नहीं है, बैंक में पूरे चार हज़ार जमा कर रखे हैं। कहने लगी, बैंक से पैसा निकलवाकर मेरे घर आ जाओ, मैं उसी दिन तुमसे विवाह कर लूँगी। मैंने कहा, वह रुपया मैंने फ़िक्स करा रखा है, कोई सप्ताह भर बाद मिलेगा। कहने लगी, मैं एक सप्ताह प्रतीक्षा कर लूँगी। इस बात को आज चौथा दिन जा रहा है और मैं परेशान हूँ कि रुपया कहाँ से पैदा करूँ। अपने पास तो फूटी कौड़ी भी नहीं है। पचास रुपया होटल का बिल है और बीस रुपया पिछले महीने से पनवाड़ी का चला आ रहा है। चार हज़ार कहाँ से लाऊँ?"

परसी चुप हो गया। वे मैदान पार करके बाज़ार में आ गये थे। किंग जॉर्ज रेस्तराँ बिल्कुल सामने था। उसकी नीली-पीली बत्तियाँ जगमगा रही थीं। याक़ूत सोच में पड़ गया। यदि उसके पास इतना रुपया होता तो वह अवश्य परसी को दे देता किन्तु उसे तो प्रत्येक महीने ज़मीन और बाग़ में अपने तुच्छ से भाग का पाँच सौ

रुपया मिलता था, जिसमें से चार सौ रुपया तो सिगरेट, पान, चाय, खाना, धोबी और होटल के किराए में निकल जाता था तथा शेष बचे एक सौ में वह अपना ऊपर का खर्च चलाता था या कभी-कभार कोई कपड़ा-लत्ता खरीद लेता था। छोटा भाई, जो कॉलेज में पढ़ता था, वह स्वयं बड़े भाई से खर्चा मँगाता था और बड़े भाई के साथ उसका बड़ा कारोबारी-सा सम्बन्ध था। वह न उससे उधार माँग सकता था, न उसकी सहमति के बिना अपने हिस्से की ज़मीन तथा बाग़ ही बेच सकता था। और यदि किसी तरह बड़े भाई को मनाकर वह ज़मीन और बाग़ बेच भी दे, तो खाएगा क्या? नौकरी वह कर नहीं सकता था। काम-धाम उसे कोई आता नहीं था। वैसे भी वह एक प्रकार से अपनी ही विवशताओं में उलझा हुआ था। परसी की तरह वह भी असमर्थ था।

होटल आ गया। दोनों अन्दर जाकर एक कोने में बैठ गये। याक़ूत ने चाय का आर्डर दिया और सिगरेट सुलगाकर परसी से पूछा, "यदि रुपये का प्रबन्ध न हुआ तो क्या करोगे?"

परसी के चेहरे पर एक व्यंग्य भरी मुस्कान फैल गयी। उसने अपनी लाल-लाल आँखें झपककर कहा, "बस, अपनी रबड़ी करूँगा, और क्या करना है। एलस को पैड्रो ब्याह ले जाएगा और मैं देवदास बनकर, चरस के नशे में धुत किसी फुटपाथ पर किसी लैटर-बॉक्स के पास पड़ा गा रहा हूँगा—दुख के दिन अब बीतत नाहीं।"

चाय आ गयी। याक़ूत ने चाय बनाकर प्याली परसी के सामने रख दी।

"यार! यदि मेरे पास रुपया होता तो मैं बड़ी प्रसन्नता से तुम्हें दे देता, लेकिन अपनी हालत यह है कि प्रत्येक महीने जितना पैसा गाँव से आता है, उतना ही खर्च हो जाता है। बाकी रहे ज़मीन और बाग़ तो अव्वल तो भाई की मर्ज़ी के बिना बेच ही नहीं सकता और यदि किसी तरह बेच भी दूँ तो सारा जीवन भूखे मरना पड़ेगा।"

"नहीं लाला! तुम किस वहम में पड़ गये। ईश्वर देगा। अवश्य देगा। यदि नहीं देगा, तो परसी पैदा करेगा। चार हज़ार तो क्या, यदि एलस के लिए चार लाख भी पैदा करना पड़ेगा तो परसी करेगा, करके ही दम लेगा। हाय हाय हाय—मैं एलस को अपने से जुदा कर सकता हूँ क्या? मैं यह कैसे सहन कर सकता हूँ कि पैड्रो या विक्टर एलस को ब्याह ले जाय? लाला! हमने तो प्रेम में यही सीखा है कि आदमी प्रेमिका की बाँह पकड़े तो अन्तिम श्वास तक निभाए। और शायद तुम्हें नहीं पता कि मैंने केवल इस लड़की के पीछे अपना देश छोड़ा, अपनी प्यारी माँ छोड़ी जो मेरी सूरत देखने को तरसती रहती है और जिसे मैं पत्रों में झूठे दिलासे देता रहता हूँ। कभी नहीं—मैं एलस को कभी नहीं छोड़ सकता। इस शहर में एक-से-एक

लखपति-करोड़पति मौजूद हैं। मैं उनके से किसी एक की रबड़ी करूँगा और चार हज़ार रुपया पैदा करके रहूँगा।

याक़ूत का माथा ठनका। उसने पूछा, "क्या मतलब?"

परसी ने अपनी लाल-लाल आँखें बन्द करके अपना गर्म-गर्म हाथ याक़ूत के हाथ पर रखकर कहा, "मतलब यह कि तुम चुप रहो। इस रविवार को सुबह-सुबह मैं एक थैली लेकर एलस के घर जा रहा हूँ, जिसमें चार हज़ार रुपये के नोट होंगे और शादी की अँगूठी होगी। अगले रविवार को मैं और एलस वर-वधू के रूप में चर्च से बाहर आ रहे होंगे और हमारे सिरों पर चावलों और फूलों की वर्षा की जा रही होगी। उससे अगले दिन हम हनीमून के लिए मरी चले जाएँगे। हाय हाय हाय—मरी में एलस के साथ कितना मज़ा आएगा। मैं विशेष तौर पर एक कॉटेज, सुन्दर-सा कॉटेज किराए पर लूँगा। हम आतिशदान में लकड़ियाँ जलाकर सोफ़े पर बैठेंगे। शैम्पेन पीकर टेप-रिकार्डर की धुन पर डांस करेंगे। मैं डांस करना जानता हूँ। मैं उसे माल के होटलों में घुमाऊँगा। खूब खिलाऊँगा-पिलाऊँगा। फिर मैं कभी चरस नहीं पीऊँगा। शैम्पेन पिया करूँगा। दो वर्ष पहले मैं एक सीज़न में मरी गया था। वहाँ के एक सिनेमा वाले ने कुछ बोर्ड बनवाने के लिए मुझे बुलवाया था। मैं सिनेमा के अत्यन्त गन्दे, सीलन भरे तहख़ाने में रहता था। उसके रोशनदानों पर पेशाब घर का परनाला गिरता था। लेकिन एलस के साथ तो मैं अलग कॉटेज में या किसी बड़े शानदार होटल में रहूँगा। सुबह को हम बेड-टी पिया करेंगे। दोपहर को लंच से पहले और शाम को डिनर से पहले थोड़ी-थोड़ी स्कॉच पिया करेंगे। हनीमून के बाद हम अपना पासपोर्ट बनवाएँगे और वीजा लेकर बम्बई चले जाएँगे। और फिर वहाँ से कभी वापिस नहीं आएँगे। चिन्ता मत करो। वहाँ से मैं हर सप्ताह तुम्हें पत्र लिखा करूँगा।"

याक़ूत का खयाल था कि परसी चरस की तरंग में ऐसी बातें कर रहा है, लेकिन परसी उस समय अपना अन्तर्मन खोल रहा था। उस समय वह दिल से बोल रहा था। उसकी दमित आकांक्षाओं तथा मृत अभिलाषाओं को वाणी मिल रही थी। परसी वही कुछ कह रहा था, जो कुछ वह करना चाहता था और जो वह कभी नहीं कर सका था... और जो वह कभी नहीं कर सकता था। उसका जीवन सिनेमा के एक बोर्ड जैसा था, जिसके चौखटे में लगे कपड़े पर हर रोज़ बेजान चित्रों में रंग भरे जाते थे। कभी कोई मुकुटधारी सम्राट सिंहासन पर बैठता था, कभी कोई राजकुमार अपनी प्रेमिका को घोड़े पर बिठाकर भगा ले जाता था। राजकुमार के शाही वस्त्र और प्रेमिका के सुनहरे बाल हवा में उड़ रहे होते थे। कभी अत्यन्त मूल्यवान सूट पहने कोई हीरो सुन्दर वस्त्रों वाली हीरोइन का हाथ थामे रॉक एंड रोल करता था। परसी का यौवन

इन निष्प्राण चित्रों में रंग भरने में बीत रहा था—बीत जाने को था। वह हीरो राजकुमार की नोक-पलक इस प्रेम से बनाता था, जैसे यह उसका अपना चित्र हो और हीरोइन के चित्र में इस प्रकार एकाग्रचित्त होकर रंग भरता, जैसे वह उसकी प्रेमिका का चित्र हो। लेकिन जब बोर्ड तैयार हो जाता तो सिनेमा वाले उसे उठाकर ले जाते तथा परसी की उँगलियों पर विभिन्न रंगों के धब्बे ही शेष रह जाते—जैसे तितली के हाथ से निकल जाने के बाद उसके रंग उँगलियों पर चिपके रहते हैं। याक़ूत को परसी की दयनीय स्थिति पर बड़ी दया आयी। उसका हृदय परसी के प्रति सहानुभूति से भर उठा। वह स्वयं प्रेम में चोट खाए हुए था। वह स्वयं नज़मा को साथ लेकर, कुलसूम को साथ लेकर मरी पर्वत पर जाने की कामना करता रहा था, किन्तु नहीं जा सका था। जा भी नहीं सकता था कभी। वह भी जीवन भर ख्याली चित्रों के साइन-बोर्डों पर रंग बिखेरता रहा था। उसके बोर्ड भी लोग उठाकर ले गये थे और उसकी उँगलियों पर भी केवल रंगों के धब्बे ही शेष बचे थे। उसे अपनी असमर्थता पर भी बहुत दया आयी। उसने बहुत ही प्यार के साथ परसी का हाथ दबाकर कहा,

"परसी! मैं तुमसे यही कहूँगा कि तुम एलस को भूल जाओ। वह तुम्हारे पास कभी नहीं आएगी। चार हज़ार रुपया कोई मामूली राशि नहीं है।"

परसी शुष्क ओंठों पर ज़बान फेरकर मुस्कुराया।

"कैसी बातें करते हो लाला! एलस को भुला दूँ? अपने जीवन की सबसे बड़ी आकांक्षा को भुला दूँ? तब मैं किसके लिए जीवित रहूँगा? तब मैं किसके लिए बोर्डों में रंग भरूँगा? मैं एलस के बग़ैर जीवित नहीं रह सकता। मैं उससे विवाह अवश्य करूँगा। मैं भी चरस त्यागकर शैम्पेन पीना चाहता हूँ। मैं भी हर रोज़ शेव बनाकर पैड्रो की तरह अच्छे-अच्छे कपड़े पहनना चाहता हूँ। मैं भी एलस का हाथ में हाथ लेकर माल रोड की सैर करना चाहता हूँ। आख़िर मुझमें क्या खराबी है? क्या मैं इंसान नहीं हूँ? क्या इन सुन्दर स्त्रियों के साथ कारों में घूमने वालों के चार कान होते हैं? छह-छह आँखें होती हैं? आख़िर मैं भी उनके जैसा ही इंसान हूँ। तब मैं उनकी तरह का क्यों नहीं हूँ? तब वे मेरी तरह के क्यों नहीं हैं? तो फिर उनके चेहरों पर धन-दौलत की चमक और मेरे चेहरे पर दारिद्रय, भूख तथा अभाव का पीलापन क्यों है? क्या मैं सुबह से शाम तक और शाम से देर रात तक काम नहीं करता? तो फिर मेरे पास अच्छे-अच्छे कपड़े, मोटर-कार और एलस जैसी पत्नी क्यों नहीं है? ऐसा क्यों है कि ये लोग तो अपनी माताओं-बहनों के साथ होटलों में घूमते हैं, पत्नियों को सैंकड़ों रुपये की शॉपिंग कराते हैं जबकि मेरी निर्धन माँ जालंधर में बैठी अपने बेटे की याद में तड़प रही है, बहन बम्बई में अपने भाई के लिए व्याकुल है और उनका भाई उनका बेटा लाहौर के एक गन्दे मुहल्ले की दूकान में बैठा चरस

पीकर घड़ा बजा रहा है और बोर्डों में रंग भर-भरकर अपनी आँखें खो रहा है। आख़िर यह अन्याय कौन कर रहा है? क्यों कर रहा है? क्या उसे कोई रोक नहीं सकता? क्या किसी में इतना साहस नहीं कि उस अन्यायी का हाथ रोके?"

परसी का स्वर शुष्क हो गया। उसने पानी का घूँट भरा और अपनी लाल-लाल आँखों से रेस्तराँ के शीशों में से बाहर बाज़ार की रौनक को देखते हुए बोला,

"मैं जानता हूँ, यह अन्याय कौन कर रहा है। मैं उसका हाथ अवश्य रोकूँगा। मैं उससे अपना अधिकार, अपना भाग लेकर रहूँगा।"

परसी चुप हो गया। रात के ग्यारह बज रहे थे। होटल की चहल-पहल क्षीण हो गयी थी। याक़ूत ने चाय का बिल अदा किया। दोनों उठकर होटल से बाहर आ गये और चुपचाप फुटपाथ पर चलने लगे। याक़ूत को इतना अहसास अवश्य हो गया था कि परसी अपनी प्रेमिका एलस के लिए चार हज़ार रुपया जमा करने के लिए कुछ न कुछ करने वाला है। वह क्या करने वाला है–यह वह नहीं जानता था। फिर उसने सोचा कि परसी भावावेश में यह सब सोच–कह गया है। अभी दूकान पर पहुँचकर अब वह चरस की दूसरी सिगरेट पिएगा तो सब कुछ भूल-भाल जाएगा।

किन्तु आज चरस की दूसरी सिगरेट पीकर भी परसी कुछ न भूल सका। उसे सब कुछ याद रहा। उसे यह भी याद रहा कि वह आधी रात के समय कहाँ जा रहा है और यह भी भली-भाँति याद रहा कि आज प्रातः उसने अपने एक ताला बनाने वाले मित्र की दूकान से चाबियों का गुच्छा किसलिए चुराया था। उसका मस्तिष्क इतनी द्रुतगति से विभिन्न प्रकार की बातों पर विचार करने में व्यस्त था कि उसे चरस का नशा भी न हुआ। दूकान को भीतर से बन्द करके उसने कोने में पड़े खाली ड्रम में हाथ डालकर चाबियों का गुच्छा निकाला और चारपाई पर बैठकर एक-एक चाबी को ध्यान से देखने लगा। पन्द्रह-बीस लम्बी-लम्बी चाबियाँ थीं। इनमें कोई न कोई चाबी अवश्य उस तिजोरी में लग जाएगी और उसके उज्ज्वल भविष्य का द्वार उन्मुक्त कर देगी। परसी ने चाबियों का गुच्छा लपेटकर रखे हुए बिस्तर के नीचे छिपा दिया। चरस की तीसरी सिगरेट सुलगाकर वह चारपाई पर लेट गया और सिगरेट पीने लगा। उसका दिमाग़ हज़ारों बातें सोच रहा था। उसे भाँति-भाँति के विचार उत्पन्न करके कभी उत्साहित कर रहा था, कभी भयभीत कर रहा था। किन्तु इन सभी विचारों की पृष्ठभूमि में एलस का चेहरा मुस्कुरा रहा था और उसे अपनी ओर, गर्म आतिशदान की ओर, शैम्पेन की सुलगती हुई बोतल की ओर, मरी पर्वत की ओर तथा हनीमून की महकती, रहस्यपूर्ण सुगन्धियों से भरी रातों की ओर आमन्त्रित कर रहा था।

परसी अधिक समय तक लेटा न रह सका। उसने सिगरेट बुझा दी। उठकर दूकान का दरवाज़ा खोला। बाहर निकलकर ताला लगाया और स्टेशन की ओर चल दिया। रात बहुत सुहावनी थी। ठंडी हवा चल पड़ी थी और अब मौसम में ठंडक आ गयी थी। यात्रीगृह में जाकर उसने चाय पी, बगुले की सिगरेट सुलगाई और कितनी ही देर तक स्टेशन पर इधर-उधर टहलता रहा। एक सिपाही उसे घूरते हुए पास से निकल गया। परसी का दिल धड़कने लगा। वह अपनी दूकान की ओर चल दिया। दूकान में आकर वह फिर से चारपाई पर लेट गया और अद्भुत प्रकार के विचार उसे आक्रान्त करने लगे। उसकी जेब में थोड़ी-सी चरस शेष थी। उसने उसे सिगरेट में भरा और पूरी सिगरेट पी गया। राम जाने क्या बात थी, आज उसे कदाचित् नशा नहीं हो रहा था। गले में कड़वाहट घुल गयी थी। ओंठ बारबार शुष्क हो रहे थे। लेकिन नशे का कहीं अता-पता ही न था। आख़िर वह एकदम चारपाई पर से उठा, बिस्तर के नीचे से चाबियों का गुच्छा उठाकर पाजामे के अन्दर छिपाया, चप्पल की जगह पैरों में रबड़ के नसवारी जूते पहने और दूकान बन्द करके गलियों-गलियों मैदान की ओर निकल आया।

चौराहे पर आकर उसने पान वाली दूकान पर लगी घड़ी की ओर देखा। रात का एक बज रहा था। यह समय बहुत उचित है। यह सोचकर परसी तेज़ कदमों से माल रोड की ओर चल दिया। माल रोड वीरान थी। कभी-कभी कोई मोटरकार तीव्र प्रकाश फेंकती निकल रही थी। काफी आगे जाकर परसी एक बगल की सड़क की ओर मुड़ गया। यह सड़क एक बाग़ के भीतर से निकलती थी। यहाँ अन्धकार था और भाँति-भाँति के पुष्पों की सुगन्धि थी। परसी सुगन्धि से उदासीन चलता चला गया। बाग़ पार करके वह दूसरी ओर की खुली सड़क पर आ गया। खम्भों के प्रकाश से बचता-बचाता वह थोड़ी दूर तक गया और फिर बाईं ओर की एक छोटी सड़क पर आ गया। इस सड़क के दोनों ओर कोठियों की पंक्तियाँ थीं। किसी कोठी के अन्दर से एक कुत्ता भौंका। परसी की आँखें अँधेरे में चमकने लगीं। क्षण भर के लिए रुककर उसने इधर-उधर देखा और आगे बढ़ गया। कोठियों में अँधेरा था। केवल एक कोठी के आगे वाले कमरे में रोशनी थी।

अब परसी उस कोठी के इर्द-गिर्द की चार फुट ऊँची दीवार के साथ लगकर खड़ा हुआ था, जहाँ वह थोड़े दिन पहले सागवान की अल्मारियों पर रंग करने आया था और जिसके एक कमरे में उसने सौ-सौ के नोटों से भरी तिजोरी देखी थी। परसी का दिल धड़कने लगा। उसने दीवार के ऊपर से दृष्टि दौड़ाकर भीतर देखा। कोठी के इर्द-गिर्द उद्यान में निपट अँधेरा था। परसी ने अपनी छाती पर सलीब का निशान बनाया। आँखें बन्द करके, छाती पर हाथ रखकर, परमात्मा से जाने क्या प्रार्थना की

और दीवार फाँदकर कोठी के उद्यान में आ गया। वह दीवार के साथ की झाड़ियों के नीचे-नीचे चलते हुए उस कमरे के सामने आ गया, जिसके अन्दर तिजोरी पड़ी हुई थी। परसी ने अँधेरे में चीते जैसी चमचमाती आँखों से दाईं-बाईं ओर देखा। एकाग्रचित्त होकर उसने ध्यानपूर्वक मौन को सुना और जब वह आश्वस्त हो गया कि चारों ओर मौन व्याप्त है तो वह घास पर झुककर दौड़ता हुआ सामने वाले कमरे की दीवार के साथ लगकर बैठ गया। अब वह समय नष्ट नहीं करना चाहता था। उसके लिए एक-एक पल बहुमूल्य था। उसने हाथ बढ़ाकर खिड़की के द्वार को अन्दर की ओर धकेला। खिड़की भीतर से बन्द थी। परसी ने अँधेरे में आँखें घुमाकर कोने वाले पाइप की ओर देखा। पानी का वह पाइप ऊपर टंकी तक जा रहा था और रोशनदान के पास से निकल रहा था। वह दबे पाँव पाइप के निकट आ गया और दोनों हाथों से थामकर चढ़ने लगा। रोशनदान का शीशा बन्द था। रोशनदान के आगे सीमेंट का छोटा-सा छज्जा था। परसी छज्जे पर सिमटकर बैठ गया। अब वह निश्चिन्त था। दिमाग़ में केवल एक ही धुन चल रही थी कि किसी तरह कमरे के अन्दर जाना हो जाए। इस समय वह ख़तरे के बीचोबीच खड़ा था। उसने रोशनदान के शीशे को भीतर की ओर धकेला। शीशा आधा अन्दर तथा आधा बाहर को खुल गया। परसी ने एक बार फिर अपनी छाती पर क्रॉस बनाया और टाँगें रोशनदान के अन्दर लटका दीं। उसका पैर खूँटी से टकराया। परसी ने खूँटी पर पाँव टिका लिया और नीचे झाँककर अँधेरे में देखने का प्रयास किया। तारों भरी रात की हल्की-हल्की, फीकी-सी रोशनी कमरे में भरी हुई थी। उस अन्धी रोशनी में परसी ने देखा कि उसके ठीक नीचे एक पलंग दीवार के साथ लम्बे रूख़ पड़ा हुआ है। परसी ने दोनों हाथों से रोशनदान का चौखट थाम रखा था। उसने एक हाथ हटाकर रोशनदान की रस्सी पकड़ी और धीरे से पलंग की पट्टी पर पाँव रख दिया।

अब वह उस छोटे-से कमरे के अँधेरे में अकेला खड़ा था। सामने की दीवार के साथ दो अल्मारियाँ पड़ी हुई थीं। दूसरी ओर तख़्तपोश बिछा था। मेज़ के ऊपर टेलीफ़ोन रखा था और तिजोरी—परसी की आकांक्षाओं का केन्द्र बिन्दु—एक कोने में खड़ी थी। वह दीवार के साथ-साथ सरकते हुए तिजोरी के पास आ गया। इस समय उसका दिल इतने ज़ोर से धड़क रहा था कि उसे धड़कने का स्वर स्पष्ट सुनाई दे रहा था। उसने चाबियों का गुच्छा निकाला। एक-एक चाबी सुराख़ के भीतर जाकर जाम होती गयी। न दाईं ओर को घूमती न बाईं ओर को। यदि कोई भी चाबी न लग पाई तो क्या होगा? परसी को पसीना आ गया। मात्र दो चाबियाँ शेष रह गयी थीं। एकदम परसी की आँखें चमक उठीं। अन्तिम चाबी ताले के भीतर जाकर दाईं

ओर को घूम गयी थी। परसी ने धीरे से तिजोरी की हत्थी घुमाकर दरवाज़ा बाहर की ओर खींचा। तिजोरी खुल गयी।

उसने भीतर झाँककर आँखें फाड़-फाड़कर देखा। तिजोरी के ऊपरी खाने में कुछ रजिस्टर और बही-खाते पड़े थे। नीचे का खाना नोटों की गड्डियों से आधा भरा था। परसी ने हाथ डालकर नोटों को छुआ। उसे लगा जैसे वह हनीमून की प्रथम रात्रि में मरी के गर्म कॉटेज में आतिशदान के सामने बैठा अपनी अँगुलियों से एलस के गाल को छू रहा है। उसने छह-सात मोटी-मोटी गड्डियाँ उठाकर अपने कुर्ते की दोनों जेबों में भर लीं। अचानक टैलीफ़ोन की घंटी बज उठी।

टरन टरन... ट्रन ट्रन... ट्रन ट्रन... टरन।

बिजली की गति से परसी फ़ोन की ओर लपका। उसने तुरन्त चोंगा उठा ली। अन्दर से दुर्बल-सा स्वर उभरा—

"हैलो... फ़ोर फ़ाइव थ्री? ... कराची बात करें।"

चोंगा परसी के काँपते हाथों में था। पसीने की बूँदें गिर रही थीं। तिजोरी का मुँह खुला हुआ था। नोटों की गड्डियाँ उसकी जेबों में थीं और वह किंकर्त्तव्यविमूढ़-सा अँधेरे में मेज़ के पास खडा इधर-उधर देख रहा था।

यकायक टिक की आवाज़ आयी और साथ वाले कमरे की बत्ती जल गयी। उसके प्रकाश ने कमरे के धुँधले शीशे में से भीतर आकर पूरे कमरे को प्रकाशित कर दिया। कोई व्यक्ति तेज़-तेज़ कदमों से कमरे की ओर आ रहा था। परसी का लहू जमने लगा। क्या करू क्या न करूँ? उसने फ़ोन का रिसीवर मेज़ पर रखा, लपककर तिजोरी का मुँह बन्द किया और बिल्ली की तरह उछलकर तख़्तपोश के नीचे जा छिपा। उसका दिल धक-धक कर रहा था। साँस धौकनी की तरह चल रही थी। शरीर पसीने से लथपथ हो रहा था।

द्वार की साँकल खुली। दरवाज़ा खुला। टिच की आवाज़ के साथ बत्ती जल गयी। कमरे में प्रकाश ही प्रकाश हो गया। एक मध्य आयु का व्यक्ति स्लीपिंग सूट में बालों पर हाथ फेरता हुआ अन्दर आया और मेज़ की ओर बढ़ा। अचानक वह ठिठककर वहीं का वहीं खड़ा हो गया। फ़ोन का रिसीवर अपने स्थान पर न होकर मेज़ पर पड़ा था। क्या शाम को वह रिसीवर फ़ोन के ऊपर रखना भूल गया था? किन्तु यदि रिसीवर फ़ोन के ऊपर नहीं था तो घंटी कैसे बजी थी? घंटी बजने के बाद रिसीवर किसने उठाया?

परसी को नसवारी रंग के पाजामे में दो टाँगें घुटनों के नीचे दिखाई दे रही थीं। उसे चप्पल में फँसे दो चौड़े-चपटे पैर दिखाई दे रहे थे। परसी ने घबराहट में टेलीफ़ोन का चोंगा मेज़ पर ही छोड़ दिया था। उस व्यक्ति को भी पसीना आ गया। उसने

देखा कमरे का एक रोशनदान खुला पड़ा था। वह जल्दी से तिजोरी की ओर बढ़ा। हत्थी का तनिक-सा घूमना था कि तिजोरी का मुँह खुल गया। नीचे के खाने में से नोटों की कई गड्डियाँ गायब थीं। वह व्यक्ति घबराकर जल्दी से बाहर निकल गया और उसने चोर-चोर का शोर मचाकर सारा घर सिर पर उठा लिया।

परसी की चोरी पकड़ी जा चुकी थी। वह एक सैकेंड में तख़्तपोश के नीचे से निकला और पलंग की पट्टी पर पाँव रखकर, रस्सी थामकर, खूँटी पर दूसरा पाँव टिकाकर फुदक कर रोशनदान में जा पहुँचा। किन्तु इस बीच में घर के सब लोग जाग चुके थे। सभी कमरों की बत्तियाँ जल चुकी थीं। यहाँ तक कि उद्यान के लॉन की सभी बत्तियाँ भी जल उठी थीं। चारों ओर चोर-चोर की पुकार मची थी। दो आदमी पिस्तौल लिये तिजोरी वाले कमरे में पहुँच चुके थे और घर के शेष लोग, हाथों में लट्ठ लिए, रोशनदान के नीचे खड़े, परसी को घूर रहे थे।

"डैडी! आप अन्दर न जाएँ। वहाँ अंकल पिस्तौल लिए मौजूद हैं।"

कुछ खुले बालों तथा नींद भरी आँखों वाली युवा महिलाएँ पुरुषों के पीछे सहमी खड़ी रोशनदान की ओर देख रही थीं। नौकर लट्ठ लिये चौकस खड़े थे। परसी ने एलस को अपनी ओर मुस्कुरा-मुस्कुरा हाथ के इशारे से बुलाते देखा। फिर एलस की छवि घूमने लगी। घूमते-घूमते धुँधली होकर दूर-दूर होती गयी और परसी का सिर रोशनदान से जा लगा।

वह बेहोश हो चुका था।

याक़ूत नित्य की भाँति दस बजे सोकर उठा। नहाकर नाश्ता किया और पलंग पर लेटकर पुस्तक पढ़ने में मग्न हो गया। वास्तव में आज उसे कुलसूम की नौकरानी की प्रतीक्षा थी। कुलसूम ने लिखा था कि हो सकता है कि वह पत्र का उत्तर लेने के लिए अपनी नौकरानी को भेजे। याक़ूत ने कल रात ही कुलसूम के नाम पत्र लिखकर सिरहाने के नीचे रख लिया था। वह इसके अतिरिक्त और क्या लिख सकता था कि वह एक बार फिर मूकद्रष्टा बनकर ठीक वसन्तु ऋतु में अपने नीड़ को जलते हुए देखेगा। पत्र के अन्त में उसने यह अवश्य लिखा था कि उनका विवाह एक ही साधन से सम्भव था कि वह घर से भागकर याक़ूत के पास आ जाय और वे अदालत में जाकर विवाह कर लें। वह जानता था कि कुलसूम इसके लिए कभी तैयार न होगी। वह उन लड़कियों में से थी, जो विष खा सकती थीं, गले में रस्सी डालकर छत से लटक सकती थीं, किन्तु माता-पिता, भाई-बहनों के सम्मान को नष्ट करके घर से नहीं भाग सकती थीं। प्रेम में घर छोड़ने का साहस नानबाई की दारी ही कर सकती थी। यदि नज़मा तथा कुलसूम के अन्दर तनिक-सी-भी दारी होती तो न उन्हें यह विकट मानसिक सन्ताप झेलना पड़ता और न सिसक-सिसककर,

तड़प-तड़प जीवित रहने के लिए विवश होना पड़ता। और यदि दारी में तनिक-सी नज़मा या तनिक-सी कुलसूम होती तो शायद वह इस प्रकार हाथों-हाथ बिककर कराची के कोठे पर न पहुँचती। बारह बजे तक याक़ूत लेटा पढ़ता रहा। आख़िर वह थक गया। उसने कपड़े बदले और कमरे को ताला लगाकर नीचे आ गया। बैरे को उसने विशेष रूप से समझा दिया कि यदि एक अधेड़ आयु की महिला उससे मिलने के लिए आये तो उसे बता दे कि वह घंटे भर में लौट आएगा। केवल समय बिताने की दृष्टि से वह होटल से निकलकर वैद्य की दूकान पर आ गया। वैद्य ने इशारे से याक़ूत को दूकान के भीतर बुला लिया।

"कुछ सुना तुमने?" वैद्य ने ऐनक के नीचे से अपनी निर्जीव आँखें घुमाकर कहा। याक़ूत ने कोई विशेष ध्यान न दिया क्योंकि उसे विदित था कि अफ़वाहें फैलाना और अफ़वाहों पर कान धरना वैद्य का मन-पसन्द क्रियाकलाप था। उसने दरी पर बैठकर सिगरेट सुलगाई और माचिस की तीली गली में फेंकते हुए पूछा,

"तुम क्या सुनाना चाहते हो?"

वैद्य ने याक़ूत की ओर झुककर कहा, "परसी हवालात में है।"

"क्या?"

विस्मय से याक़ूत का मुँह खुले का खुला रह गया।

"परसी चीयरिंग क्रॉस थाने में है।"

"परन्तु क्यों?"

"कल रात उसने मिर्ज़ा हैदर बेग टैंट हाउस वाले की कोठी में चोरी की और घटनास्थल पर ही पकड़ा गया। उसकी जेब से पूरे छह हज़ार रुपये बरामद हुए हैं। तौबा! बुज़ुर्गों ने ठीक ही कहा है कि नशा कैसा भी हो, आख़िर जेल की हवा अवश्य खिलाता है। तुम उसकी दूकान की ओर मत जाना। वहाँ पर पुलिस बैठी हुई है। थानेदार मेरे पास भी आया था। मैंने उसे शर्बत-अर्बत पिलाया और कहा कि हुज़ूर! हमारा तो उसके साथ मात्र मुहल्लेदारी का सम्बन्ध था। कभी-कभार दूकान पर आकर बैठ जाता था। अब चोर के माथे पर तो नहीं लिखा रहता कि वह चोर है। थानेदार ने कहा, वैद्यजी! चिन्ता न करें। हमें पता है कि कौन चोर है और कौन शरीफ़ आदमी। मैंने कहा, क्यों नहीं। ईश्वर की दया से आप अनुभवी हैं। चौबीस घंटे ऐसे लोगों से ही तो पाला पड़ता है आपका। थानेदार चला गया। उस समय से लेकर अब तक उसके सिपाही छह बार आकर शर्बत पी गये हैं। सन्दल के शर्बत की आधी बोतल लग चुकी है। लेकिन यार! इस परसी को यह क्या सूझी? मेरे विचार में तो यह व्यक्ति शुरू से ही चोर था। ईश्वर की कृपा है कि वह जब भी मेरी दूकान में आया, मेरी पैसों की सन्दूकची को ताला लगा था। भाई! ऐसे लोगों का क्या भरोसा..."

हकीम बातें बना रहा था। उसकी ज़बान कैंची की तरह चल रही थी। उसकी आँखें फुर्ती से इधर-उधर ताककर निश्चय करती रहीं। आज उसके हाथ एक ज्वलन्त विषय लगा था। इस विषय पर तो वह दो वर्ष तक बराबर बात कर सकता था। याक़ूत की अँगुलियों में सिगरेट सुलग रही थी और वह सिर झुकाए परसी के विषय में सोच रहा था। कल रात उसकी बातों से स्पष्ट प्रतीत हो रहा था कि वह कुछ न कुछ करके रहेगा।

एक बच्ची ने आकर वैद्य से कहा, "वैद्य जी! दो आने का गुलकन्द देना।"

"अरे निक्की! अपनी अम्माँ से कहना, अनारदाने की चवन्नी अभी तक नहीं आयी।"

बच्ची हँसने लगी। वैद्य ने गुलकन्द काग़ज़ में लपेटकर उसे दी और पानी के तसले में हाथ डालकर उस पर ज़रा सा छींटा फेंका। बच्ची दाँत निपोरती हुई भाग गयी। वैद्य ने सिगरेट का कश लेकर कहा, "तुम्हारी उससे प्रगाढ़ मित्रता थी। ऐसे अवसर पर व्यक्ति को अपने सम्मान का ध्यान रखना चाहिए। हमारा साथ तो शरीफ़ों का है, हम चोरों से मित्रता नहीं करते।"

परसी ने एलस के लिए चोरी की थी। वह एलस से विवाह करके अपना घर बसाना चाहता था। अपने जीवन को बेहतर बनाना चाहता था। अपने भविष्य का निर्माण करना चाहता था। अपने पैदा होने वाले बच्चों का बेहतर ढंग से लालन-पालन करना चाहता था। एलस के साथ मरी में हनीमून मनाना चाहता था। उसे साथ लेकर अपनी दुखियारी माँ के पास जाना चाहता था। पन्द्रह वर्षों से बिछुड़ी हुई बेचारी माँ, प्यार करने वाली माँ के चरणों में जाना चाहता था। बम्बई जाकर अपनी बहन से मिलना चाहता था, किन्तु वह यह सब न कर सका। चार हज़ार में उसके जीवन का ताजमहल निर्मित होता था। उसके भविष्य का राज प्रासाद निर्मित होता था। किन्तु वह ऐसे बीस जीवन भी प्रातः से सायं तक सिनेमा के बोर्डों पर निरन्तर काम करने में लगा देता तो भी उसके पास चार हज़ार रुपये नहीं होने के थे। उसका यौवन शुष्क रेत की भाँति उसकी मुट्ठी में से गिरता जा रहा था। एलस किसी और की बाँहों में जा रही थी। माँ सीमा पार के अन्धकार में विलीन हो रही थी। बहन का स्वर मद्धम होते जा रहा था और उसका स्वयं का जीवन सिनेमा के पुराने बोर्डों के इर्द-गिर्द आहत चमगादड़ सा मँडला रहा था। अकिंचनता, नगण्यता तथा अर्थाभाव ने परसी को अतिवादी बना दिया था और उसने ऐसा कदम उठा लिया था, जो इस अवस्था में प्रत्येक युवक उठाना चाहता है, किन्तु उठा नहीं पाता। याक़ूत के मस्तिष्क में परसी के पिछली रात के शब्द गूँजने लगे—

"सब जानते हैं कि हमारे साथ अन्याय किया जा रहा है और किसी में इतना साहस नहीं कि अन्याय करने वाले का हाथ पकड़ ले, किन्तु मैं कभी ऐसा नहीं होने दूँगा। आख़िर मुझमें और दूसरे लोगों में क्या अन्तर है? क्या मैं उनके जैसा इंसान नहीं हूँ? क्या मैं सुबह से शाम तक और शाम से रात गये तक काम नहीं करता? फिर ऐसा क्यों है कि वे ऐश्वर्य-भोग करते हैं और मैं पेट भर रोटी भी नहीं जुटा पाता।"

14

याक़ूत होटल लौटा तो उसे पता चला कि कुलसूम की नौकरानी पत्र दे गयी है।

पीले रंग के लिफ़ाफ़े में पीले रंग का एक काग़ज़ था, जिस पर छह-सात पंक्तियाँ लिखी हुई थीं। कुछ अश्रुओं के चिह्न थे, कुछ हिना की हल्की-हल्की, उदास कर देने वाली, गन्ध थी। याक़ूत ने दो-तीन बार पत्र को पढ़ा और पलंग पर बैठकर गहरी सोच में डूब गया। कुलसूम ने घर से भागने में असमर्थता जताई थी। 'मेरे भाई मुहल्ले वालों को क्या मुँह दिखाएँगे? पिता की इज्जत मिट्टी में मिल जाएगी, माँ ग़म से मर जाएगी, सम्बन्धी उँगलियाँ उठाएँगे—ये सब बातें थीं, जिनके विषय में घर से भागने से पहले हर लड़की सोचती है। और जो नहीं सोचती, उसका हश्र वही होता है, जो दारी का हुआ। कुलसूम ने ठीक निर्णय लिया है। उसे घर से नहीं भागना चाहिए। कदाचित् नहीं। यदि लड़कियों ने ऐसा करना आरम्भ कर दिया तो पिता विवश होकर जन्म लेते ही लड़की का गला घोंटने लगेंगे। मुझे कुलसूम को घर से भागने के लिए कहना ही नहीं चाहिए था। याक़ूत ने सोचा।

वह सिगरेट सुलगाकर खिड़की के पास आ खड़ा हुआ। सड़क पर यातायात जारी था। लोग आ-जा रहे थे। बसें, रिक्शें, स्कूटर, कारें शोर मचाती हुईं निकल रही थीं। याक़ूत को एक गहन, विजन एवं अथाह एकाकीपन का अनुभव हुआ। जैसे वह किसी विजन टापू पर अकेला बैठा हुआ है और सभी जहाज़, सभी लोग उसे छोड़कर चले गये हैं। एकाकीपन एवं आत्म-विस्मृति की इस थमी-थमी, रुकी-रुकी अवस्था में उसे हिना और अगर की गन्ध की अनुभूति हुई। जैसे वह किसी समाधि के उद्यान में खड़ा प्रार्थना कर रहा हो। उसे मीराबाई का ध्यान आया—

अगर चन्दन की चिता बनाऊँ
तू आके आग लगा जा।
जोगी मत जा मत जा।

याक़ूत भी तो अगर चन्दन की चिता बन गया था। उसे कौन आकर आग

लगाएगा? जोगी तो चला भी गया। मन्दिर के बाहर, पीपल तले पुजारिन गाती रह गयी। जोगी मत जा, मत जा! किन्तु जोगी चला गया। पुजारिन के नेत्रों से अश्रुओं की गंगा-यमुना बह रही है और उदास दोपहर में खेतों के बीचो-बीच जाने वाली पगडंडी दूर तक वीरान पड़ी है। जोगी चला गया—नज़मा चली गयी। इस्लामपुर के माल्टे के बाग़ों की कच्ची मुँडेर पर बैठकर कसमें खाने वाली नज़मा चली गयी। असग़र एडवोकेट की पत्नी बनकर अपने घर चली गयी। कस्बे के पुराने मकान की अर्द्ध-प्रकाशित सीढ़ियों में रेशमी रूमाल दाँतों में दबाकर, मुस्कुरा-मुस्कुराकर तीखी-चमकीली आँखों से देखने वाली नज़मा चली गयी। उसके गाल का काला तिल फड़फड़ाता रह गया। ओंठों की पुष्पित डाली पर बैठी काली कोयल वियोग में याचना करती रह गयी। और नज़मा चली गयी। लकड़ी के बॉक्स का ढक्कन खुल गया, तेज़ मस्तानी हवाएँ चीखती हुई आयीं और नज़मा के प्रेम-पत्रों, उसकी प्रणय-पातियों को उड़ाकर ले गयीं। वृक्षों की टहनियों पर से पत्ते झड़ने लगे और सब की सब टहनियाँ नग्न हो गयीं। सारे के सारे पीले पत्ते झड़ गये और धरती पर शुष्क पीले पत्तों का फ़र्श बिछ गया। इस फ़र्श के ऊपर मिलकर सदा-सदा के लिए बिछुड़ने वालों की भेंट होगी। दो पीले पत्ते धीमे स्वर में एक दूसरे से बात करेंगे। फिर तीव्र वायु का झोंका आएगा और एक को पूर्व तथा दूसरे को पश्चिम की ओर उड़ा ले जाएगा। कौन जाने फिर किस जन्म में, किस रूप में, किस वेश में भेंट हो। और क्या पता फिर कोई जन्म न मिले, कोई वेश-परिवर्तन न हो, कोई रूप न धारण किया जाए।

एक गहन सन्नाटा, अनन्त मौन, भयानक स्वरहीन शून्य हो चारों ओर फैला हुआ। कहीं पर कुछ भी न हो। कहीं कोई न हो। न स्वर, न रंग, न गन्ध, न गुलाबी गालों का काला तिल, न नसवारी आँखों का मौन निमन्त्रण।

शोभिता! शोभिता! तीमारपुर की वह कोमल, मृदु, उदास बंगाली लड़की, जो मुँह अँधेरे उठकर पानी में तुलसीदल डालकर स्नान करती थी और सामग्री में अगर मिलाकर सुलगाती और देवी दुर्गा के सामने बैठकर भजन गाती थी। क्या पुनः कभी इस मितभाषी, रहस्यमय, कातर मुखड़े के दर्शन न होंगे? क्या पुनः कभी उन कमलदल जैसे ओंठों से निकलता स्वर सुनाई न देगा? नहीं, नहीं, कभी नहीं। पत्ता डाली से टूट गया। पवन उड़ाकर ले गया। अब के बिछुड़े कहाँ मिलेंगे? कहाँ?

तू अगर की बत्तियाँ जलाकर घर से निकला था। शहर तक आते-आते उनकी सारी सुगन्धि धुआँ बनकर उड़ गयी। अब तेरे हाथों में राख के अतिरिक्त कुछ नहीं है। यह सुगन्धि की राख है। तेरी स्मृतियों को अगर की चिता में सती कर दिया गया है। इस राख से अंग भभूत रमा ले जोगी और इस देश से प्रस्थान कर जा। बहार अपने हाथ पीले करके विदा हो गयी है। पतझड़ आ गया है। एक-एक करके सब

के सब पीले पत्ते झड़ गये हैं। तू निपत डाल पर उदास बैठा क्या सोच रहा है? उड़ जा, उड़ जा पंछी। भूल जा—उस नन्हीं-सी चंचल लाल लहर को जो तुझसे आलिंगनबद्ध होकर, तेरे तट के ओंठ चूमकर निकल गयी थी। वह तो अब एक विशाल भयावह समुद्र में जाकर विलीन हो चुकी है। तू उस निर्मोही उर्मि की स्मृति में अश्रु क्यों बहा रहा है? क्या तुझे बौद्ध मन्दिर की श्यामाख्या देवदासियों का गीत याद नहीं, जो वे अगरबत्तियाँ सुलगाते हुए बैरागी राजकुमार शाक्यमुनि की याद में गाया करती थीं?

हम तो दिशाहीन हवाओं की आवाज़ें हैं
हम कहाँ से चली थीं?
हम कहाँ जाकर ठहरेंगी?
हमें कुछ पता नहीं।
हे राजकुमार!
जीवन की यात्रा हवाओं की यात्रा है
तू भी हवा का आवारा झोंका बनकर
हमारे साथ चल निकल
जीवन दिशाहीन हवाओं की आवाज़ है
और हम भी दिशाहीन हवाओं की आवाज़ हैं।

याक़ूत खिड़की से हटकर कमरे में टहलने लगा। उसे लगा जैसे उसे किसी ने कन्धे से पकड़कर पीछे की ओर खींचा है। उसने खिड़की बन्द कर दी। पंखा चल रहा था, किन्तु कमरे का वातावरण गर्म था। कोने में पड़े फूलदान में लगा इकलौता गुलाब मुर्झा गया था। कभी वह कुलसूम के लिए ताज़ा-ताज़ा गुलाब लाया करता था। जिस दिन कुलसूम को आना होता था, वह लॉरेन्स बाग़ में से लाकर बड़े-बड़े गुलाब फूलदान में सजा दिया करता था। उनकी कुछ पत्तियाँ तोड़कर इस प्रकार से मेज़ पर बिखेर दिया करता था जैसे वे स्वयं टूटकर गिरी हों। इसके बाद वह कमरा बन्द करके बाहर चला जाता। निश्चित समय से बीस मिनट पूर्व वह जब कमरे में लौटता तो कमरा गुलाब की सुगन्धि से महका हुआ होता था। वह बेचैनी से कुलसूम की प्रतीक्षा करता। फिर धीरे-से दरवाज़ा खुलता और चमकीली आँखों वाली, कोमल हाथों वाली, रहस्यमयी कुलसूम कुछ मुस्कुराती, कुछ शर्माती कमरे में प्रवेश करती और वह आगे बढ़कर उसे गले से लगा लेता। रेशमी वस्त्रों की सरसराहाट के बीच कुलसूम के ओंठों में से एक महकी-सी आह निकल जाती और याक़ूत उसके रेशमी, धड़कते हुए गले पर अपने ओंठ रखकर आँखें बन्द कर लेता। उसे प्रतीत

होता जैसे उसने रेशमी कपड़े में बँधे गुलाबों की गठरी को वक्ष से लगा लिया है। जैसे उसने विषमावेत के वनों में मयूराकेशी के बौद्ध मन्दिर को अपने अंक में भर लिया है। किन्तु आज न विषमावेत का वन है, न मयूराकेशी का बौद्ध मन्दिर, न रेशमी गुलाब। वह भोर-बेला जैसी कुलसूम, जिसके रजत मस्तक पर उभरे स्वेद-कणों को चमेली की गन्ध से लदी वायु शुष्क कर दिया करती थी... और जिसे याक़ूत ने पहले-पहल लाहौर होटल के चौराहे पर देखा था। रेशमी गोटे वाला काला बुर्क़ा, सफ़ेद रेशमी शलवार, घबराई हुई चाल, नक़ाब की जाली में चमकतीं दो नसवारी आँखें और गोरे गाल पर झूलता सफेद झुमका... और वे गुलाबी एड़ियाँ, जो शरीर के भार से सफ़ेद हो जाती थीं, संगमरमर की हो जाती थीं।

उसे सब कुछ याद हो आया। वे बातें भी याद हो आयीं, जिनके विषय में याक़ूत का विचार था कि वह इनको कभी याद न रख सकेगा। असफलता को प्राप्त होने के बाद प्रेम पीछे की ओर लौटता है। जब वह प्रेमिका के गले में बाँहें डाले आगे की ओर बढ़ रहा होता है, तब प्रेम अन्धा होता है, किन्तु जब असफलता का साक्षात्कार करके पीछे को लौटता है, तब उसकी आँखें खुली होती हैं और वह तुच्छ से तुच्छ वस्तु को भी ध्यानपूर्वक देखता है। दो प्रेमी जब छिप-छिपकर रात में मिलते हैं तब वे आकाश पर चमकते चन्द्रमा को भी ख़ातिर में नहीं लाते, किन्तु जब सदा के लिए बिछुड़ जाते हैं तो उन्हें वह महत्त्वहीन घास भी याद हो आती है, जिसके ऊपर लेटकर उन्होंने एक दूसरे का मुँह चूमा होता है। याक़ूत को विगत प्रेम की एक-एक बात याद आ रही थी। इस स्थान पर वह कुलसूम से पहली बार मिला था। यहाँ पर उसने पहली बार कुलसूम की आवाज़ सुनी थी। इस सड़क पर से टैक्सी में निकलते हुए कुलसूम ठहाका मारकर हँसी थी। इस वृक्ष के नीचे खड़े होकर उसने वर्षा में कुलसूम की प्रतीक्षा की थी। वे सुन्दर क्षणों में जो कभी फूल बनकर उसकी आकांक्षाओं के फूलदान में महका करते थे, अब कष्टदायक अतीत के साँप बनकर उसकी स्मृतियों को डस रहे थे। उसे वे प्रेम-पत्र याद आ रहे थे, जो हिना के इत्र में बसे होते थे, जिन पर जगह-जगह इत्र के धब्बे होते थे, जिनकी पर्तों में गुलाब की पंखुड़ियाँ बिछी होती थीं। प्रेम के आनन्द के भीतर ही कहीं शोक निहित है और प्रेम के शोक के भीतर ही कहीं आनन्द छिपा है। प्रेम सदा शोकाकुल रहता है।

रात को याक़ूत सो न सका। वह होटल से निकलकर सड़क पर आ गया। गर्मी के ठंडे नीले आकाश पर सितारे झिलमिला रहे थे। वह कितनी ही देर तक सड़कों पर निरुद्देश्य घूमता रहा। एक कोठी के लॉन में से रात की रानी की महक आयी। उसने कोठी की ओर देखा। वहाँ निपट अँधेरा था। घनी झाड़ियों में कभी-कभी कोई जुगनू चमक जाता था। लाहौर शहर उसे सुन्दर स्वप्नों का भयंकर फल बताने वाला ज्योतिषी प्रतीत हुआ। चलते-चलते वह असेम्बली हाल आ पहुँचा। सड़क से लगते

उद्यान में प्याज़ी रंग के गुलाब खिले थे। वह रुक गया। उसने आगे बढ़कर एक फूल की पंखुड़ी पर ओंठ रख दिए। गुलाब की गन्ध भरा श्वास उसे अपने भीतर की गहराइयों तक उतरता प्रतीत हुआ। उसने आँखें बन्द कर लीं। अश्रुओं की दो बूँदें उसकी बन्द पलकों में से ढुलक गयीं।

अपने कमरे में लौटकर उसने बिजली की केतली में कॉफ़ी बनाई। कॉफ़ी के दो-चार घूँट लेकर वह चारपाई पर लेट गया। फिर उठा और कमरे के अन्दर टहलने लगा। उसने अल्मारी में से अखरोट की लकड़ी का नक्काशीदार डिब्बा निकाला। उसे खोलते ही हिना की बासी सुगन्धि कमरे में फैल गयी। जैसे किसी ने प्राचीन बाग़ का दरवाज़ा खोल दिया हो। डिब्बे में नज़मा का एक भी प्रेम-पत्र न था। कुलसूम के कुछेक पत्र उसमें पड़े थे--प्राणहीन पत्र। कभी शकुन्तला अपने प्रेमी राजा दुष्यन्त को कमल की पत्तियों पर पत्र लिखकर भेजा करती थी। फूल की पंखुड़ी पर कमलतन्तु से पत्र लिखना ऐसा ही है जैसे कोई प्रेमी अपनी प्रेमिका के कपोल पर अपने ओंठ रखकर उसे अपने प्रेम का विश्वास दिला रहा हो। किन्तु यह स्याही भरी लेखनी से निष्प्राण काग़ज़ पर पत्र लिखना किसने आविष्कार किया? संसार का सर्वप्रथम प्रेम-पत्र किसी प्रेमी ने लिखा था?

प्रेम-पत्र प्रेम से भी अधिक सुन्दर होते हैं। प्रेम मर जाता है। प्रेम घृणा में परिवर्तित हो जाता है, किन्तु ये पत्र जीवित रहते हैं, प्रेम की निशानियाँ बनकर जीवित रहते हैं। मलाया और दक्षिणी समुद्रों की ओर से आने वाली हवाओं! प्रेम की इन निशानियों को, इन फूलों को सदा विलसित-विकसित रखना क्योंकि प्रेम-पत्र लिखना प्रेम करने से अधिक सुन्दर होता है।

याक़ूत ने कुलसूम के पत्रों को अँगुलियों से छुआ। उसे लगा जैसे उसमें अत्यन्त पवित्र, अत्यन्त सुन्दर, किन्तु मृत सुन्दरी के गाल को छू दिया है। उसने सन्दूकची का ढक्कन बन्द कर दिया। उसे लगा जैसे वह स्वयं उस प्राचीन बाग़ के अन्दर चला गया है और बाहर के स्थान पर उसे भीतर से ताला लगा रहा है। अब वह सदैव इसी बाग़ में रहेगा। वह इस बाग़ का एक अंग है। इसी के घने पीड़ामय वृक्षों की छाया है। अब यह छाया पुराने पीले चाँद की रातों में भटकती फिरेगी। अब प्रेमदग्ध आत्म जीर्ण-शीर्ण दुर्ग के धूलि-धूसरित शयनकक्ष के द्वार से, भीत्तियों से सिर पीटा करेगी और प्राचीरों पर उगी शुष्क घास पर गाल रखकर ठंडी आहें भरा करेगी। यदि सुगन्धि पुष्प की आत्मा है तो पुष्प सुगन्धि का शव है। सुगन्धि उड़ गयी। अब पुष्प की ठंडी लाश को छाती से लगाए सुनसान पर्वतों के वनों में भटकते फिरना होगा। अब शीत रात्रि का कोहरा बनकर गुमनाम समाधियों की दूर्वा-आच्छादित दीवारों पर उतरना होगा और धूल-सनी, समय के गति-चक्राधीन जालियों पर मुँह रखकर रोना होगा। अब विगत को याद करके शोक गीत गाने होंगे। अब उन्हें

पुकारना होगा जो कभी लौटकर नहीं आते। अब पतझड़ के चरणों पर शीश रखकर कहना होगा कि वह वसन्त-वधू के समस्त प्रमुदित पुष्प लौटा दे। अब झड़े हुए पीले पत्ते से प्रार्थना करनी होगी कि वह एक बार, केवल एक बार लौटकर अपनी डाली पर चला जाए। अब सूर्य देवता से हाथ जोड़कर कहना होगा कि अपने थैले में से वधू की विगत सुहाग रात वापिस कर दे—केवल एक रात के लिए वापिस कर दे।

लेकिन यह कभी न होगा। नदी में गिरी हुई अँगूठी वापस मिल सकती है किन्तु समय-वारिधि में गिरी हुई सुहागरात पुनः लौटकर नहीं आ सकती। सुहागरात विवाह की अँगूठी का नगीना है। वह बीत जाती है, भोग ली जाती है, अँगूठी शेष रह जाती है, नगीना शेष रह जाता है। यह नगीना स्मृति है और स्मृति सुहागरात से अधिक सुन्दर, अधिक वास्तविक होती है। जिस प्रकार सुगन्धि पुष्प की आत्मा है, उसी प्रकार स्मृति प्रेम की आत्मा है। पुष्प मुर्झा जाता है, प्यार मर जाता है, लेकिन उसकी स्मृति शेष रहती है, सुहागरात शेष रहती है।

घरों के द्वार बन्द हो गये। खिड़कियों के पर्दे गिरा दिये गये। खामोशी को अँगुली थामकर थमाए अन्धकार नगरों तथा वनों में उतर आया। गलियाँ सुनसान हो गयीं। पंख-पखेरू अपने-अपने घोंसलों में जा छिपे। ठंडे फुटपाथ वीरान हो गये। अब तू ठंडे खम्भे के पास मुँह में पाइप दबाए खड़ा किसकी प्रतीक्षा कर रहा है? अब तो इस स्टॉप पर से अन्तिम बस भी जा चुकी है। अब तू किसकी राह तक रहा है? तुझसे मिलने वाली तो अपनी कमरे की बत्ती बुझाकर बिस्तर में लेटी स्वप्नलोक में विचर रही है। निकल चल। निकल चल यहाँ से। तू इस शहर में अपरिचित है। तू हर शहर में अपरिचित है। बर्मा की तीखी चितवन वाली देवदासियाँ नारियल के झुंडों में से होकर मन्दिरों की ओर जा रही हैं और वर्षा में उनकी आँखों का काजल बहकर उनके कपोलों पर आ गया है। वे अपनी बड़ी-बड़ी पलकें झपकाकर तुझे अपने पास बुला रही हैं। हे वर्षा! तुझे धन्यवाद देता हूँ।

मैंने काली साड़ियों में उनके कमल पुष्प जैसे दूधिया शरीर कभी नहीं देखे थे। पानी में सराबोर शरीर—जैसे वर्षा की भीगी रात के पीछे भोर पूर्व का सलोनापन झलक रहा हो। प्रेम की सुगन्धियों! वर्षा की रात की जादूगरनियों! बर्मा की देवदासियों! लंका की सुन्दर लड़कियों! सारनाथ के आम्र वृक्षों! मैं तुम्हारे पास आता हूँ। मैं बन्द मकानों की सींखचेदार खिड़कियों और पथरीले फुटपाथों के ठंडे खम्भों का पिंजरा तोड़कर तुम्हारे पास आ रहा हूँ। मेरे प्रेम ने नाशपाती के खिले हुए श्वेत पुष्पों के बाग़ों में जन्म लिया था। मेरे बाग़ मधुमक्खियों की गुनगुन से गुंजरित थे। मेरे आम्र वृक्षों से मधु टपकती थी और मेरे आलूचों के प्याज़ी फूलों पर राजपूत राजकुमारियों के झुमकों का धोखा होता था। मेरे बाग़ की हवाओं में नाचने वाली लड़कियों के काले

बाल उनके गुलाबी चेहरे ढाँप लिया करते थे। जंगलों पर घिरी काली रातों के निमन्त्रण हमें रहस्यपूर्ण मुद्राओं से अपनी ओर बुलाया करते थे और हम हरी-भरी आँखों से एक दूसरे की ओर देखकर मुस्कुराया करते थे और नाचा करते थे। इस मानवेत्तर नृत्य के बीच में एक स्थान पर रुककर खड़ा हो जाता और जंगली कुँवारियों को देखता, जिनके ओंठ महुए की छाल से रँगे होते और पपोटे जंगली दाख से नीले हुए होते—और जिनके साँवले रस भरे शरीर पर कमल पुष्पों का चूर्ण छिड़का होता था और फिर मैं आँखें बन्द कर लेता और मदमत्त हवाओं के झोंके मुझे घूम-घूमकर नृत्य कर रही मंडली में ले जाते और मैं उस पारलौकिक नृत्य के भँवर में उतर जाता।

एक ट्रक शोर मचाता हुआ सड़क पर से निकल गया। याक़ूत के विचारों की शृंखला टूट गयी। वह अपने कमरे की खिड़की के पास सिर झुकाए खड़ा था। उसका पाइप बुझ चुका था। उसने दो-तीन पलकें झपककर नीचे सड़क की ओर देखा और खिड़की बन्द कर दी। उसे लगा जैसे उसने लाहौर का नगर द्वार बन्द कर दिया है। वह खिड़की से पीठ लगाकर खड़ा हो गया और खोई-खोई दृष्टि से दरवाज़े की ओर देखने लगा। कभी यह दरवाज़ा तनिक-सा खुलता था तो कुलसूम का मुस्कुराता हुआ चेहरा भीतर झाँककर देखा करता था, लेकिन अब यह दरवाज़ा भी बन्द है। खिड़की भी बन्द है। ऊपर छत है और नीचे कठोर फ़र्श।

गली तो चारों बन्द हुई है
मैं हरि से मिलूँ कैसे जा
मैं हरि से मिलूँ कैसे जा

उसे लगा कि वह मीराबाई है। गली बन्द है। चारों ओर से बन्द है। मैं हरि से कैसे मिलूँ? कैसे मिलूँ?—उसने खिड़की खोल दी। शोर मचाता हुआ एक रिक्शा सड़क पर से निकल गया। दूर लोको-शॉप का भोंपू चीख़ उठा। याक़ूत ने पुनः जल्दी से खिड़की बन्द कर दी। अब खिड़की कभी नहीं खुलेगी। अब मन्दिर के पट दोबारा नहीं खुलेंगे। मैं अगर चन्दन की सुगन्धि का बादल लेकर घर से निकला था कि सब की सब सुगन्धि शहर की गर्द उड़ाती, शोर मचाती सड़कों पर लुट गयी। अब मैं मन्दिर में अकेला हूँ। मेरे सामने शाक्यमुनि राजकुमार गौतम है। मेरे हृदय की सामग्री में अगर-चन्दन के वन सुलग रहे हैं। इस अलौकिक गन्ध का श्वास भर झोंका भी बाहर नहीं जाएगा। यह सांगोपांग मेरी है और मैं सर्वथा इसका हूँ। याक़ूत ने उस पवित्र रात्रि का स्मरण किया, जिस रात राजकुमार सिद्धार्थ ने प्रासाद से बाहर आकर अपने रथवान को जगाया था और कहा था,

"चन्ना! जागो और मेरे श्वेत अश्व कंटक को बाहर ले जाओ।"

छन्दक घबराकर उठा। राजकुमार को वहाँ आया देख हाथ जोड़कर बोला,

"स्वामी! आधी रात का समय है। नगर, वन सब सो रहे हैं। आप इस समय अश्वारोहण करेंगे?"

राजकुमार सिद्धार्थ ने अपने पवित्र ओंठों पर अँगुली रखकर कहा, "धीरे बोलो चन्ना! अश्व बाहर ले आओ। मैं जा रहा हूँ। सोने का पिंजरा तोड़ कर जा रहा हूँ--सत्य की खोज में। सत्य मैं अवश्य खोज लूँगा। मेरे प्रति जो प्रेम तुम्हारे मन में है, उसी के नाम पर मुझसे बिछुड़ना स्वीकार कर लो चन्ना और मेरा अश्व ले आओ।"

और फिर राजकुमार शाही घोड़े पर सवार हो गया और वन-वन विचरते हुए, बहुत दूर जा पहुँचा। वहाँ वह रुका, घोड़े से नीचे उतरा, उत्तम सुगन्धियुक्त अपने लम्बे-लम्बे केश काटकर रथवान छन्दक को सौंपे और कहा, "ये मेरे पिता नरपति को दे देना और कहना कि आपका पुत्र इससे दस गुणा बड़ा राजकुमार बनकर वापस आएगा।"

और जब ग्यारह वर्षों के बाद राजकुमार गौतम बुद्ध बनकर वापस आया तो उसका सुन्दर केशों वाला सिर मुँडा हुआ था, उसके शरीर पर केवल एक पीली चादर थी और वह भंगियों के दरवाज़ों पर भिक्षा माँगता हुआ अपने पिता की राजधानी में प्रवेश कर रहा था। मन्दिर के निकटवर्ती मोड़ पर, जहाँ से दक्षिणी फाटक दिखाई देता था, नरपति के समक्ष एक भीड़ आ उपस्थित हुई, जिसका नेतृत्व कर रहे व्यक्ति की शान्त आँखें अपने सम्राट पिता की आँखों से चार हुईं। आक्रान्त भवों पर बुद्ध की विनम्र दृष्टि के पड़ते ही पिता का क्रोध शान्त हो गया। फिर अत्यन्त विनम्र-विनीत होकर बुद्ध अपने पिता के सम्मुख झुककर घुटनों के बल हो गया। धरती के सम्राटों से कहीं अधिक तेज उस समय भिक्षुक राजकुमार के मुख पर था। राजा ने कहा, "यह भी मेरा सौभाग्य ही है कि मेरा पुत्र चोरों की भाँति मेरे राज्य में प्रविष्ट हुआ है। यह मुँडा हुआ सिर, शरीर पर पहने चिथड़े, पाँव के पाँवटे, शूद्रों से भिक्षा-याचना--मेरे पुत्र! इस विशाल साम्राज्य के भावी नरेश! तुमको अपनी परम्परानुसार प्रवेश करना चाहिए था, चमचमाती असियों और उछलते-कूदते अश्वों के बीच। देखो, मेरे समस्त योद्धा सैनिक रास्तों में छावनियाँ डाले और मेरी समस्त प्रजा नगर द्वार पर दृष्टि जमाए तुम्हारी प्रतीक्षा कर रही है। मेरे पुत्र! यह दशा क्यों बना रखी है?"

तब बुद्ध ने कहा, "मेरी जाति की परम्परा यही है।"

"तुम्हारी जाति?" राजा ने कहा, "तुम्हारी जाति महा संवत से लेकर सौ पीढ़ियों तक राज्य करती आयी है। इस जाति की ऐसी कोई परम्परा नहीं है।"

बड़ी विनम्रता से बुद्ध ने कहा, "मैंने अपनी जाति के विषय में निवेदन किया

था मेरे महान् पिता। मैं वही कर रहा हूँ जैसा मेरी जाति के लोग करते रहे हैं। जिस प्रकार से अब हुआ है, इसी प्रकार से भविष्य में भी होता रहेगा कि सुसज्जित नगर द्वार पर योद्धाओं की वेशभूषा धारण किए एक सम्राट पिता अपने उस पुत्र से मिलेगा, जिसने गेरुए वस्त्र धारण करके हाथ में भिक्षा-पात्र पकड़ा होगा।''

तथागत! तथागत!

अनन्त को शब्दों से मत मापो। विचारों की रस्सी को अगाध समुद्र में मत फेंको। जो पूछता है, वह भी भूल करता है। जो बताता है, वह भी भूल करता है। प्रत्येक पर्दे के पीछे एक और पर्दा गिरता है। अँधेरा चमक नहीं सकता। मौन वाचाल नहीं हो सकता। माता-पिता की पूजा करो—उस प्राची की तरह जिसके गर्भ से सूर्योदय होता है। धर्म को सम्मुख रखो। सिद्धान्त को सामने रखो। अपनी इन्द्रियों को वश में करो। पारदर्शी मुक्त माला में दिखाई देने वाले धागे की भाँति शुभ कर्मों में से प्रेम दिखाई देता है। दिन निकलने से पूर्व के आकाश की लालिमा बन जाओ और सूर्य के साथ उदय होकर उस महान् प्रकाश-वारिधि के गीत गाओ, सूर्य जिसकी मात्र एक किरण है, एक उर्मि है। उदित हो! उदित हो! हे महान् सूर्य! तेरे उदय होने की घड़ी आ पहुँची है और मेरी हृदय-पंखुड़ी पर पड़े ओस-कण तेरे दर्शनों को लालायित हैं।

प्रातः होने से पूर्व याक़ूत ने होटल छोड़ दिया। मैक्लोड रोड छोड़ दी। लाहौर नगर छोड़ दिया। वह स्टेशन आकर रावलपिंडी जाने वाली गाड़ी में चढ़ गया। रेलगाड़ी पिंडी की ओर चल दी। लाहौर नगर धीरे-धीरे पीछे छूटता गया। गेहूँ के सुनहरे खेतों और कीकर के वासन्ती फूलों वाले सुगन्धित वृक्षों के लिए लाहौर जगह खाली करने लगा। रिवोली सिनेमा निकल गया। मिसरी शाह और फ़ारुक़ गंज निकल गये। शाहदरा और बादामी बाग़ निकल गये। बा-अदब-बा-मुलाहिज़ा होशियार—जहाँगीर का सुनसान मकबरा और नूरजहाँ की वीरान तुर्बत निकल गयी। गाड़ी ने रावी को भी पीछे छोड़ दिया।

वगदी ए रावी चन्न वे
विच दो फुल्ल काले ढोला।
इक फुल्ल मंगया सोहणिए
सारा बाग हवाले ढोला।

(प्रियतम! इस बहती हुई रावी नदी में दो काले फूल तैर रहे हैं। एक मुझे ला दो। प्रियतमा! तुमने एक फूल माँगा है, लो मैं सारा बाग़ तुम्हें भेंट करता हूँ।)

रावी की लहरों पर बहते हुए वे काले फूल कितने भयानक होंगे, जिनके माँगे

जाने पर प्रेमी ने सारा बाग़ ही प्रेमिका को अर्पित कर दिया था। रावी निकल गयी। जहाँगीर और नूरजहाँ निकल गये। शाहदरा की ऊँची, लम्बी, भद्दी चिमनियों वाली मिलें निकल गयीं। गाड़ी खेतों में से निकलने लगी। आकाश पर घटाएँ छा गयीं। ठंडी, भीगी हुई हवाएँ रेल के डिब्बे में आने लगीं। इस्लामपुर पहुँचकर गाड़ी रुक गयी। याक़ूत नीचे उतर आया। घने बादल घिर आये थे। कीकर तथा शीशम के पेड़ ठंडी हवा में झूम रहे थे। गाड़ी चल दी। याक़ूत अटैचीकेस उठाकर स्टेशन से बाहर आ गया। इसी स्टेशन पर, इसी प्लेटफ़ार्म पर कभी उसने बहुत व्याकुलता के साथ नज़मा की प्रतीक्षा की थी। और नज़मा का सन्देशवाहक एक पत्र लाया था, जिसमें लिखा था कि वह घर से भागकर उसके साथ नहीं जा सकती। वह भागने की योजना बना सकती थी, किन्तु वस्तुतः भाग नहीं सकती थी। ठीक लिखा था उसने। किसी भी लड़की को घर से नहीं भागना चाहिए। हर लड़की की अन्तिम मंज़िल घर होती है। फिर घर से भागने की क्या आवश्यकता है?

टप टप टप।

बूँदाबाँदी आरम्भ हो गयी। बादलों की कजरारी आँखों में से अश्रु ढरने लगे। ये अश्रु प्लेटफ़ार्म के लाल ईंटों के फ़र्श पर, सड़क के किनारे उगे कीकर तथा शीशम के पेड़ों पर, धान के खेतों पर और उनके बीच में से निकलती पगडंडियों पर बिखरने लगे। याक़ूत बादलों के इन बरसते अश्रुओं में अपनी आम, अमरूद तथा लोकाट के बाग़ वाले मकान की ओर चल दिया। बूँदाबाँदी वर्षा में परिणत हो गयी। अब वर्षा हो रही थी और याक़ूत वर्षा में भीगता हुआ पगडंडी पर चला जा रहा था। लाहौर बहुत पीछे छूट गया था। नज़मा, कुलसूम, परसी तथा उसकी प्रेमिका एलस बहुत पीछे छूट गये थे। वर्षा की बूँदों से कच्ची पगडंडी में भीगी मिट्टी की गन्ध उठ रही थी। कीकर के पीले फूलों से लदे पेड़ों पर तोते बोल रहे थे और हवाएँ वर्षा से भीगी डालियों को झूला झुला रही थीं। उनकी सुगन्धि वातावरण में उड़ रही थी। याक़ूत बारिश से सराबोर हो गया था। उसके कपड़े भीगकर उसके शरीर से चिपक गये थे। ये कपड़े नज़मा और कुलसूम से कहीं भले थे। यह वर्षा नज़मा और कुलसूम से कहीं भली थी। वर्षा प्रत्येक नज़मा से, प्रत्येक कुलसूम से कहीं भली है। वर्षा अमर है। नज़मा और कुलसूम नाशवान हैं। बादल ज़ोर से गरजा।

वर्षा और भी तेज़ हो गयी। बरसात की पूरी झड़ी लगी थी। याक़ूत वर्षा की राजधानी में प्रवेश कर रहा था। गौतम बुद्ध निर्वाण प्राप्त करने के बाद अपने सम्राट पिता की राजधानी में एक भिक्षुक के रूप में प्रवेश कर रहा था। याक़ूत ज्ञान प्राप्त करने के बाद अपनी वर्षा माता की राजधानी में प्रवेश कर रहा था। वर्षा माँ है। वह खेत में गिरने वाली प्रत्येक बूँद से एक बाली को जन्म देती है। वर्षा की बूँदें याक़ूत के मस्तक पर से, आँखों पर से बह रही थीं। उसे लग रहा था जैसे उसकी ममतामयी

माँ कभी उसका मस्तक, कभी उसकी आँखें, कभी उसके गाल चूम रही है। ये वर्षा के बादल नहीं थे। ये श्रावणी मेघ नहीं थे, ये ममता की घटाएँ थीं। यह ममतामयी माँ की गोद थी, जो पूर्व से पश्चिम तक, उत्तर से दक्षिण तक फैली हुई थी। छमाछम बरस रही थी।

माँ का प्यार अमर है।
वर्षा का प्रेम अमर है।

एक हज़ार एक सौ निन्यानवे कुलसूमें और एक हज़ार एक सौ निन्यानवे नज़माएँ इस माँ के प्रेम में समाहित थीं। ममता के इस समुद्र में डूबी हुई थीं। इस एक माँ के गिर्द हज़ारों सूर्य, लाखों सितारे घूम रहे थे। इन्हीं सितारों में, इन्हीं सूर्यों में कहीं कोई नज़मा थी, कहीं कोई कुलसूम और कहीं कोई एलस। चिह्न मिट गये थे। आकार विलीन हो गये थे। बूँदों लहरों में समाहित हो गयी थीं। लहरें समुद्र में गुम हो गयी थीं।

वर्षा प्यारी वर्षा!
माँ, प्यारी माँ!

मैं बूँदों से निकलकर नदी में आ रहा हूँ। मैं नदियों से निकलकर समुद्र में आ रहा हूँ। मेरी रेशमी क़मीज़ पर चन्दन का इत्र लगा हुआ था। उसकी सुगन्धि मुझे चन्दन वन में ले आयी है। सुगन्धियों के घने जंगल में ले आयी है। वन सुगन्धि है। सुगन्धि वन है। मार्ग दो हमें। हे वनों! मार्ग दो। हे सुगन्धियों! हे वर्षा! हे वर्षा!

बादल फिर ज़ोर से गरजाा। ममता फिर आवेग में आयी। याक़ूत ने अपना चेहरे ऊपर की ओर कर लिया। बूँदें उसकी बन्द आँखों पर पड़ने लगीं। उसने आँखें खोल दीं। दूर इस्लामपुर कस्बे के मकानों की धुँधली-धुँधली दीवारें दिखाई देने लगी थीं। इन्हीं मकानों में एक मकान नज़मा का भी था। एक मकान याक़ूत का भाभी का भी था, जिसकी सीढ़ियों में ईद के दिन सुगन्धि से महकती नज़मा को गले से लगाया था और उसके गोटा लगे रेशमी वस्त्रों की सरसराहट के बीच दोनों के ओंठों से एक आह निकली थी। वह महकी हुई रेशमी आह। प्रणय की ये रहस्यमयी अर्द्ध प्रकाशित सीढ़ियाँ मिस्र के प्राचीन भवन हैं और इन भवनों में महकती हुई रेशमी आहें मिस्र की नवयौवना लावण्यमयी राजकुमारियाँ हैं, जिनके सुगन्धि लगे शव प्रत्येक सीढ़ी में, प्रत्येक भवन में दफ़न हैं।

क्या कभी इन भवनों को भी खोला जाएगा? क्या कभी इन राजकुमारियों के सुन्दर शवों की आँखों में झाँककर भी देखा जाएगा?

मूसलाधार वर्षा में याक़ूत अपने बाग़ वाले मकान के बन्द दरवाज़े पर आ खड़ा हुआ। कभी इस कॉटेज के कमरे में नज़मा स्कूल से घर आते हुए घबराई-घबराई-सी आकर बैठा करती थी और जल्दी-जल्दी दो-एक बार उससे गले मिलकर घर चली जाती थी। वर्षा में आम, लोकाट और नाशपाती के पेड़ रो रहे थे। याक़ूत ने जेब में से चाबी निकालकर ताले में घुमाई और दरवाज़ा खोलकर अन्दर आ गया। अटैचीकेस उसके हाथ से छूट गया। वह धूलि सने बिस्तर पर औंधे मुँह गिर गया। बादल ज़ोर से गरजा।

वर्षा प्यारी वर्षा!
माँ, प्यारी माँ!

□□